让世界爱中国

——大变局时代如何向世界讲好中国故事?

徐波 著

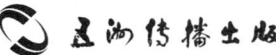
五洲传播出版社

图书在版编目（ＣＩＰ）数据

让世界爱中国：大变局时代如何向世界讲好中国故事？／徐波 著 . -- 北京：五洲传播出版社，2025. 8.

ISBN 978-7-5085-5317-7

Ⅰ . G125-53

中国国家版本馆 CIP 数据核字第 2024LQ6047 号

让世界爱中国

作　　　者：徐　波
出　版　人：关　宏
责 任 编 辑：王　峰
装 帧 设 计：蒲建霖

出 版 发 行：五洲传播出版社
地　　　址：北京市海淀区北三环中路 31 号生产力大楼 B 座 6 层
邮 政 编 码：100088
电　　　话：010-82005927，82007837
网　　　址：http://www.cicc.org.cn　http://www.thatsbooks.com
印　　　刷：北京市房山腾龙印刷厂
版　　　次：2025 年 8 月第 1 版第 1 次印刷
开　　　本：710×1000 mm　1/16
印　　　张：18
字　　　数：220 千字
定　　　价：78.00 元

2010 年 10 月 16 日，上海世博会入园参观人群超过 100 万。对这种游客"井喷"现象，世博会组织者、中国观众与一些西方参展方的感受很不相同，体现了文化差异。

2017 年 6 月 24 日，"吴建民和平与对话思想"研讨会在巴黎政治学院举行。"吴建民奖学金"优胜者与研讨嘉宾合影。从左至右：作者、吴建民之友协会成员李贵生、法国总统蓬皮杜之子阿兰·蓬皮杜教授、著名建筑师保罗·安德鲁、吴建民之友协会成员张如凌、陆向明，三位吴建民奖学金优胜者，展望与创新基金会副主席卡泽纳韦，另两位吴建民奖学金优胜者，吴建民之友协会秘书长苏小青、法国《回声报》主编巴雷。

2018 年 9 月 20 日，纪念华工抵法 100 周年华工雕像安放仪式。发言者为作者，其右侧是法铁车站管理公司总经理罗贝尔，左侧是中国对外友协副会长户思社、中国驻法大使翟隽、华人国会议员陈文雄、雕塑家李小超。背景是巴黎里昂火车站。

2021 年 5 月 6 日拿破仑逝世 200 周年，作者策划并组织的 "拿破仑与中国"网络研讨会通知

2022 年 5 月出版《一切始于上海》（法文版），许多法国朋友被作者母亲的故事所感动。

2023 年 6 月 19 日，主题为 "相逢"的中法文化旅游高端论坛

2024年1月25日，巴黎埃菲尔铁塔，作者主持纪念中法建交60周年中法百位嘉宾参加的"甲子晚宴"。

"甲子晚宴"中法嘉宾为中法建交60周年切生日蛋糕，从左至右：时任法国国民议会法中友好小组主席阿洛泽、前文化部长雷诺、著名导演阿诺、中国艺术家刘欢、讷伊市市长傅芒丹、吴建民之友协会秘书长苏小青、时任中国驻法大使卢沙野、欧莱雅集团总裁安巩。

2024 年 6 月 26 日，中法文学相逢论坛在法国国家图书中心举行。作者左侧依次为中国作家协会书记处书记施占军、巴黎图书节主席蒙塔涅、法国国家图书中心总干事佩罗、法国文化部文化事务督察员鲁丽杰。

索邦大学中法建交 60 周年民间纪念活动收官仪式一瞥

索邦大学中法建交 60 周年民间纪念活动收官仪式后部分中法嘉宾合影。作者右侧依次为《欧洲时报》前总裁张晓贝、果敢、女诗人张如凌、吴建民之友协会成员李贵生、戴高乐将军侄孙女塞西尔·戴高乐等；作者左侧为法国著名电子音乐家雅尔、戴高乐基金会前主席戈德夫兰、中法人文交流使者杜蒙、圣日耳曼昂莱中学校长博讷维尔、法国女高音肖姆、中国女高音孙丹、1964 年中国驻法使馆 "五人筹建小组" 成员汪华。

2024 年 6 月 19 日，安巩总裁在欧莱雅集团巴黎总部接受作者访谈。

2025 年 1 月 23 日，在中国驻法国大使馆新春招待会上，作者与毕生致力于中法医学合作的法国著名血液病专家雅克·岗教授及其女儿和孙子合影。

让世界爱中国

目录

序一

　　徐波同志是吴建民大使生前的老同事和好朋友，也是吴大使向我引见了他。吴大使曾对我说过，徐波很有想法，外语也好，工作非常主动。十多年来与徐波的接触，越发让我感受到他身上那种只争朝夕的事业心和从不衰竭的使命感。

　　2016年6月18日吴大使因车祸不幸逝世后，徐波与拉法兰总理等吴大使生前好友在巴黎成立了法国吴建民之友协会，继续做吴大使"爱祖国、爱人类"的未竟事业。8年来，徐波在法国从事中法民间文化外交的事迹可圈可点，我曾多次被他的创意、热情及锲而不舍精神所感动。2024年1月25日，为纪念中法建交60周年，他策划了中法百位名人巴黎大铁塔"甲子晚宴"，其深刻的甲子文化内涵和群星灿烂的呈现形式，不仅生动地诠释了新旧甲子交替中的中法友好，也获得了中法社会各界的普遍好评。

　　今天，我要向读者朋友隆重推荐的徐波新作《让世界爱中国》，就是这样一部记录包括"甲子晚宴"在内的文化沟通案例和作者数十年来游走在国际舞台上"讲述中国故事"的心路历程的好书。

徐波曾是一位职业外交官，有几十年丰富的政府外交、国际多边文化和公共外交经验，其中也包括 2004 年到 2010 年长达 6 年的上海世博会国际沟通工作和 2010 年到 2016 年在巴黎联合国教科文组织总部长达 6 年的国际人文合作工作，他由此积累了大量跨文化沟通的经验，这样的人在目前中国对外沟通人员中是非常罕见的。创办法国吴建民之友协会的 8 年来，他又在法国社会想方设法讲好中国故事，在其每个成功项目的后面我们都可以看到其别具匠心的策划。

因此，与社会上许多介绍国际沟通的书籍不同，徐波此书的特点是以实践为主，案例丰富多彩，可读性非常强。他的书知识面广，信息量大，还有相当的学术支撑，反映了对国家叙事问题的长期观察及其深刻见解。他作为国际交流的积极践行者也可谓人才难得。

诚然，如同徐波所言，将中国面向世界公众的国家叙事最终目标定为"让世界爱中国"，委实是一个极其大胆并寓意深刻的命题，他也因此与我多次交换意见，让我看其初稿。在疫情结束后到今天，他又会经常来看我，与我认真探讨此问题。

他很赞同我对新闻发布工作表述为是"中国立场，国际表达"的实践，并引申说如果"中国立场，国际表达"讲的是国际沟通的"方法论"的话，而"让世界爱中国"则给我们提出了一个国际沟通的"目标论"问题。

我觉得，徐波书的立意是成立的，无论是任何人，还是任何国家，其形象的最终考核标准就是美誉度。一个没有美誉度诉求或标准的国家叙事是不存在的。

徐波对习近平总书记在党的二十大报告中所提出的，讲述中国故事就是要在国际上展现中国可信、可爱、可敬的形象，理解为让世界"爱"中国也是很深刻的。

随着百年大变局时代的到来，特别是随着中美冲突日益加剧，俄乌战争、以哈冲突等国际地缘政治的翻天覆地变化，随着冷战思维在一些西方政客脑子里"死灰复燃"，在国际舞台上的中国形象也出现了各种微妙变化。

但是，如同他在书中指出的那样，如果说西方社会误读了我们，是否也存在着我们向西方社会"误说"了自己的情况？

徐波说，如果当下的世界正如某些人所说的那样，大国间的热战已"一触即发"，最好的应对策略就是"以眼还眼，以牙还牙"的话，那么，"和平与发展"岂不是不再是时代的潮流？"人类命运共同体"建设岂不是成为"无源之水，无本之木"？

徐波认为，我们所看见的事实恰恰相反，习近平总书记、党中央一直在告诫国人"和平与发展"是不可改变的时代潮流，"人类命运共同体"建设是国际社会通向和平与繁荣的"必由之路"，在波诡云谲的世界里中国要注入更多的"正能量"和"稳定性"。

从这个意义上讲，徐波《让世界爱中国》一书给我们今天的国家叙事提出了一个严肃的问题，即我们在国际舞台上讲好中国故事的终极目标究竟是什么？

在大变局的今天，我真诚地希望中国社会各界那些从事与国际沟通的朋友们读一下徐波的书，与徐波一起思考这个问题。

如此，我也像徐波同志一样，深信中华民族从"站起来""富起来""强起来"到让世界"爱起来"的这一天最终会到来的。

赵启正

2024 年 12 月 6 日　于上海家中

序二

"让世界爱中国"是
讲好中国故事的"量化标准"

我首先要祝贺老朋友徐波又一大作《让世界爱中国》出版，这是一本了不起的书，好就好在徐波以其40多年跨文化交流的切身体会，就当下世界主要大国间的国家叙事"竞赛"及在百年大变局时代中国社会各界如何克服跨文化障碍，在国际舞台上真正讲好中国故事，提出了他个人非常有价值的见解。

徐波是我的好朋友，也是我们全球化智库（CCG）的非常驻高级研究员。如同赵启正主任所讲的那样，他的经历非常特殊，不谈及他早年在中国驻中东、欧盟和法国这样重要地区和国家大使馆的政府外交经历，仅就他担任上海2010年世博会国际沟通6年、联合国教科文组织战略顾问6年和在法国吴建民之友协会从事中法民间交流的8年，这在我们这代人中，甚至在今天的中国都是不多的，可谓人才难得。

与目前大量的跨文化沟通书籍相比，读徐波的书，最大的感触是其信息量大、视角宽、案例多，而这些案例又大都是他自己跨文化沟通中的亲身经历，而非从书本到书本的坐而论道。如他在书中所说的"让世界爱中国，从法国做起"，记述了他今天在法国讲好"中国故事"的诸多案例，读起来趣味横生。

徐波对国家叙事同样有较深刻的学术研究，如他以法国为例，从法国第三共和国将国家叙事上升到对内振奋民族精神、对外提升国际影响力，到法国哲学家米歇尔·福柯提出的"话语权就是权力"，再到法国学者让-弗朗索瓦·利奥塔对西方国家"元叙事"的批判，从而在理论上分析国家叙事的实质以及在全球化的今天，我们克服西方国家"元叙事"、讲好中国故事的可能性。

如同赵主任所说，我也认为徐波将中国的国家叙事终极目标定位为"让世界爱中国"，这是一个值得中国读者充分重视的说法。

与徐波一样，我们都是改革开放40多年来成长起来的一代，也都长期游走在东西方的文化交流甚至文化碰撞之中。因此，在为中国40多年一路高歌的发展和强大自豪，为中国在世界上赢得越来越多国家和人民投来的羡慕和尊敬感到兴奋的同时，我们也为近年来因遭受百年大变局时代波诡云谲的国际形势裹挟，中国的国家形象在欧美国家遭遇到了史无前例的误解甚至污名化，感到深深的担忧。

徐波向中国社会发问：如果是西方社会误读了我们，是否也存在着我们向西方社会"误说"了自己的因素？

我认为，"徐波之问"是深刻的，中国社会各界从事与国际沟通相关的读者朋友们都应该好好思考一下。

与此同时，"徐波之问"也引出了我们在国际舞台上每天从事的国家叙事的终极目标问题。如同任何管理工作都有KPI一样，我赞同徐波将国家叙事工作予以"量化考核"的做法，而"让世界爱中国"就是一种最客观、最直接、最容易被各界感知的标准。

需要指出的是，徐波将"爱中国"作为我们每个人在国际舞台上讲述中国故事的考核标准，并非他个人的心血来潮，而是他对习近平总书记在中国共产党第二十次全国代表大会上的报告的深刻领悟。同样，报告明确提出在国际上展现中国可信、可爱、可敬形象的外宣工作具体要求，徐波因而将可信、可爱、可敬形象上升为让世界"爱"中国的国家叙事目标，是言之有据和言之有理的。

徐波认为，将"爱"作为讲述中国故事的终极目标，可以让全世界知道中国的崛起不仅是一种富强的崛起，也是一种文明的崛起，更是一种崇高的中华民族善良力量的崛起。对此，我深有同感。

然而，如同盘根错节的国际关系一样，在国际舞台上让世界"爱"中国也是一项浩繁复杂的系统工作，需要我们每个人牢牢把握和平与发展的时代潮流，不断学习跨文化沟通的知识，学习赵启正主任等老一辈"中国立场，国际表达"的方式方法，这样假以时日，中华民族从"站起来""富起来""强起来"到让世界"爱起来"的这一天就会早日到来。

不管怎么说，徐波今天为我们提出了一个讲述中国故事的新的严肃话题，仅就此问题的提出，我要向徐波再次表示由衷的祝贺，并向关心中国在国际舞台形象的中国社会各界朋友隆重推荐此书。

王辉耀

全球化智库（CCG）创始人兼理事长

前国务院参事

中国公共关系协会副会长

2024 年 12 月 8 日　于北京家中

自序

进入大变局时代，尤其是近些年来，世界上发生了许许多多始料未及甚至匪夷所思的事，但不管你愿意不愿意，中国总是国际社会这些林林总总变化中一个始终绕不过去的话题。对于这种世界普遍关注的中国话题，中国政府、学术界，甚至社会的方方面面都非常清楚，大家也都在努力寻找一种让世界更容易读懂今日中国的正确叙事方式。

在中国，这一全民讨论现象也叫"如何讲好中国故事"。

2021年5月31日，习近平总书记在中共中央政治局集体学习时指出，讲好中国故事的目标是在国际上努力塑造可信、可爱、可敬的中国形象。

中共二十大以来，对如何在国际舞台上讲好中国故事，中国的决策层又作出了许多重要的指示，这些要求归根结底都是要求中国的有关部门和社会各界将中国的国际形象塑造得更可信、可爱、可敬。

从20世纪80年代进入外交界后，在国际舞台上讲好中国故事的讨论一直让我着迷，特殊的职业经历（20多年的政府外交、6年的上海世博会多边文化外交、6年的联合国教科文组织多边文化组织外交和8年多的中法双边民间文化外交），让我不仅对此话题兴趣不断，更感受到这一话题的严肃性、沉重性和当下性。

2022年元月，我飞回到暌离三年多的祖国，此后到今天又三年有余，连续回到祖国，每次回国我都会与中国的知识界、官员、企业家及许多大中学生见面，大家几乎都会不约而同地问我一个同样的问题：为什么中国与欧美国家的关系在今天进入了一种"剪不断，理还乱"的状态？

"如果是西方世界误读了我们，那么，我们是否同样存在着没有向西方世界准确地介绍我们自己的问题？"

由此，我们可以引出一个"横看成岭侧成峰"的方法论问题，也可以是一个"见智见仁"的主观性体验问题，但更是一个多元文化背景折射下的当今复杂的国际地缘政治及其文化沟通所存在的现实挑战问题。

然而，这样一个放在全体国人面前的挑战，与其说我们是要改造欧美受众的态度，让他们更好地全面认识中国的崛起，不如说是我们究竟如何在这样一个复杂的大变局时代，向世界真正讲好今天中国的故事。

常识告诉我们，毕竟改变我们自己要比改变他人更容易些！

换言之，在我们的国家叙事中，究竟是要向世界说明中国式的现代化是一种历史的自然回归？还是一种新的中华文明在国际舞台上的华丽登场？抑或一种中华民族对人类和平与发展事业的新贡献？

如此，如果说中国最高决策层对讲好中国故事的目标设定是塑造可信、可爱、可敬的中国形象，那么，让世界"爱起来"就应该成为这种目标设定的检验标准。

换言之，讲好中国故事是要在向世界展现今天走向全面复兴的中华民族新的时代风采的同时，我们也要回答中华民族在"站起来""富起来""强起来"后，如何让世界"爱起来"这样一个问题。

诚然，让世界"爱起来"作为讲好中国故事的目标定位，是一种比较大胆的学术讨论设定，但本人坚信，这种"量化描述"或目标设定描述，在本质上与习近平总书记所强调的一个在国际舞台上可信、可爱、可敬中国新形象目标应该是高度一致的。

至于为什么我们要将"爱"这样的哲学概念和情感因素置于国际形象的核心，我认为这是基于人类生活的常识。

我们都知道，无论是个人，还是由个人所组成的国家，"爱"是任何人和任何国家对其形象诉求的最高层次体现。

不是吗？在生活中，我们常常感慨，一些人虽然有钱有权，却没能得到人们的"爱"或赢得人们最起码的认同和好感。

在国际交往中，美国的霸权主义在世界上飞扬跋扈，虽然美国是当今世界最强大的国家，但它的权势并没能赢得世界人民的"爱"。同理，某些国家极为富有，但在国际舞台上，很多国家并不因为这些国家的富有而对它们产生一种由衷的尊敬。法国大作家雨果说得好："爱将浩瀚的宇宙缩简为一个人的单独存在。爱是黎明前的呐喊，爱是黑夜里的颂歌。"

20世纪科学巨匠爱因斯坦在给她女儿莉泽尔·爱因斯坦的信中写道："在这个宇宙中，有一种极其强大的力量，科学至今尚未找到其正式的解释。这种力量包含并支配了所有其他力量，甚至是宇宙中运作的一切现象背后的根本力量，但我们尚未识别它。这种普遍的力量就是爱。"

在给她女儿莉泽尔的2000多封信中，爱因斯坦始终在强调"爱"是这个世界上最无形却最强大的力量。

讲到爱，我会联想到十多年前亚马逊公司创始人杰夫·贝佐斯在其母校普林斯顿大学毕业典礼上讲述他孩提时有关"爱"的一个故事。

他说他小时候每年要在得克萨斯祖父母的农场过暑假。有一次他随祖父母出游，祖父开着车，祖母在旁边吸着烟。贝佐斯讨厌烟味，就将广告词上说的每吸一口香烟会减少两分钟寿命做了个算术题，然后骄傲地告诉祖母她会因每天吸烟而少活九年！

祖母听毕，非但没有对他的数学天赋表示祝贺，反而哭泣起来。

祖父把车停在了路边，示意小贝佐斯跟他一起下车。贝佐斯说，祖父没有责怪他，只是用双眼注视着他，沉默片刻后，他轻轻地拍着贝佐斯的脑袋说："杰夫，有一天你会明白，善良比聪明更难。"

作为一名享誉世界的企业家，贝佐斯讲这个故事旨在告诫同学们，如果说聪明是一种天赋，善良就是一种选择，一个人要做到善良会比聪明更难。但善良又极其重要，一个人一旦失去了善良，再聪明也将一事无成。

可见，无论是雨果和爱因斯坦用诗歌般的语言颂扬爱，还是贝佐斯讲的善良比聪明更难的故事，抑或中国圣贤孔子的"仁者爱人"、孟子的"性本善"、墨子的"兼爱"，以及"德不孤，必有邻"等古训，似乎都在告诉我们，"爱"是人际交往中的一种能力和最高精神境界的表达。

因此，用"爱"作为讲述中国故事的终极目标，不仅将体现一个国家的爱的能力和一个民族的爱的选择，还能够通过在国际舞台讲述中国人的大爱故事来告诉世界，中国的崛起不仅是一种富强的崛起，也是一种文明的崛起，更是一种崇高的中华民族善良力量的崛起。

如果说实践已经证明，在人类社会中，没有什么比一个人的善意及道德力量更能展示其美好形象，那么，一个国家善良的国民精神及品格塑造，一种大爱的国家人格体现，就会成为国际社会口口相传的佳话，让国际社会成员们从内心深处感受到一种伟大。

换言之，在国际舞台上树立中国可信、可爱、可敬的形象，就必须在与世界不同文明的对话过程中尽可能地展示中华民族各种可爱的美德，从而让世界人民接受并由衷地"爱"一个和平崛起的伟大中国。

感谢国务院新闻办公室原主任赵启正先生在我写此书过程中所给予的

积极肯定和鼓励。赵主任是向世界讲述中国故事的杰出典范，他的满腔热情和殷切期望，使我能坚持写完此书。

中国全球化中心理事长王辉耀，几十年游走在东西方之间，对本书涉及的议题非常重视并有诸多同感，感谢辉耀兄百忙中为拙作写序言。

当然，我更要感谢五洲传播出版社的各位领导和编辑们，没有他们的帮助和担当精神，拙作是很难问世的。美编蒲建霖老师艺术性地将吴建民大使的遗墨组合成书名，使此书立意更加深刻。此外，本书封面背景图是本人在书中提到的巴黎蒙马特高地上的"爱墙"，由法国著名摄影师让·保罗·吕布里纳尔提供，墙上全是世界各国有关"爱"的不同文字。在这里，每天从早到晚人头攒动，人们从世界各国为"爱"而来，"爱墙"旁的路灯烁烁发光，同样点燃或在呼唤着人们心中"爱"的光芒。

最后，我还想强调的是，本人斗胆将自己几十年来在国际沟通方面的一些看法包括案例与读者朋友毫无保留分享，目的是抛砖引玉，与读者朋友们相互启发，并在此基础上唤起中国社会各界更多的有识之士来关心此项工作，从而通过我们的共同努力，真正在国际上树立起可信、可爱、可敬的中国形象，从而让"站起来、富起来、强起来"的中国在世界上被"爱起来"。

徐波

2025 年 3 月 15 日　于巴黎寓所

第一章
大变局时代与国家叙事的重塑

- 国家叙事重塑问题的提出
- 国家叙事与"百年未有之大变局"
- 语言、媒体平台与传媒市场

第一节　国家叙事重塑问题的提出

国家叙事的缘起

国家叙事，英语为 national narrative，顾名思义就是一种有关一个国家历史、文化和民族特征、精神和价值理念的叙事。

法语的国家叙事叫 récit national 或 roman national，前者是英语翻译的直接对应，后者有一定的拓展，直白的翻译是"国家小说"。也就是说，国家叙事就是一部有关一个国家历史文化和民族精神理念的小说。

法国是最早提出"国家小说"概念的国家，最初由成立于 1870 年的法兰西第三共和国提出。当年拿破仑三世在普法战争中失败被俘，法兰西第三共和国临危受命，是法兰西民族在国难深重时所创建的一个民主政体。

在法国战败，阿尔萨斯和洛林被迫割让给普鲁士，法国人民举国悲伤时，法兰西第三共和国决定通过向法国人民讲述法兰西的光辉历史，并用查理大帝、圣女贞德、拿破仑、孟德斯鸠、伏尔泰、孔多塞等伟人的名字激励法国人民在国难下坚强不屈。

法兰西第三共和国的创建者们深知，通过爱国主义教育，不仅可提高法国人民的民族自豪感，也可提高法国人对法兰西民族的认同感。因此，歌颂法兰西的伟大就是法国国家叙事的主基调。

戴高乐将军在《战争回忆录》中详细描述了他献身法兰西民族复兴事业的心路历程，强调法兰西的伟大和独一无二的法兰西民族特质激励了他荡气回肠的人生。他的名言"法兰西不伟大就不是法兰西"同样也激励着一代又一代法国有志青年献身法兰西的民族复兴事业。

因此，巴黎政治学院教授塞巴斯蒂安·勒杜（Sébastien Ledoux）认为，由法兰西第三共和国倡导的法国国家叙事，就是为了颂扬法兰西民族的荣耀，并由此在不同的法国人之间建立一个真正的法兰西民族共同体。

如果说法兰西的民族自豪感是其国家叙事所产生的内部效用，那在外部，无论是法兰西第三共和国，还是戴高乐所建立的今天的法兰西第五共和国，展现在世界舞台上的法国国家小说的核心就是向世界传播法国大革命"自由、平等、博爱"的理念和"不伟大就不是法兰西"的民族精神，以及法国人对人类命运终极关怀所负有的责任。

世界各国的国家叙事

一部世界史，本来就是各个国家在人类历史舞台上叱咤风云的国家叙事史，是描述不同民族的光荣与骄傲的一系列"国家小说"。其中，英国人的国家小说叙述的自然就是伟大的工业革命、《大宪章》、"王在法下"的法治精神和私有产权神圣不可侵犯等英国故事。

虽然德国的国家小说没有英法那么恢宏，但德意志民族向人类社会所奉献的精湛的思想产品、优美的音乐和精致的机械技术一直让世界津津乐道，从而成为德国国家小说中最美丽的篇章。

有关美国的国家小说，可谓林林总总，它既充斥在扫荡世界各个角落的好莱坞电影中，也体现在美国新闻媒体、美国式教育和美国政府的各种叙事中，甚至在每年7月4日美国独立日全美各地的游行和晚上的焰火中。其关键词无非是美国人津津乐道的"自由、平等"，鼓励倡导个人首创精神的"美国梦"，三权制衡的美式民主体制，美国宪法第一修正案所确立的宗教信仰和新闻自由神圣不可侵犯的美国价值理念。

在历史上，也有一些国家为使其国家小说在国际舞台上更有号召力而改变原来的叙述方式，如土耳其建国领袖凯末尔为在世界上塑造一个现代开放世俗的土耳其共和国形象，要求土耳其政府强调土耳其民族中古代赫梯人的历史渊源，而非有伊斯兰文化背景的东征西讨的奥斯曼帝国的遗产。

还有倡导伊朗现代主义和世俗化的巴列维国王，在统治伊朗时，他要求将雅利安人作为伊朗人的祖先，并将其作为国家叙事中伊朗文明来源的重要组成部分，而非强调伊斯兰什叶派传统。

1979 年，法国人让 - 弗朗索瓦・利奥塔（Jean-François Lyotard）首次在其著作《后现代状况：关于知识的报告》中对国家的这种元叙事（méta récit）或宏大叙事（grand récit）提出了怀疑，他认为自启蒙运动以来，国家叙事一直由"自由""理性"等统一理念主导，并长期渗透在人们的话语体系中，从而形成了一种具有专制性的意识形态。

利奥塔认为，随着人们知识获取形式的改变，生产力发展也会改变，社会形态会变得更加富有流动性，人们的知识体系将更加分散，在这样的社会形态中，传统的"元叙事"必将迎来危机。

他认为国家的元叙事或宏大叙事"是一种全球性或全面化的文化叙事模式"，是"一个关于故事的故事"，其叙事方法中的"伟大的英雄、伟大的冒险、伟大的航程以及伟大的目标"，包括在国际舞台上的各个国家的国家小说都不能回答后现代社会所出现的各种问题。

为此，他提出了"小叙事"（petits récits）和"本地化"（contexte local）的叙事方法，并试图通过人类经验的多样性来取代元叙事，从而使人类社会进入多元共存的叙述时代。

美国国家叙事的重塑

随着冷战结束，全球化一路高歌猛进，特别是包括中国在内的一大批新兴国家在国际舞台上迅速崛起，战后以来的国际关系重新洗牌。

2011 年 4 月，为应对新时代的新挑战，重塑美国的世界领袖地位，三位美国学者化名 Y 先生，在美国智库伍德罗·威尔逊研究中心发表了一篇长达 15 页的《国家战略叙事》报告。

报告的序言由美国普林斯顿大学政治与国际事务教授安妮-玛丽·斯劳特（Anne-Marie Slaughter）撰写。她开宗明义地强调美国在冷战中所扮演的反共产主义的自由世界领导者的作用，又高度评价这种作用对建立今天这样一个充满活力的经济和尽可能公正繁荣的国际社会的意义。

斯劳特认为 21 世纪美国的国家叙事，特别是美国的战略叙事，应该是塑造一个在深度互联的全球体系中始终扮演最强大的竞争者和最有影响力的参与者的国际形象。

此报告还详细分析了美国在国际上所遇到的各种新挑战，并援引美国历史学家威廉·麦克尼尔（William H. McNeill）的话，即一个没有可信故事的社会"很快就会陷入大麻烦，因为在没有可信神话的情况下，连贯的公共行动变得很难即兴发挥或维持"。

此外，这份报告的三位作者用化名 Y，让人不禁想起拉开美国对苏联遏制战略序幕的那份由乔治·凯南在 1946 年化名 X 发送的 8000 字电报。

从美国这份《国家战略叙事》报告问世到今天，美国人对国家叙事的讨论从未停止。2021 年 1 月，美国记者、作家科林·伍达德（Colin Woodard）在美国《华盛顿月刊》上撰文，呼吁新当选的拜登总统立即重建美国的国家叙事。伍达德强调美国需在世界上重塑一个新的国家故事，或一个更新的故事，以便提供一个公共身份，包含对美国民族来源、目的和可能未来的理解。他认为，面对一个被特朗普颠覆了的世界，美国不仅要给美国人民提供一种生活意义、目的和相互联系的感觉，也要在世界上确立民主国家联盟领袖的地位。

有关拜登执政的四年美国是否在国际舞台上成功重建了美国国家叙

事，抑或 2025 年 1 月 20 日特朗普重返白宫后，特朗普主义横空出世，美国又是如何利用当下的俄乌冲突背弃传统欧洲盟友、背离美国价值理念等问题，这都并不是本书所要讨论的内容。但我们需要注意的是，不管在任何历史条件或文化语境中，国家叙事都应是一个非常重要的课题，它涉及一个国家的历史、文化和民族认同以及民族精神与价值在世界上的定位，并在一定程度上构成了当今世界国家间有关精神价值与理念竞争的新的时代标签。

中国国家叙事的重塑

无疑，在 20 世纪轰轰烈烈的战争与革命时代，中国的国家叙事就是中国人民如何在中国共产党领导下救亡图存，实现民族解放、国家独立的故事，就是中国人民如何让一个积贫积弱的国家"站起来"的故事。

1978 年，邓小平率领中国人民改革开放，激发了中国社会的无限活力和中国人民史无前例的创业热情，由此中国从一个在国际经济事务中几乎被边缘化的国家成为今天的世界第二大经济体，进入了世界舞台中心。因此，这个时期中国的国家叙事就是在全球化的世界中中国人如何"富起来"的故事。

今天，中国的国家叙事就是要在"站起来""富起来"的基础上再告诉世界，中国人民将在中国共产党领导下，在中华民族复兴的道路上"强起来"，为世界的和平与发展作出中华民族的伟大贡献。

然而，当我们在国际舞台上讲述"站起来、富起来、强起来"的中华民族和平崛起"三部曲"时，需要将自己的崛起与世界 200 多个国家和地区的政治、历史、文化坐标进行比较，从而在与世界各国的互动中，抑或在回答它们的问题和解答它们的疑惑过程中，让中华民族以一种崭新的姿态出现在世界民族之林，并在此基础上让世界各国接受中国和平崛起的现实。

这样做的原因是，我们今天面临的世界既不同于战争与革命的 20 世纪，也不同于过去改革开放全球化一路高歌的时代，而是一个充满变数的百年未有之大变局的时代，在这样一个特殊的历史时期，世界各国人民自然会对中国的"国家小说"的核心价值呈现形式格外在意。一方面，国家叙事已成为今天国与国之间的一种认知以及国家精神的竞争，正在崛起的中华民族肯定对此不能置之不理。另一方面，由于中国的崛起速度实在太快，许多国家，特别是那些一直在扮演世界引领者和领导者的西方国家，更觉得需要仔细打量中国，有可能的话，再用放大镜看看，这样的崛起会对当今的世界和人类社会未来的发展产生什么样的影响？

需要指出的是，如同法国学者利奥塔在 40 多年前对西方世界"元叙事"或"宏大叙事"的国家小说提出严肃批评时的那样，在全球化交流的今天，在世界舞台上鼓励文化多元和加强文明对话已成为国际共识，这为我们讲述具有中国特色的"国家故事"提供了千载难逢的机会。

换言之，我们大概再也不用围绕着上帝创造世界、伟大的启蒙运动开启民智以及自由、平等、博爱、理性主义等西方世界的叙述方法及其逻辑讲述中国的故事。中国 40 多年的改革开放及其经济奇迹证明，中国文化特有的集体主义、尊重权威、守纪律、吃苦耐劳等中国人的品质和中华民族的价值理念，这种有别于西方传统的中国式国家叙事将给全球化治理带来新的维度和可能性。

因此，从某种程度上讲，一旦我们的国家叙事是生动的、精彩的、成功的，那么，世界就会更容易理解和接受一个"站起来、富起来、强起来"的中国，更容易对崛起后的中国"爱起来"。

第二节　国家叙事与"百年未有之大变局"

乌卡时代的挑战

如果说世界各国在讲述其国家叙事时总是对应于各种不同的历史时期，如法兰西第三共和国面临的是救国图存，对内振奋民族精神，对外强调法兰西永恒的伟大，那么，我们今天的国家小说同样面临一个非常特殊的历史时期，即"百年未有之大变局"。

"变局"即意味着不确定性，造成这种不确定性的原因非常复杂，其中之一就是人类日新月异的科技革命，如基因工程、人工智能、大数据算法等，它不仅改变了人类的生活及认知，也使人类在不断的颠覆性创造中开始怀疑自己，并用有别于人类历史上任何时期的特殊眼光审视着国家的作用。

值得注意的是，以 ChatGPT 为代表的生成式人工智能技术的最新发展，已在许多领域开始影响到我们每个人的工作与思考方式。

2024 年 2 月 15 日，刚刚过完"情人节"的中国青年人，突然被美国科技奇才萨姆·奥尔特曼（Sam Altman）领导的 OpenAI 所发布的数个精美的小视频惊懵了，要知道，这些小视频不是由摄影师拍摄出来的，而是 OpenAI 用一个以 Sora 命名的 AI 软件开发出来的！

Sora 是日文"空"（そら）的音译，即天空之意，以示其 AI 无限的创造潜力，其背后是 OpenAI 的文本到图像生成模型 DALL-E 基础上开发的新技术，这些视频甚至惟妙惟肖地再现了许多现实生活中不存在的场景，如早已消失的猛犸象生存状态。

Sora 视频被世界普遍认为是人工智能领域的里程碑事件，其影响非常深刻，最简单的例子是对许许多多广告设计从业者就业的冲击，今后只要有了这样的软件，再写出一个好的创意书，任何疯狂的创意 Sora 都可以替你将文字变成视频。

然而，无论是 ChatGPT，还是 OpenAI 抑或中国的 DeepSeek 所代表的人类在 AI 技术领域日新月异的进步和在此基础上机器人技术的大幅度提升，从生产电动汽车的流水线到传统的语言翻译、一般意义上的财务会计、法律文书职业，再到今天广告领域的创意，甚至未来的电影拍摄，人类的科技发展正在一天天颠覆人类社会的组织形态及其未来的社会分工形式，其中，更严峻的挑战还在于对人类伦理底线带来的冲击，如 ChatGPT 会在未来给机器人生产带来类似人类的思考，或个别生物科学家利用基因工程随意改变人的遗传基因等，人类社会究竟该怎么办？

为此，在 2023 年 11 月 1 至 2 日，首届全球人工智能安全峰会（AI Safety Summit）在伦敦布莱奇利公园召开，马斯克等世界顶尖人工智能专家、科学家、创新家和政治决策者一致同意国际社会必须对人工智能的研发予以监督，但这样的监督又能坚持多久？

说实话，会议至今已过去两年了，国际社会的共识还远远没有彻底建立！

更值得注意的是，科技进步对武器发展带来的深刻影响，当机器人杀手的能力胜过久经沙场的突击队员时，这会使人类战争史上出现新的军事伦理问题，如我们在俄乌战争中已经司空见惯的疯狂的无人机袭击。

自 2001 年美军将 MQ-1 无人机用于反恐行动以来，无人机的作战范围便从侦察逐渐拓展到攻击，其中阿塞拜疆和亚美尼亚为争夺纳戈尔诺 - 卡拉巴赫地区控制权爆发的武装冲突中，阿塞拜疆依靠无人机高低搭配战术击败亚美尼亚军队可谓是 "里程碑" 事件。

自 2022 年 2 月 24 日普京宣布对乌克兰采取特别军事行动以来，俄乌双方军队每天都有数百架无人机投入战斗，乌克兰军队的无人机更是重创了俄罗斯军队，这是俄罗斯军方发动对乌特别军事行动前始料不及的。

俄乌双方大量使用无人机作战，让世界突然发现，俄乌战场并非在乌东旷野中的战壕，而是在小小的笔记本电脑前，这让人类未来的战争变成无人机代理者的战争，让高科技武装下残酷战争变得更加残酷。

在 2024 年圣诞节的前几天，乌克兰军队第 13 步兵团对俄军发起了一场没有士兵参与的战斗。第 13 团发言人杰格佳列夫向媒体透露，乌军"使用了数十台配备机枪的地面机器人、自杀式机器人以及排雷机器人"，"还有能够携带重型载荷的大型多旋翼直升机，例如反坦克地雷。此外，还使用了第一视角（FPV）无人机。所有这些装备都得到了众多侦察无人机的支援和控制。"

杰格佳列夫称，行动取得了成效，俄军在乌军强大的军事技术优势压力下被迫后撤。

此次乌军的战斗在国际军事界引起了强烈反应，人们普遍认为这是打响了人类历史上首场没有人参与、全部使用作战机器人的未来战争。

国际军事专家表示，俄乌军事冲突以来，乌军一直在研究人工智能在无人机等领域的使用。路透社的报道显示，乌军一直在用前线无人机拍摄的视频来训练人工智能，其收集的视频超过了 200 万个小时，也就是 228 年，前线有超过 15000 名乌军无人机飞手参与到了这项工作中，他们将 FPV 无人机拍摄的视频上传到了专门平台。

可见，面对科技进步给传统社会带来的各种挑战，包括对军事伦理的严峻挑战和面对一个更加扁平化、去中心化，更加充满不确定性的世界，人类从未像今天这样感到无助和寂寞。

欧美学者将这样一个科技进步反而让人类忐忑不安的时代称为乌卡

（VUCA）^①时代。在乌卡时代，人类感觉自己已不再是这个星球的主人，人们比任何时候都渴望国家能够帮助他们预见未来，预见变化。

几年前，又有一个叫卡西奥（Jamais Cascio）的美国人，创造了另一个叫巴尼（BANI）^②时代的新词。

在卡西奥看来，脆弱、焦虑、非线性和不可理解已成为人类社会的普遍现象。对卡西奥来说，乌卡时代正在过时，人类所进入的新时代巴尼时代，充满了不稳定和混乱。"模棱两可"已不足以描述人类如何体验这个世界了，一个更好的解释是，人类目前所经历的一切都是不可理解的，从而让人类产生深深的焦虑。

因此，在今天的国际叙事语境中，任何国家的国家叙事都必须回答这样一个严肃的问题，即如何解决乌卡时代（或巴尼时代）技术进步与人类社会伦理道德的冲突，以及科技进步导致的人类生存焦虑。

究竟是人类主宰世界，还是机器人主宰世界？

应该看到，这些林林总总具有乌卡时代鲜明特征的问题，对任何国家的国家叙事都提出了新的要求或挑战，特别是在欧美国家，有关科技进步对人类社会的个人自由压迫问题早已成为公众讨论的重要议题，并出现了乔治·奥威尔的《1984》、阿道司·赫胥黎的《美丽新世界》和扎米亚金的《我们》这三部堪称20世纪经典的反乌托邦主义小说，它们迄今在欧美国家依然流传甚广。

乌卡时代充满着变数和挑战，如果我们对欧美国家公众讲述中国的故事，我们就不得不考虑这些关切，不得不去理解他们对英国作家乔治·

---

① VUCA 为以下四个英语单词的首字母缩写：volatility（易变性），uncertainty（不确定性），complexity（复杂性），ambiguity（模糊性）。

② BANI 为以下四个英语单词的首字母缩写：brittle（脆弱）、anxious（焦虑）、nonlinear（非线性）、incomprehensible（不可理解）。

奥威尔笔下《1984》所描绘的那种社会的恐惧，不得不去找到我们与欧美国家公众在乌卡时代各种关切的最大公倍数。

疫情大流行对国家叙事的巨大冲击

2023 年 5 月 5 日，世卫组织总干事谭德塞在日内瓦宣布，世卫组织正式决定结束新冠疫情作为"国际关注的突发公共卫生事件"，从而为这场持续三年多时间，共计 1191 天的新冠大流行画上了一个句号。

据世卫组织不完全统计，大流行造成超过 690 万人死亡，高达 7.7亿人感染。与此同时，疫情大流行不仅使全世界在和平年代失去如此多的宝贵生命，也使全世界陷入二战以来最严重的经济衰退。

2022 年，世界经济增长仅为 3.4%。2023 年全球经济增长仅为 2.6%，2024 年的情况虽然好于 2023 年，但也仅为 3.2%。全球经济的低迷让人们不禁联想到 2008 年世界金融危机的阴霾是否会"卷土重来"，似乎也看到了未来世界经济的大衰退，甚至经济危机的冰山一角。

回顾当年面对疫情大流行的突然到来时一些政府的应对举措不及时，随之出台的各种救助方案又因解释和沟通不够，从而使西方国家的公众从一开始就非常迷惑，甚至陷入了巨大恐惧，并且因疫情处置不善而对本国政府产生了严重的不信任感。

这种不信任感反过来也使西方社会处于严重的分裂状态，如赞成接种疫苗者和反对接种疫苗者之间不断发生冲突，还有发生在 2020 年 11月的美国总统大选和 2021 年 1 月 6 日发生的美国国会山的各种骚乱事件，都是美国社会被严重撕裂的缩影。

与此同时，疫情大流行不仅造成西方民众对政府的疫情管理能力普遍不信任，也造成了世界各国民众之间的不信任感，其中有关病毒起源问题更是被一部分别有用心的西方政客反复炒作，加上那些在西方主流和非主流媒体（尤其是自媒体）上汗牛充栋的关于病毒起源的文章、视频、博客，使所有国家在这一特殊历史条件下的国家叙事都变得非常艰难。

在拜登政府持续四年歇斯底里的对华政策打压下，国际政治、外交形势风云突变，这种地缘政治风向的变化又导致了国际舆论环境的巨大变化。如今，特朗普又卷土重来，其内阁成员中大多数的对华鹰派人物和美国参众两院隔三岔五通过的各种打压中国崛起的法案，这些都可以让我们清晰地看到大流行以来美国和欧美舆论氛围的重大变化。

因此，如何在日益动荡的世界中讲好中国故事，需要我们对国际形势，特别是中国与当今西方国家的关系有一个较清醒的认识和判断。

俄乌冲突使世界更加分裂

2022 年 2 月 24 日，俄罗斯总统普京以实现对乌克兰的"去军事化和去纳粹化"为目的，命令俄罗斯部队在乌克兰东部发动"特别军事行动"。

从战争的第一声炮响，欧美国家一片哗然，纷纷谴责俄罗斯的军事行动，并将此举视作联合国一个会员国对另一个会员国的主权和领土完整的侵略行为，是二战结束以来欧洲发生的最大规模的战争。

24 日当晚，美国在联合国安理会起草了一项谴责"俄罗斯入侵乌克兰"的决议草案，并要求俄罗斯"立即、彻底、无条件地撤回所有军事力量"，还重申了尊重乌克兰在其"国际公认边界"内主权、独立、统一和领土完整的承诺，但由于俄罗斯的坚决反对，该决议没有得到通过。

3 月 2 日，联合国就俄乌情势召开紧急特别会议，141 个国家就强烈谴责俄罗斯对乌克兰的侵略行为并要求俄罗斯立即无条件撤军的决议草案投了赞成票，但包括俄罗斯、白俄罗斯、朝鲜等在内的 5 个国家反对，另有包含中国、印度、伊朗等在内的 35 个国家弃权。

有关俄罗斯在乌克兰的"特别军事行动"及其造成的新时期美俄关

系、欧俄关系的高度紧张及国际社会空前的撕裂，对俄乌冲突不偏不倚，坚持以事情的是非曲直积极推动和平解决危机的立场，也成为中国在国际舞台上讲好中国故事的一个新任务。

第三节　语言、媒体平台与传媒市场

除了上述大变局时代给我们向世界讲述中国故事所带来的各种各样新的考验，从传播学的角度看，国家叙事同样面临着使用什么样的语言、平台及如何进入目标国家的新闻与出版市场等具体的技术问题。

如果对这些问题认识不清或不从根本上解决，中国在世界上的国家叙事同样难以开展。

国际传播中的语言问题

全球目前有超过 6000 种不同的语言，但真正广泛使用的还是英语、汉语等世界十大语言。在这世界十大语言中，14 亿人口的中国和海外 6000 多万说中文的华人华侨，使中文理所当然成为世界上使用人数最多的语言，这是我们的优势。

与此同时，中国庞大的人口基数加上遍布世界的中国留学生、旅游者、投资者和在海外随处可见的唐人街也常常使我们相信，中文已经走向世界。

记得 20 世纪 90 年代，有一个加拿大青年中文名叫大山，他的汉语表演曾让多少在电视机前看春晚的国人感动。

现在，努力学习中文的外国人越来越多，来华工作和生活并能操一口流利中国话的外国人数不胜数。

值得一提的是，有越来越多的外国政要开始学习中文，他们在与我们国家领导人交往时总喜欢说几句中文。在这些外国政要中，澳大利亚前总理陆克文和现任哈萨克斯坦总统托卡耶夫的中文水平尤其令人印象深刻。

还有越来越多懂中文的外国精英进入他们国家的决策班子，如特朗普第一个总统任期时的总统国家安全事务副助理博明就能用流利的中文代表特朗普政府发表政策性演讲。

这些情况在以前都是闻所未闻的。

我们再看看中国外交部新闻发布会和中国在国际舞台上的外交场景。我们的外交部发言人早在 30 多年前就不再用英语来表达中国的立场了，他们用中文发言和回答问题。在国际舞台上，中国从来都用中文阐述中国对全球治理的主张，世界也通过这些中文演讲和发言了解中国对世界事务的立场和态度。

鉴于上述印象，不少人会问，难道还有什么理由不相信中文就是我们在国际舞台上进行国家叙事的语言吗？

实际情况是，虽然中文的使用者人数为世界第一，但使用地域非常有限，除了中国和新加坡，全世界没有其他国家官方语言讲中文，而英语虽然只有 3.35 亿人口使用，不及中国人口的 1/4，但英语是全世界 110 个国家的母语或官方语言。另外如法语，出于历史的原因，它依然在 50 多个国家使用。与法语不相伯仲的还有西班牙语，它是 20 多个国家的官方语言，全世界讲西班牙语的人超过 4 亿，比讲法语的人还多。还有，全世界讲阿拉伯语的国家虽然集中在中东、北非地区，但也多达 20 多国，有 2 亿多人口。在这个意义上，阿拉伯语同样是在国际舞台上讲述中国故事不可或缺的国际语言。

沟通中的媒体平台

尽管从发行量看，中国的《人民日报》《环球时报》和《参考消息》等报纸均可以说是世界大报，但美国《纽约时报》《华尔街日报》和英国《金融时报》《经济学人》等世界主要英文媒体仍对世界具有更大影响力。

同样，美国福克斯新闻台（Fox News）、美国全国广播公司（NBC）、微软全国广播公司（MSNBC）、英国广播公司（BBC）、英国天空新闻（Sky News）、美国有线电视新闻网（CNN）、卡塔尔半岛电视台（Al Jazeera）、欧洲新闻（Euro News）、印度新德里电视台（NDTV News）、巴基斯坦地理新闻（Geo News）的英语新闻节目，也在一定程度上垄断了世界舆论场的话语权。

自 20 世纪 90 年代世界上首次出现新媒体的概念后，新媒体已成为国际传播领域的后起之秀，并像坐了火箭一样扶摇直上，甚至有全面取代传统电视和报纸之势。今天，在全球 77 亿人口中，使用社交新媒体的人越来越多，而看电视、看报纸的人则越来越少。

全球市场营销顾问公司 Kepios、全球性创意广告公司维奥思社（We Are Social）共同发布《2023 年度全球数字化研究报告》显示，2023 年，全球互联网用户数量为 51.6 亿，占全球总人口的 64.4%，其中，全球社交媒体用户达 47.6 亿人，占全球总人口的近 60%。其中脸书（Facebook）是领先的社交媒体，每月活跃用户为 30.3 亿，其次是 YouTube（27 亿）、WhatsApp（24 亿）、Instagram（20 亿）、微信（13 亿），推特也有 5.56 亿用户。

由此可见，在国际传播中新媒体日趋成为最重要的媒体沟通阵地。

同样，搜索引擎的作用就如同一位博物馆的导览人员或一个国家、一个城市或生活中任何一个具体部门的导游，有了它，你就可以顺利地检索到你所需要了解的东西。如果检索者直接搜索关于中国春节或中国所发生的任何事情的各种资料，可更快、更直接地了解中国。

出版物的市场占有

据法国文化部统计,2019 年法国出版界出版的英语书占所有外国出版物的 60%,其次是从日本引进的书籍,占 14%,从中国引进的出版物只占法国全部外国出版物的 0.6%。

日本出版物在法国出版界如此高的市场占有率,使我开始注意日本文化进入法国文化市场的情况,其中一个参照指标是日语进入法语的数量。

据不完全统计,在法语中已有 20 余个词源于日语,如反映日本文化与生活艺术的单词盆栽、艺伎、花道、柔道、空手道、和服、折纸、刺身、寿司、榻榻米等。随着近年来日本文化在欧洲大陆的风行,漫画、卡拉OK 和手机上的表情符号"emoji"等日语词也自动成为法国人天天使用的法语词。此外,还有涉及日本特有的历史文化的单词如明治、幕府、新干线、财阀、海啸等,以及过去日本武士道精神中的剑道、武士、切腹和神风敢死队等。日语作为外来语在法语中的大量涌现,或多或少说明日本在法国文化市场是重要存在。

还有一个值得注意的现象就是"韩流"在法国的异军突起。

众所周知,我们的近邻韩国在文化创意产业方面一直有不俗的表现,记得当年一些中国青年"韩粉"们,为了能够进入 2010 年上海世博会的韩国馆,并与他们的偶像见面,居然通宵达旦在世博园门口排队等候。

法国的"韩粉"虽然没有如此疯狂,但发烧程度也"不相伯仲",在2023 年巴黎西郊隆尚(Longchamp)赛马场举办的 festival Lollapalooza 音乐节上,韩国 Stray Kids 组合吸引了近 6 万名法国青年粉丝。

法国在线语言学习平台 Preply,在搜索引擎谷歌上的一项调查显示,在 2023 年,韩国文化在法国前所未有地兴起,吸引了各年龄段和不同背景的法国人。从象征性 K-pop 组合 BTS 和 Blackpink 的动感音乐，到令人垂涎的韩国美食，对"K"一切的迷恋正在法国不断增长。

Preply 认为，在 2023 年法国人学习韩语的人数增长了 49%，仅在韩国电视剧《鱿鱼游戏》第一季播出后，其平台上学习韩语的需求激增了近 28%！

还是回到上面的出版物问题，根据外国出版物在法国出版界占有率的分析，我们至少可以认识到从在国内出版图书到在法国书店里看到中国书，中间还有一段漫长的距离。

2024 年 10 月，本人有幸接待了国内的一个出版界代表团，我特意为他们安排拜访巴黎图书展主席、法国出版商协会主席文森特・蒙塔涅（Vincent Montagne），蒙塔涅告诉代表团，在法国的任何成功的出版物后面都必有一个强大的策划与营销团队，原因是法国出版业高度市场化，不被市场认可就不是好出版物。他还以自己的公司 Média-Participations 为例（公司拥有 2000 多员工，其 80% 的业务是各种出版物，其余是多种经营，包括动漫设计、游戏和主题公园，其经营收入和出版物数量均位于法国出版界前列），强调出版物是其公司所有业务经营成功的基础，没有好的出版物就不可能拥有好的文化 IP，就没有文化产业。

他还以其公司旗下的门槛出版社（Éditions du Seuil）为例，详细介绍了所有成功出版物的幕后故事。

这家创立于 1935 年的法国出版社一直以其严谨和专注精神在业内享有良好声誉，历史上曾帮助相当多的法国哲学家走向世界，如雅克・拉康（Jacques Lacan）、罗兰・巴特（Roland Barthes）、菲利普・索莱尔斯（Philippe Sollers）、埃德加・莫兰（Edgar Morin）、莫里斯・热纳瓦（Maurice Genevoix）和皮埃尔・布迪厄（Pierre Bourdieu）。

在世界文学方面，一些外国作家也是通过门槛出版社进入了法语读者世界，并在后来成为诺贝尔文学奖得主的，如艾略特（T. S. Eliot）、索尔仁尼琴（Alexandre Soljenitsyne）、伯尔（Heinrich Böll）、马尔克斯（Gabriel García Márquez）、萨拉马戈（José Saramago）、格拉斯（Günter Grass）、库切（J.M. Coetzee）、耶利内克（Elfriede Jelinek）、莫言（Mo Yan）和蒙罗（Alice Munro）等。

如向读者介绍法国文学方面，门槛出版社也是拥有雷诺多奖、美第奇奖、龚古尔奖等 57 项大奖，是拥有最多法国文学奖作者群的法国出版社之一。

蒙塔涅表示，门槛出版社的经验对中国出版界可有一定的借鉴作用，一部好的作品在进入世界市场之前首先就是一本在国内市场看好的好书，如曾经在中国非常畅销的《21 世纪资本论》一书就是"门槛出版社"出版的，作者托马斯·皮凯蒂（Thomas Piketty）是出版社的老朋友，只在门槛出版社出版，他的写书过程也是与出版社相关编辑密切沟通的过程，从而在确保学术质量的同时也能考虑到市场的需要。

显然，蒙塔涅是在告诉我们大家，中国国内出版业的强大和繁荣并不意味着在法国的传媒市场上就会自动出现"中国声音"，我们姑且将此称为中国向包括法国在内的西方世界讲述中国故事的"最后一公里"问题。

有关这个"最后一公里"问题，我曾专门请教了法国著名翻译家安博然（Genevieve Imbot-Bichet）和美国汉学家、诗人石江山（Jonathan Stalling）。

安博然是一位在巴黎中国文学圈赫赫有名的汉学家、翻译家，如果没有她的翻译和其精湛的汉语功底，中国许多作家作品，如贾平凹的《废都》、刘震云的《温故 1942》、李碧华（Lilian Lee）的《霸王别姬》等作品不可能在法国得到法国读者的认可和喜爱。

我问她，"为什么在法国出版的有关中国的书籍会那么少？"

"是我们的法文翻译存在着问题。"她看着我这位多年的老朋友，眼神里流露出一种夹杂着惊讶和陌生的神情，这种神情分明是在说，你这个老法国通，本应该知道这个问题啊！

她可能意识到这样的回答并不能解决我的问题，于是，她又从阅读习惯、国情和出版体系等因素中试图为我找到一个满意的答案。

在 2022 年夏的一天，从诺曼底返回巴黎的火车上，我又向美国汉学家、诗人石江山请教了同样的问题。

如果说安博然是一位职业翻译家的话，石江山就是一位学者和诗人。他是俄克拉荷马大学教授，专门研究中国诗歌，并创立《今日中国文学》期刊。他是北京师范大学中国文学海外研究中心副主任，2015 年还曾担任北京大学驻校诗人。石江山出版了 6 部有关中国诗歌的著作，近年来，他建立在中国诗歌韵律基础上的英语绝句更是引起世界汉语教学界的重视。

石江山告诉我，中国小说在美国出版界份额过小、影响力弱的原因还可以从小说创作文化的差异中找到答案。

他表示，在美国，作家写小说是一个团队性工作，且出版社的编辑权力很大，他可以决定小说的叙述方式、结构，甚至情节。中国小说在美国没能引起重视的原因，首先是陷入了作家中心论，作家往往是为了写作而写作，忘记了出版也是一种市场行为，忘记了在写作前必须了解美国读者的口味和欣赏习惯。

他进而向我调侃道，美国是一个崇尚个人主义的国家，但在写作和出版方面却依靠团队性工作。除了作家本人外，还有出版商和各种出版界的咨询师，他们从各个角度来 design（设计）作品。因此，一旦经过这些专家们的精心打造，出版的小说都是好看的小说，甚至成为畅销书。

相反，崇尚集体主义精神的中国，作家写作时往往喜欢单打独斗，他们非常自我，一个人只顾自己写，不顾市场的实际需要。

石江山的话让我想到蒙塔涅提到的"门槛出版社"的那些成功案例，他们都在强调一种作者与出版社之间密切互动的重要性，再联想到此前安博然的忠告，让我意识到中国文学作品在欧美出版界比例低的其他原因。

但事情也有例外，门槛出版社早在 1995 年就出版了莫言的《十三步》，并与其建立了长期合作关系，这也是莫言作品进入法语读者世界的关键点。

尔后，莫言作品《丰乳肥臀》更是受到了法国读者欢迎，门槛出版社在腰封上将这部 800 多页的巨作冠以"中国的《百年孤独》"的名号。

因此，莫言在法国的成功，一定程度上还要归功于他所依赖的出版社及其优秀的法语译者。门槛出版社聘用了杜特莱和尚德兰两位法国研究和翻译中国当代文学的知名汉学家，他们对莫言作品有深入的学术研究，中文功底和翻译水平堪称一流，并和莫言保持着良好的关系，对莫言的文学才华有着发自内心的欣赏和认同。

与此同时，莫言对译者给予充分的尊重和配合，并以十足的耐心回复他们提出的问题，甚至亲自带他们到山东老家，讲解那些在自己书中描述的农村生活。

因此，莫言在法国的成功也是作者、出版社和译者三方合作的成功。

由安博然的分析引申出的语言翻译问题

虽然门槛出版社出版莫言的小说堪称在法国出版界的"成功案例"，但安博然将中国书籍在法国出版市场存在感差的部分原因归结为语言翻译问题，她的话还是勾起了我对翻译问题多年来的一些断想。

有关对外沟通的语言翻译问题，让我首先想到的是赵启正主任，这位改革开放以来中国公共外交的杰出代表，一位中国立场、世界表达的中国对外沟通大师对我讲的话。

赵主任常常对我说，我们对外表达任何观点时，并不是仅仅把中文词汇翻译成外文词汇的简单过程，而是一个在准确传达国家立场的过程中对跨越文化障碍的认知及如何对其予以克服的过程。

赵主任特别向我强调，那些涉及在中国产生和发展的、被本国广泛认知的政治经济词汇并不一定是外国人所熟悉的词汇，在翻译成外语时要特别小心，一定要注意翻译的准确性。

赵主任的话让我想起几年前中国著名军事外交家熊光楷在中国翻译协会的机关刊物上发表的一篇文章，主题是"西方对中国'韬光养晦'一词翻译不准确"。

熊将军列举了欧美国家的大量报刊，包括军方报告中所引用的"韬光养晦"所具有的那种故意掩盖实力以待时机东山再起的图谋（hide our capabilities and bide our time）之义，这一翻译援引了中国出版的某辞书中的相关词条，而其解释是不准确的。熊将军认为，出现这样的理解偏差有两个原因，一是将"韬光养晦"这种中国人低调行事的谦让精神与"卧薪尝胆"联系起来，从而让人误以为"韬光养晦"代表后面某种伎俩的良苦用心；二是对"韬光养晦"外交战略思想的理解有误。

邓小平同志当年提出"韬光养晦"，就是要告诫中国政府和人民要尽量低调，谦虚谨慎，不称霸，一心一意谋发展，而没有其他意思。

由熊光楷的感慨，让人联想到"宣传"这个英语词汇（propaganda）的翻译问题。这种翻译会让西方媒体联想到历史上的纳粹德国及其宣传机器所制造的各种谎言。为解决这个问题，我们在筹备 2010 年上海世博会时就将上海世博局宣传部的英语翻译为 Department of Communication，这种翻译外国人一看一目了然，也非常贴切。同时，这种一块牌子两种文字的艺术性处理方法，既能照顾到中国社会内部运作的需要，也使上海世博会的国际沟通更显国际化和专业化。

有意思的是，Communication 除了沟通以外还对应着中文里的交通之意，如上海交通大学，原来就曾叫过 University of Communication，后改为 Jiaotong University。还有交通银行，英语也叫 Bank of Communications，这里反映的是 100 年前英语 Communication 曾经的含义，但在今天的语境中译为交通显然是不妥的。

我们之所以要提到 Communication 这个词，是因为欧美许多国家的文化部门负有对外沟通职责，英语是 Ministry of Culture and Communication，正确翻译应该是文化与对外沟通（或交流）部，但在国内许多正式文件中却将其译作文化与交通部，显然译者对 Communication 的意思没有搞懂。

强调对外沟通中的翻译工作对国家叙事是非常有意义的，否则，再好的国家叙事也不能在国际上让人看懂和理解。这方面的例子很多，有的翻译把意思搞错，还会对国家战略方针造成负面影响，如上面熊光楷将军举的"韬光养晦"例子。

如果说"韬光养晦"的英语翻译错误是中翻英问题的话，同样我们也存在着由英语翻译成中文的准确性问题，最简单的例子是 2024 年 2 月 17 日美国国务卿布林肯在慕尼黑安全论坛上讲到中美关系时用的一句美国俗语："if you are not at the table, you are on the menu"。

由于此处的 table（餐桌）和 menu（菜单）很容易让人想到来自《史记·项羽本纪》的一句成语"人为刀俎，我为鱼肉"，特别是布林肯讲此话时是在告诫其西方盟友与美国站在一起的重要性，因此，国内《环球时报》等报纸就将布林肯的这句话翻译成如果不与美国站在一起来捍卫当下的国际秩序，这些国家就要成为中国的鱼肉，被中国吃掉。

其实布林肯英语的原意是，"如果你现在不参与进来，将来被人欺负是你自己造的孽"。或者说，"你若不主动决策，你就会被动被别人欺负"，这里真正的英语俚语含意中并没有暗示中美关系一定是"要么我吃了你，要么你吃了我"的一种"你死我活"的关系。

为此，当《环球时报》等中国媒体的中文翻译出来后，在懂英语的中文世界知识界中曾就此英译中的准确性问题进行了广泛讨论，认为这种翻译是不严肃的，至少与 2022 年 11 月中美两国元首在印度尼西亚巴厘岛和 2023 年 11 月在美国旧金山斐洛里庄园会晤时所达成的两国稳定双边关系的政治意愿精神不一致。

我个人觉得，翻译是一项非常严谨的工作，100 多年前，启蒙思想家、翻译家严复提出翻译"信、达、雅"的翻译三原则，其中首要的是"信"，翻译工作最忌讳的是望文生义。

如果说过去世界误读了中国成语"韬光养晦"的话，那么，我们今天是否又在重蹈覆辙，用司马迁的《史记·项羽本纪》的成语翻译了一段并不是布林肯讲话本意的英语讲话。

当然，上面提到的都是一些中外文翻译不够准确的例子，但我们同样也有许多"信、达、雅"翻译得特别好的例子。

要知道，好的翻译，不仅让人看得明白，看得真切，还会令人"手不释卷"，如著名翻译家傅雷翻译的法国作家巴尔扎克的系列作品，其语言精湛，出神入化，简直可以说是一种艺术的再创造。我们可以毫不夸张地说，正是由于傅雷的精湛译文，使中国读者了解并热爱包括巴尔扎克在内的法国作家的文学作品。

诗人徐志摩也是一位优秀的翻译家，他将巴黎 Champs-Élysées 大街翻译成香榭丽舍大街，将巴黎郊区一个叫 Fontainebleau 的小镇翻译成枫丹白露，将意大利佛罗伦萨（Florence）翻译成翡冷翠。

这些诗一般的语言不仅让中国公众知道了这些特殊的法国和意大利城市的名字，这种诗情画意更是让多少国人对那些地方神往不已。

优秀的翻译我们还可以举出许多，如德国的汽车奔驰（Mercedes-Benz）、法国的超市家乐福（Carrefour）、瑞典的家居超市宜家（Ikea）、美国的软饮料可口可乐（Coca-Cola）等，这些本来没有任何特殊意义的商标，却在翻译家的妙笔生花中被赋予了相当深刻的思想内涵。

简而言之，我们应该从跨文化沟通的高度看语言翻译问题，对任何中文词汇的对外表达，既不能望文生义，也不能生搬硬套地将其机械地转化成外国的语言文字。

我想，这就是安博然对我的问题给出的答案之全部意义所在，也是她对我们在国际舞台上从事国家叙事时跨越文化障碍的认知及如何克服这种障碍的忠告。

国际传播领域的南北国家不平等问题

从以上有关语言翻译、语言使用及媒体平台占有和出版物实际进入市场问题的讨论，我们不仅可以注意到国家叙事的语言文化障碍，还可以清楚地看到中国作为后发国家在国际传播领域所处的不平等地位。

关于国际传播领域的不平等问题，我想起了1980年联合国教科文组织曾发表由爱尔兰人肖恩·麦克布莱德[3]任主席的国际传播问题研究委员会的一份工作报告，叫《多种声音，一个世界》。该报告也叫《麦克布莱

---

③　肖恩·麦克布莱德（Seán MacBride，1904年1月26日—1988年1月15日），1948年—1951年任爱尔兰外交部长，参与制定爱尔兰1949—1951年的经济发展计划，1973年作为联合国助理秘书长派驻纳米比亚，1974年与佐藤荣作合得诺贝尔和平奖。1980年任联合国教科文组织通讯委员会主席，由其署名的关于南北国家世界传播资源不平衡的《麦克布莱德报告》，在当时的联合国教科文组织成员国内引起广泛讨论。

德报告》，发表后在当时的国际传播领域一石激起千层浪，影响极大。

该报告强调语言多样性在国际传播中的重要作用，同时提到了世界传播资源的南北国家不平衡问题，并呼吁全世界要高度重视消除传播及其他各种机构中，特别是在消息情报流通中存在的不均衡和悬殊状态，并号召各国应根据自己的情况、需要和传统来发展自己的传播格局，从而加强统一、独立和自力更生。

《麦克布莱德报告》还对建立国际信息新秩序提出了许多具体建议，并指出"个别传播大国对世界信息流通系统的支配是推行文化扩张主义的过程，而发展中国家的牵制和反抗是抵制文化侵略的过程"。

在同年举办的联合国教科文组织第 21 届大会上，成员国代表们都承认世界新闻传播存在着不均衡、不平等现象，并同意尽快建立一个公正、合理、平衡的国际舆论传播新秩序和在传播领域实现更加公平（fairness）、更多共赢（all-win）、更大包容（inclusion）和更强责任（responsibility）的奋斗目标。

然而，在 1981 年 5 月以发达国家为主的 20 多个国家参加的法国塔卢瓦尔会议上，发达国家代表重申"新闻自由"的重要性，并严厉抨击《麦克布莱德报告》中有默认甚至鼓动政府从事新闻检查的倾向。

在会议发表《塔卢瓦尔宣言》后，美国众议院通过决议，要求教科文组织停止为世界新闻新秩序起草标准，否则美国将停止承担为联合国教科文组织提供经费的义务。

1983 年联合国教科文组织第 22 届大会决定制订 1985—1989 年世界新闻新秩序中期计划，有关建立世界新闻新秩序的斗争在联合国范围内赢得广泛支持。1984 年 12 月，美国退出联合国教科文组织。第二年，英国退出。美英接连退出联合国教科文组织，使其运营经费减少了 25%，而这样的财政困难也在一定程度上限制了成员国有关改革国际传播资源不均衡问题的努力。

今天，时间又过去了40年，虽然国际社会有关改革国际传播领域不均衡问题的呼吁和努力从未停止过，但这方面的收效可谓微乎其微。当年积极呼吁建立世界新闻新秩序的联合国教科文组织总干事、103岁的塞内加尔人姆博先生（Amadou Mahtar M'Bow）也已在2024年9月悄然仙逝，然而，国际社会在传播领域的南北差距依然存在，且有愈演愈烈之势。

随着经济全球化造成的国家间经济差距和数字鸿沟越来越大，在可预见的将来要彻底扭转国际传播领域内的失衡问题几无可能。

因此，对中国而言，虽然世界第二大经济体的国力已将其与西方世界之间存在的经济和数字技术鸿沟消弭，但语言、媒体平台和市场进入的障碍依然存在，在某种程度上甚至还在不断加重，这无疑已成为新时代讲好中国故事的另一个不可忽略的挑战。

第二章
国家叙事中的跨文化冲突问题

- 跨文化冲突对国家叙事的影响

- 世界上的文化差异究竟有多大

- 人文交流与中国故事的国际表达

- 价值理念表达——我们为什么要回答"科伯格之问"？

第一节　跨文化冲突对国家叙事的影响

在前面介绍出版物的市场占有和翻译问题时，我们曾提到跨文化因素在国家叙事中的特殊作用。无疑，在向欧美世界讲述中国故事的过程中，跨文化冲突是一个非常重要且常常难以克服的问题。由于我们与欧美文化的巨大差异，一些问题在中国习以为常，在欧美就会让人诧异，甚至产生误解。

有关例子举不胜举，比如"集体主义"，在中国彰显的是个人对集体和国家利益的认同，并为这种认可愿意作出个人利益的让渡和牺牲。然而，在欧美社会的语境中，被放在第一位的常常是个人价值，而非集体利益。所谓的集体利益，在欧美人的定义中是所有个人利益得到满足后叠加而成的一种个人利益总和。这就是为什么我们经常看到在欧美国家的公共工程动迁成本特别高，一些"钉子户"可以为了个人利益，全然不顾国家公共项目的公众利益而"赖着不走"，或将其维权官司打到最高法院。

我曾在法国斯特拉斯堡当过领事，当地有一个欧洲人权法院[④]，在全世界都非常有名，任何在欧洲领土上发生的政府对公民的"侵权"行为，它都有权行使管辖权，其判决案例中不乏这种在"民告官"的诉讼中判决政府违法和对受伤害的公民进行经济赔偿的。

显然，这种对个人价值的重视使我们的"国家小说"在进入欧美时也要更为重视描述小人物的命运，而非那种气势恢宏的国家"宏大叙事"。

---

④　欧洲人权法院（European Court of Human Right）是在《欧洲人权公约》的规定下建立的超国家的国际法庭，它专门审理那些指控缔约国违反公约里关于公民及政治权利的人权案件。申诉方可以是个人，也可以是群体或一个或多个公约缔约国。

欧美公众普遍生活在后工业化的福利社会中，人们普遍关心的是个人的价值和权益，对个人迅速致富和国家迅速强大等故事，并没有过多热情或巨大共鸣。

我在参与 2010 年上海世博会组织工作时就遇到这样一个案例，我觉得它比较形象地说明了这一问题。

案 例

2010 年上海世博会创造单日百万游客入园纪录

2010 年 10 月 16 日，星期六，这一天离上海世博会闭园只剩下两个星期。这一天秋高气爽，天气特别好，又是中国传统的重阳节。

从早上起，来自长三角地区四面八方的游客坐着大巴车不约而同地来到了世博园。游客络绎不绝，入园人数不断增加，到当日下午三点半，入园游客达 91.59 万人，创上海世博会开园以来新高，并超过了 1970 年大阪世博会单日 83.6 万人的世博会最高客流纪录。

根据 2010 年上海世博会《注册报告》的规定，上海世博会园区的最大承载运营能力是 40 万游客，在个别极端情况下容忍度是 60 万人，然而，那天下午四时后入园参观者人数已经超过 100 万人。

作为组织者，这个 100 万的数字对我们来说具有挑战性。

如此高的人流，园区的运营会瘫痪，各种设施会失灵，会出现游客的踩踏，更会出现大量游客因看不到展馆而抱怨和对我们服务工作的投诉。

好在我们这些担心并没有出现，旅客们遵纪守法，非但没有抱怨，反而在秋日的阳光下在园区的绿地里或高架桥下席地而坐。他们或在野餐、吃冰激凌，或听着园区的广播，或拿着相机以各种展馆为背景拍照。

对他们来说，进入园区就是进入世界。拍摄那些美轮美奂的展馆外貌，与它们合影，就是环游世界，就像当年哥伦布发现新大陆一样，是一次难忘的地理大发现。

更重要的是，这一天是中国的重阳节，是年轻人和晚辈孝敬长者的传统节日。在这一天，不管做什么，只要和老人在一起，向他们表达作为子女的爱就是节日意义的全部，更何况是在具有特别象征意义的上海世博会园区。

于是，我们很顺利地接待了100万名游客，世博园内一片祥和，充满着一种生活的温馨与甜美。

当然，这一切对上海当地媒体来说，是显示中国政府和人民的智慧与能力的又一次机会。于是，所有电视、报纸都以头条形式发布上海世博会又一次刷新1851年伦敦世博会以来的所有历史纪录，是中国人民的骄傲云云。

这一消息同样成为当天央视《新闻联播》的头条。

然而，在这一天下午，我接到了上海世博会瑞士馆馆长曼努埃尔·萨尔赫利（Manuel Salchli）的手机短信。他在短信中对我劈头盖脸一顿数落。

他说："徐先生，你们是怎么搞的？你们简直太不负责任了，我真的为你们感到耻辱！你们为什么要让100万游客进入园区？你们难道不知道这是件极不负责任的事吗？这些可怜的游客买的是世博会的全价票，并不是半价票。但他们到了园区，却什么都看不到，这太不公平！

"同样，你们这种做法对我们参展方也是极端不负责任、不公平的。由于你们的错误，我们不得不闭馆，不能让我们把瑞士最好的风光介绍给这些中国游客，我们为此感到非常遗憾。要知道，他们当中绝大多数人是没有机会到瑞士旅游的，参观瑞士馆也许是他们一生中了解瑞士的最重要机会……"

他的话像一桶冰水浇在我被秋老虎阳光暴晒着的脑袋上。我看完他长长的短信，一时竟无言以对，但作为上海世博会的中方代表，我觉得需要做一些解释工作，一则让他理解，二则争取让他消消气。毕竟因为我们是朋友，他才如此直率地向我表达他的不满。

我告诉他，事情发生得太突然，如果我们知道游客会超过 100 万人，我们也许就提前通知他们别来了。然而，这一切都好像是从天上掉下来的一般，好像这些游客都是"如约而至"。

我说，这里有两个客观原因。

一是世博会即将闭幕，根据惯例，入园人数会剧增。来了那么多人，主要原因是上海世博会的精彩已家喻户晓，大家口口相传。特别是世博会马上要闭幕了，人们不愿错过如此机会，人就越来越多。

二是重阳节这个日子非常特殊，是中国人孝敬老人的节日，又碰巧是周六，孩子们都愿意腾出时间来陪陪老人，而最好的方式就是到世博会看"世界"。这样，节日的效应叠加世博会闭幕倒计时使园区的游客出现井喷。

自然，我也利用这一机会在回复的短信中告诉他："如果我们在下午某个时候采取紧急限流的措施，可能会缓解一下园区内的人流压力，但极有可能会激化矛盾。许多来自长三角地区的游客扶老携幼来看世博会，他们当中很多人从没来过上海，更不要说看世博会，更不用说陪同他们的年迈父母一起来。"

我说："相对于这样也许一辈子就发生一次的事，园区内人多一点算不了什么，看不了精彩的外国展馆也算不了什么。在这些展馆外面拍几张全家福，回到老家，对朋友们说重阳节在世博过的。这就是他们来世博会的全部意义所在！"

收到我的上述解释后，曼努埃尔不再给我发短信，在后来几天与我连续见面时，他也没有再对我说什么，我猜想也许他对我的解释多少有些认同感。但这件事一直让我难忘，也成为我眼中反映中外文化差异的一个典型案例。

简单地讲，对曼努埃尔来说，他关注的是参观者的权利和参观过程中的体验效果。他不能接受一个支付全额门票的参观者不能享受最起码的参观权益，也不能接受组织方剥夺他们舒适的参观体验。作为世博会国际参展方的一员，他们同样不能接受组织方随意改变规则，让超过注册报告规定的上限人数一倍的游客进入园区。

从世博会的章程来说，注册报告是世博园内的"圣经"，是上海世博会组织者向世博会国际大家庭作出的法律性承诺。因此，让超过注册报告规定上限的游客入园，在曼努埃尔看来，也是极其不严肃的。

当然，对曼努埃尔来说，他更看重的是作为瑞士国家馆应该在园区内如何向参观者"保质保量"地宣传。上海世博会的主题是"城市，让生活更美好"。瑞士是一个没有高楼大厦的田园国家，他们的展馆充分体现了这一牧歌般的城市生活愿景，展示过程美妙绝伦，当然想好好地向中国游客介绍。因此，过多游客到访而使瑞士馆不得不关闭，这是他最不愿意看到的。

就中方反映的原因，我想上海当地媒体，包括当晚的央视都做了生动的注解。在2500万上海老百姓或全国数亿人民看来，上海世博会一天100万人入园，是中国人创造的又一项新的世博会纪录，充分显示中国的伟大和世博会组织者的组织能力。

我想，这就是文化差异的典型写照。

第二节　世界上的文化差异究竟有多大

"在罗马就像罗马人那样做"，这是一句中国读者非常熟悉的西方谚语，意思是要"入乡随俗"。

然而，在现实生活中，我们又往往会因为惯性思维，在"罗马"时并不会将自己当作"罗马人"，而是在待人接物方面处处反映出"中国人"特有的方式。

虽然那些熟悉中国文化的外国朋友并不会对此感到诧异，但由于我们面对的绝大多数外国人并不了解中国人的行为方式，这就会造成一些不必要的误解。

因此，本着对欧美社会文化理解和尊重的实事求是态度，剖析一些中国人认为正确而欧美人看法正好相反的事，对我们在国际舞台，特别是在欧美社会讲好中国故事可能会有帮助。

人之初的恶与善

在中国，我们都相信"人之初，性本善"这句话。它既是古训，也是我们生活经验中可感知的事实，好像这是对人性的基本判断。

然而，在欧美国家，他们相信的却是"人之初，性本恶"。

这里有基督教文化中的人类"原罪"说的影响，也有欧美人基于他们对社会生活的观察，认为人性并非生来就是善良的，只有以法律为基础，人的善良才有可能得到保证，一个社会才可以运转有序。

从更深的层次看，这也是中国和欧美国家治国理政理念的差异。

在中国，人们在"性本善"的前提下强调社会公德、伦理、信念、礼仪礼貌、集体利益、克己奉公等价值观对社会有序运行的巨大作用，而欧美人虽然也承认道德的力量，也在社会生活中倡导道德的力量，但治理国家却更多强调法治的作用，认为人性是脆弱的，需要用"法律"这样的硬约束来"抑恶扬善"，否则人类社会就会变得无序和混乱。

这虽然仅仅是一种文化差异，但会使我们习惯用道德来打动欧美公众的国家叙事方法失灵，甚至有时还会适得其反。

批判性思维与和谐文化

欧美人生下来就接受批判性思维，怀疑一切，强调"我思故我在"这种笛卡尔式的存在方式。这种批判和怀疑的思维方式同样也体现在欧美人的教育理念上。孩子们从小在课堂上所受的教育就是怀疑一切，对同样一个社会问题的分析，允许存在着不同的答案，只要能"自圆其说"即可。

与欧美中小学教育中的批判性思维不同，中国的中小学教育和传统文化一直在强调统一思想，统一认识。在学校课堂上，很多时候老师不会同意学生自由发挥，只有一种标准答案，更不会同意对权威的理论发表怀疑与批评言论。

值得一提的是，在这种整齐划一的中国文化中还要叠加我们所熟悉的"和谐文化"，它要求我们从小在社会交往中要少显露不同观点，更不要因为观点不同而与他人争吵，以免影响彼此间的"和谐"相处关系。

为此，我们在与欧美人进行思想交流，甚至商业谈判时，都会谨慎有加、坦诚不够，轻易不愿意亮观点，总是害怕说真话会破坏彼此友好关系。

与这样的思维定式相反，西方人的批判性思维使他们往往在表达观点时旗帜鲜明，他们不喜欢中国人在表达观点时那种过于含蓄，或者出于礼貌而言不由衷的应酬式回复。他们认为中国人不太容易解读，不知道中国人内心想什么，甚至还会认为中国人不实在。

总之，无论是西方人的"别出心裁"，还是中国人的"循规蹈矩"，反映的都是对不同观点究竟应该如何表达的文化差异问题。对此，我们必须予以重视，防止"和谐文化"和"批判性思维"这两种不同的文化导致的中西沟通误解。

政府是否可靠

在欧美，老百姓普遍认为政府是最不可信的，政治家更是一些言而无信的人，他们在选举时说一套，上任后又干另一套。因此，批评和监督政府成为欧美公众的一种社会生活方式。

相反，在中国，人们非常信赖政府，政府在老百姓心目中有很高的地位，人们将政府官员视作"父母官"，有事无论大小，一律找政府，对政府有一种天然的信任感。

理解欧美媒体与政府之间的关系，对我们提升中国在欧美国家的形象很有帮助。我们要懂得，要想提升中国在西方国家的形象，最好的办法是直接做媒体的工作，其次是直接做公众的工作。如果媒体和公众的工作做好了，政府的工作自然就好做了。

反之，如果只注意做政府的工作，而忘记做媒体和公众的工作，即使政府接受你的观点，它也无能为力，原因就是决定两国关系走向的是民意基础及反映其民意的媒体，而非政府或它们的各级行政代表。

了解西方人对政治家和政府的看法后我们应该懂得，国家叙事针对的不是政府，而是目标国家的全体社会成员，是一种针对民意和媒体的长期不懈努力。

"你可以骂公众人物，但不能调侃老百姓！"

由于欧美国家民众对政治领导人不信任，他们自然就缺乏一种发自内心的尊重感，加上制度设计，使公众对政治人物可以嬉笑怒骂，最大程度地对政治人物进行讽刺、挖苦、调侃、揶揄而不受打击报复。

这种情形集中体现在欧美国家的脱口秀中。如法国私营电视台CANAL PLUS 在 20 世纪 80 年代就开办了一个嘲笑政治人物的节目，在节目中，密特朗总统是青蛙，希拉克是高卢雄鸡，萨科齐是小狗，他们相互攻击，尔虞我诈。该节目通过这一个个可爱的小动物，活灵活现地说出了这些政客心中想说又不敢说的话。

这个节目非常成功，不仅在法国家喻户晓，还被移植到欧洲其他国家，成为这些欧洲国家电视观众调侃他们国家政治人物的必看节目。

在欧美国家，骂公众人物和在一定程度上调侃电影明星等并不犯忌，但调侃老百姓不行，更不要说调侃残障人士了。调侃老百姓涉及受宪法保护的个人隐私问题，未经当事人同意随意披露、曝光、调侃均涉嫌违法；而调侃残障人士攸关他们的人格问题，不仅涉及法律，还涉及文明与道德底线。脱口秀演员或电视台主持人若对这些问题处理不当，就会引发一大堆官司。

涉及类似法律问题的还包括一些针对特殊族裔的调侃。

在美国，调侃黑人、亚裔、西班牙语裔会因涉及种族歧视而惹上一身官司。

在法国，对阿拉伯裔法国人的调侃是一大禁忌，搞不好人权团体就会把你告上法庭。我在法国生活多年，这方面的例子实在见得太多了。

最后，千万千万不要调侃犹太人。

由于二战时犹太民族的悲惨遭遇，欧美国家立法严禁各种反犹太民族的言行，这也是所有的脱口秀演员和综艺节目主持人从来不敢拿犹太人开玩笑的原因。

我在 2010 年世博会结束后回到巴黎工作时就遇到这样一个案子。

法国时尚品牌迪奥的设计师约翰·加利亚诺（John Galliano）在巴黎市中心的酒吧里喝多了，不知为什么与邻座的一对犹太青年发生口角，他上去揪着男青年的领子，一边用拳头猛击，一边高喊："杀死你们这些可恶的犹太人！"

这对犹太青年马上叫来了法国警察，警察拘留了这位设计师，媒体马上广泛报道。

几乎就在同时，迪奥的 CEO 立即举行记者招待会，强烈谴责设计师加利亚诺的行径，强调这种言论是不可饶恕的，是与该品牌的价值理念背道而驰的，并当场宣布解除与加利亚诺的合同，声称迪奥不需要这样的人，即使他是世界顶级时装设计师。

因此，理解并遵守这些文化上的禁忌，对我们在西方社会讲述中国故事很有帮助。我们要关注文化差异以及目标国家相关法律，谨慎对待涉及当地社会少数族裔等敏感话题。

第三节　人文交流与中国故事的国际表达

从上面的国家叙事中的跨文化冲突因素分析可以看出，文化差异已是全球化世界中影响人民与人民之间交流的一个重要障碍。因此，要讲好中国故事，我们必须对这些文化差异有所了解，进而克服这些困难，不断提高我们讲述中国故事的水平。

同样，要讲好中国故事，我们也要在国际交往中学习世界上一些其他国家在人与人沟通中的好的做法，在所有的对外交往活动中有意识地增加人文内容，如通过开展一些有意义的国际文化交流项目来缩小甚至消除这样的文化障碍。

美国的"富布赖特计划"

美国的"富布赖特计划"创建于 1946 年，是由美国共和党参议员富布赖特（J.William Fulbright）率先提出的，旨在"通过教育、文化和科学领域的学生交流促进国际友好关系", 从而避免人类社会再次陷入二战这样的灾难与浩劫。

该计划当年就由美国国会通过立法形式确立, 并由杜鲁门总统签署后成为法律。自成立以来, 来自美国和世界165个国家的学生、学者、艺术家、教师、专业人士等40多万人先后参与了此交流计划, 他们当中包括40位前任或现任国家元首和政府首脑、61位诺贝尔奖得主、89位普利策奖新闻奖得主和76位麦克阿瑟基金会高级研究员。

"富布赖特计划"自成立以来, 成绩卓著, 蜚声世界。通过这一计划, 美国输出了民主、自由的价值观和国家理念, 在世界上讲述了一个动听的美国故事, 与此同时, 又在与165个国家的精英交往中收获了一个知美亲美的朋友圈。

2021年是"富布赖特计划"成立75周年, 美国政府对此计划的实施非常满意, 称此计划为建设"一个更加和平、公平、繁荣和公正的世界"作出了贡献。

"富布赖特计划"是与美国战后援助欧洲的"马歇尔计划"并行的美国两大对外援助计划之一, 产生的历史条件和背景一致。如果说"马歇尔计划"要解决的是美欧的经济联系与合作问题, "富布赖特计划"要解决的就是美国和欧洲以及其他国家地区之间双方人民的情感联系问题。如果说前者是要解决面包问题, 后者则是要解决人心问题, 即"让欧洲和世界各国人民爱美国"的问题。

与"马歇尔计划"天文数字般的援助金额相比, "富布赖特计划"所花的钱明显少得多, 但生命力旺盛。"马歇尔计划"在1951年宣告结束, 而"富布赖特计划"到今天还一直充满活力, 它在广大欧洲国家以及世界其他地区的精英中享有相当的美誉度, 是美国软实力和国际人文与智力合作的典范。

　　欧洲国家领导人的精英圈对"富布赖特计划"的高品质、高定位及其为促进世界的多样性和包容性所做的不懈努力非常赞同,他们当中的许多人本身就是这个项目的受益者。

　　在一定程度上,"富布赖特计划"为美国维系其在 21 世纪舞台上的领导地位发挥了寻求世界其他国家精英的价值认同和建立知识与情感纽带的作用。

欧盟的"伊拉斯谟计划"

　　与"富布赖特计划"相比,欧盟的"伊拉斯谟计划"要晚得多,但在欧盟国家,其影响力不可小觑。

　　它最早源于一位意大利女学生索菲亚·科拉迪(Sofia Corradi)的故事。

　　作为国际交换生,科拉迪从美国哥伦比亚大学回到她所在的罗马大学后,其哥伦比亚大学的学历没有得到学校承认,不得不重新补修课时。她觉得学校此举非常不公平,为此,她到处写信并游说意大利和欧洲的教育界领导将国际交流纳入学历中。

　　于是,在 1987 年,欧盟的前身欧共体的成员国之间就诞生了这个国际高等教育交流项目。当年比利时、丹麦、德国、希腊、法国、爱尔兰、意大利、荷兰、葡萄牙、西班牙和英国等 11 个国家的 3200 名大学生报名参加了这一项目。该项目的英文名字是"欧洲共同体大学生流动行动计划"(European Community Action Scheme for the Mobility of University Students),缩写为 Erasmus,而 Erasmus 恰好是欧洲文艺复兴时期荷兰人文主义僧侣和神学家伊拉斯谟(Erasmus)的名字。

　　"伊拉斯谟计划"最初的定位是促进欧洲青年学生对除母语外更多欧共体成员国的了解与实践。1987—1989 年,欧洲委员会给此计划拨款 8500 万埃居(欧元),参加此项目的欧洲大学生可以在另一所欧洲学校完成其部分大学课程，时间从三个月到一年不等。

"伊拉斯谟计划"推出后深受欧洲大学生的欢迎，其中西班牙大学生尤甚。西班牙不仅参与的大学生人数为欧洲国家之首，西班牙本身也成为接受欧洲国家参与"伊拉斯谟计划"大学生最多的国家。

"伊拉斯谟计划"不仅提供欧洲学生相互交流和提高语言能力的机会，也同时开展职业培训、青年政策改革、民间社会合作等领域的合作，增加青年教师的岗位流动性。

该计划提供的奖学金从原来的每月 100 多欧元增加到现在每月 400 欧元。参与该计划的学生，可以免除接收大学的学费，在国外进行的学习也被承认，以及维持其原大学所在国家的奖学金、贷款和社会保障覆盖面。作为参与条件，交换学生在国外学习期间，必须选择一门学习课程，且该课程是其在本国大学学习课程的一个组成部分。

"伊拉斯谟计划"的成功还体现在欧洲所出现的"伊拉斯谟一代"。

据统计，项目诞生以来，已有 1000 万欧洲青年参与此项目。这是一支非常庞大的青年队伍，这些来自欧洲不同国家的青年在交流中增进了相互了解，建立了友谊，并增强了他们的欧洲公民意识。法国电影《西班牙旅馆》讲述的就是来自欧洲不同国家的 6 名"伊拉斯谟学生"在西班牙巴塞罗那逗留期间发生在一间合租公寓里的故事。

政治学家斯特凡·沃尔夫（Stefan Wolff）认为，"伊拉斯谟计划"对激发欧洲青年的欧洲意识具有强大的推动力量，他强调"再过 15 年、20 年或 25 年，欧洲将由与今天完全不同的社会化领导人管理"，与老一代相比，他们将更积极地支持欧洲一体化。

目前，"伊拉斯谟计划"已从最初的欧共体 11 国扩展到欧盟 27 个成员国及欧洲经济区和土耳其等在内 33 个国家近 3000 所大学和各种教育机构，每年的预算也高达 4 亿多欧元。2021—2027 年的"伊拉斯谟计划"

还包括文化和体育领域的交流活动。

"一带一路"倡议与国际人文交流项目

与欧美发达国家一样，中国同样对国际人文合作非常重视。新中国成立70多年来，推出了许多项目，如近年来鼓励外国青年学生学习汉语的"汉语桥"活动，但无论是规模还是内容的深度目前还无法与"富布赖特计划"和"伊拉斯谟计划"相比。

事实上，中国70多年来对国际援助投入的人力、财力都是非常巨大的，即使在"文化大革命"等特殊时期中国也对世界人民给予帮助（1973年的对外援助占中国财政支出的6.9%）。现在，中国对外经济援助也占有相当的比例，为世界的发展作出了不可磨灭的贡献。

但就人文合作而言，特别是相较于"富布赖特计划"和"伊拉斯谟计划"，中国还有提升的空间。

2017年5月14日是中国政府"一带一路"倡议提出的第四年，习近平主席在北京"一带一路"国际合作高峰论坛开幕式上提出"国之交在于民相亲，民相亲在于心相通"，强调"一带一路"建设参与国在科学、教育、文化、卫生、民间交往等各领域广泛开展合作，夯实民意基础，筑牢社会根基。

习近平主席在论坛上还表示，中国政府每年向相关国家提供1万个政府奖学金名额，中国的各级地方政府也设立了丝绸之路专项奖学金，鼓励国际文教交流。通过丝绸之路文化年、旅游年、艺术节、影视桥、研讨会、智库对话等各类人文合作活动，让中国人民与世界人民在人文交流中拉近心与心的距离，[5] 这是中国与共建"一带一路"国家国际人文

---

⑤　见《人民日报》2017年5月15日03版。

合作迈出的重要一步，堪称里程碑事件。

2023 年是中国政府"一带一路"倡议提出的第十年，中国政府在北京举办了第三届论坛，在 2023 年 10 月 18 日的论坛主席声明中，与会各国元首和政府首脑强调了"一带一路"对推动各国政策沟通、设施联通、贸易畅通、资金融通和民心相通所发挥的巨大作用，并视其为"构建人类命运共同体的重大实践"。

从"富布赖特计划""伊拉斯谟计划"和"一带一路"国际人文交流的实践可以看出，人文项目不仅有助于增进不同文化背景下人与人的互信，也有助于项目组织国与项目受众国人民之间的相互了解，从而促进国际合作和世界和平。

从"伊拉斯谟计划"强化欧洲青年人欧洲认同感这一点，我还联想到欧洲另外两个富有特色的项目，一是"欧洲文化之都"，二是"欧洲歌唱大赛"。

"欧洲文化之都"（European Capital of Culture）1985 年由法国文化部长和希腊文化部长发起，旨在通过欧洲丰富的文化传统拉近欧洲人之间的距离。"欧洲文化之都"活动由欧盟委员会直接管理，专家评选，被欧盟指定为欧洲文化之都的城市可在一年的时间内邀请欧盟其他国家的城市前来参加各种文化活动。

自该计划启动以来，已有 70 多个城市被如此指定。法国已有巴黎、阿维尼翁、里尔和马赛四个城市先后成为欧洲文化之都。申办城市一旦被指定为欧洲文化之都，该称号将成为该城市文化发展的催化剂。在欧洲，人们通过参与该城市组织的文化活动，提升文化上的认同感。该计划不仅促进了欧洲艺术家之间的交流与合作，也推动了欧洲人民之间的文化交流、旅游等。

"欧洲歌唱大赛"（ESC）是由欧洲广播联盟（EBU）组织的年度活动，

1956 年在瑞士卢加诺举办首届大赛，来自联盟成员国的歌手拿出他们最好的歌曲进行比赛，然后通过欧洲广播联盟的电视网向成员国歌迷们现场直播，最终决出优胜者。

欧洲歌唱大赛最初只有 7 个国家的歌手参加，今天已成为所有欧洲国家歌手的盛会，甚至欧洲文化界的年度盛会。比赛不仅向所有欧洲国家直播，就连南非、澳大利亚、加拿大、韩国、美国、新西兰等国的电视台也进行实况转播，在强化欧洲人的文化意识和文化自豪感的同时也将欧洲文化传播到世界其他地区。

第四节　价值理念表达——我们为什么要回答 "柯伯格之问"？

在讲述了上面林林总总跨文化沟通的问题后，我们还需要回答一个更加敏感、复杂但又不能回避的问题，那就是中国叙事所要表达的 "价值理念" 问题。

从根本上讲，国家叙事的跨文化冲突管理，就是价值理念以不同的文化表现形式呈现。文化不是空洞的，世界上没有为文化而文化的事，所有文化符号及表现形式都是一种价值理念的宣示。

哈佛教授约瑟夫•奈（Joseph Nye）20 世纪 80 年代提出 "软实力" 的概念，将文化（在它对其他国家有吸引力的地方）、政治价值观（当它在国内外都能践行这些价值观时）和外交政策（当其他国家认为它们合法并具有道德权威时）三大核心问题确定为一国 "软实力" 的三大来源。

因此，讲好中国故事的本质就是讲好中国价值理念的内涵。

加拿大青年科伯格向我提出的问题

克雷格·柯伯格（Craig Kielburger）是一位加拿大青年，一位献身国际公益的传奇人物。他12岁那年在报纸上看到一篇有关"12岁孩子为童工呐喊被谋杀"的报道，说的是巴基斯坦小男孩伊巴克4岁时被父母以16美元的价钱卖给了地毯厂当童工，10岁那年他逃离工厂并四处找人诉说其遭遇，12岁那年他被人贩子抓到并杀害。柯伯格心想，他与伊巴克都是12岁，但命运截然不同。他在班上将伊巴克的故事讲给所有的同学听，并表示要为伊巴克这样可怜的小男孩做点什么事。于是，他和班上11个同学在加拿大多伦多创建了一个名为"解放儿童"（Free the Children）的非政府（NGO）组织。

从1995年创建到今天，柯伯格的组织已成为与世界各国有广泛联系的国际青少年公益组织，活动领域也从一开始的解救童工发展到关注更为广泛的公益领域，如为世界各国需要帮助的儿童建校舍及提供课本、师资、清洁用水等。

柯伯格为此还三次获得诺贝尔奖提名，他见过曼德拉、特蕾莎修女和数不清的总统、好莱坞巨星、商界巨子等各界名人、领袖，他自己还是联合国儿童基金会的形象大使，是罗斯福自由勋章、加拿大总督功勋勋章获得者和达沃斯世界经济论坛评出的"未来全球领袖"之一。

我认识柯伯格是在2014年夏天，我当时代表联合国教科文组织，与南京2014年夏季青奥会组委会、中华全国青年联合会一起策划了一个在南京主办的"世界青年体育、文化与和平论坛"。

柯伯格个头并不高，蓝色的眼睛，一头卷发，在论坛开幕式上，他十分帅气地坐在我的边上，全身上下透出一种精明利落的劲儿，同时又不乏谦虚与真诚。

由于策划论坛的原因，我较早开始关注到作为发言嘉宾的柯伯格，对他 12 岁就投身公益并成为今天国际青少年公益中的一个重要符号印象深刻。这一点，从他在论坛上的人气就可略见一斑。许多中国年轻人或围着他合影，或索要签名，他俨然就是一个大明星。

音乐家谭盾的夫人告诉我，她的儿子和甄子丹的儿子都是柯伯格的粉丝，为了能见到他，他们两家的孩子居然可以放弃在国内养尊处优的生活，到非洲穷困的农村生活了好几个月，帮助当地村民建校舍，打井，让他们有清洁的饮用水。这些平时在国内娇生惯养的孩子，在柯伯格的感染下，挑土、和泥、垒砖无所不干，他们带着一颗爱心，真正地融入了国际公益。

柯伯格对我说，他的组织已在中国的河北、甘肃、安徽开展活动多年，在那里帮助贫困地区的儿童建学校，向他们提供课本和清洁饮用水等，这些学校当时累计已达 25 所，并得到当地各级政府的支持。

在论坛的茶歇和晚宴等不同的场合，朝气蓬勃的柯伯格与我有多次单独交流。他问了我许多问题，但我印象深刻的还是关于中国和平崛起所代表的价值理念问题。

他问我："中国崛起究竟对世界意味着什么？"

他非常认真地看着我，对我说道："中国在政治、经济、军事甚至文化方面在今天的世界舞台全面崛起已成为不争的事实，然而，全世界并没有意识到中国的崛起对人类意味着什么新的积极变化。徐先生，您可以告诉我吗？中国崛起对人类社会人文领域会产生什么作用？它对人类的博爱（philanthropism）又意味着什么？""今天，是中国向全世界回答的时候了。"

说实话，类似这位雷厉风行的加拿大年轻人提出的问题我在过去也经常耳闻，却并未太介意，但那天听着他的问题，看着他凝重的表情，我心头蓦然一沉，隐约觉得问题的严重性。

我姑且把柯伯格对我的提问表述为"柯伯格之问"吧！

岁月蹉跎，十年来我也一直在反躬自问，我或更广义上的我们这一代人，又该如何去完成这个加拿大小伙子给我们留下的"填空作业"？是的，我当时觉得他的话很不中听，甚至非常刺耳，但如果说他错了，那又错在何处？如果我要驳倒他、教育他，十年来，我又要有什么具体的事例来说服他呢？

在人类历史长河中，大国兴衰，潮起潮落，国力的交替变化也是一种文明的交替变化。一代枭雄拿破仑曾经感慨过，"世上只有两种力量：利剑和思想。从长而论，利剑总是败在思想手下"。如同拿破仑所说的那样，历史证明"笑到最后，笑得最好"的是思想和文明的进步。

从 2010 年，也就是中国举办上海世博会的那年以来，中国一直雄踞世界第二大经济体的位置，并在接近和赶超世界第一经济体美国的道路上高歌向前，中国的 GDP 从 1978 年改革开放元年只占世界的 1.8% 到今天接近 20%，从当年只有美国的 6% 到一度接近 80%。

虽然三年疫情给中国经济带来了严重创伤，从 2022 年起中国占美国 GDP 的比例也开始下降至 70%，到了 2023 年和 2024 年，差距还进一步扩大，但占比仍在 60% 以上，中国作为世界第二大经济体的地位是无法撼动的。

然而，无论是中国 GDP 占世界经济比重的变化，还是中国与美国的经济实力的调整，抑或未来很有可能的位次互换，世界各国都会问，这究竟是一种国力的更换，还是一种更深层次的文明更替？换言之，中国的崛起对 21 世纪人类的文明与进步意味着什么？中华文明的崛起又会为人类的福祉、安全、平等与人性发展等人类终极关怀这样的世界范围的命题带来一个什么样的"中国答案"？

当我们今天站在世界第二大经济体的位置上，并在不久的将来还要成为世界经济第一强国的时刻，我觉得"柯伯格之问"就变得非常有现实意义了。

杜维明等人已在试图回答"柯伯格之问"

"柯伯格之问"让我想起在 2010 年上海世博会文化论坛上，北大杜维明教授呼吁中国要与欧美国家开展文明对话。

可能杜教授是受上海世博会圆满召开和这一届具有人类全家福意义的世博盛会的美好情景感染，他对我说，中国政府与包括 G20（二十国集团）在内的世界主要经济体都开展了政治、外交、安全、经济、贸易、金融、投资甚至气候变化等各种领域的对话，但不知何故，迄今还没有就价值理念等人类最终生存目标进行对话。

他说，中国有五千年历史，形成了一整套中国文化特有的天下观，也形成了一整套具有中国特色的道德与价值理念体系，它不仅内容丰富且水准很高，在过去、现在和将来都对世界文明有重要的贡献。

他强调，中国需要和平崛起，世界需要读懂中国，这样关于人类终极目标的对话是非常有必要的。

之后，我在山东的尼山论坛上又听到他的这一观点。

由于身体欠安，杜教授最终没有出席由我参与策划的中国尼山论坛在联合国教科文组织巴黎总部举行的以新人文主义为主题的论坛，但他提前发来的发言稿我学习了，他还积极鼓励中国在联合国教科文组织与西方世界开展文明对话。

"柯伯格之问"和杜维明先生有关中国与西方世界文明与价值理念对话的建议，又让我想到几年前复旦大学教授葛剑雄在北京全球化智库（CCG）第八届中国与全球化论坛 30 人圆桌会上的发言。

葛教授的发言很短，但他提出，在全球化条件下是否存在着一个人类共同的价值观念基础？

在这样的一个设问下，他又问：人类命运共同体与人类利益共同体的异同是什么？利益共同体能否自然地发展为命运共同体？

他说，我们经常批判揭露美国与西方价值观念的虚伪性，但虚伪性的背后有没有真实的价值观念？是否这一两百年来由西方主导的价值观念全部是虚伪的？

习近平主席 2014 年在联合国教科文组织总部发表的演讲中提出了文明互鉴，如果需要互鉴，包括不包括西方文明？

葛教授的问题非常深刻，用词很委婉，但他刨根问底的态度是非常坚决的，因为他自己也承认，如果不认真去考虑并解决这些问题，他就对全球化没有足够的信心。

葛教授是一位令人敬仰的学者，不仅对中国史的研究在国内具有重大的学术影响，他也经常对世界形势与文明发展发表许多真知灼见，他对全球化时代人类是否存在共同的价值观念基础的发问振聋发聩，这是一个我们谁都不能回避，而且应该理直气壮予以回答的问题。

葛教授的话也让我想到清华大学教授阎学通近年来提出的"道义现实主义理论"。阎教授认为，应该有一种对内负责和对外讲信誉的道义标准来评判一个国家的国际影响力。

这种明确的国际道义标准又让我同时联想到华东师范大学许纪霖教授在几年前提出的中国的崛起不应该仅仅是"富强崛起"，而更应该是一种"文明崛起"和"道德崛起"。

类似以上中国学者们的讨论还让我想起著名历史学家钱穆在其《中国历史精神》一书中所提到的中国人"道德的精神"这一命题。

钱穆认为，中国历史是由道德精神所形成的，这一道德精神就是中国人内心所追求的一种"做人"的理想标准或要到达的"理想人格"。

钱穆强调，中国文化是以"道德精神"为中心而建立的一种文化，中国历史也是按照这种道德精神而演进的一种历史。这种"道德精神"，中国社会的历史人物不仅都由此陶铸，也使其成为"中国的历史精神"。

由此可见，无论是葛剑雄，还是阎学通，许纪霖，还是早在20世纪50年代的钱穆，他们都承认道义在中国文化中的重要地位，甚至认为中国的崛起首先应该是这样一种崭新的道德文明的崛起。

这种对中国文明与世界文明之间关系的重新认识，也让我想起清华大学黄裕生教授有关中国文明与世界文明一致性的观点。在黄教授看来，中国文化在对人类终极目标的人文关怀方面同样具有"普遍性"，那种将中国文化视为一种完全不同于世界其他文化的"特殊文化"的观点在学术上不正确，在事实上也不成立。

黄教授认为，一味强调"特殊文化"还会使中国只能走不同于拥有其他文化的国家的"特殊道路"，就不能让其他民族也走"中国道路"，从而规定了中国人走"中国道路"的那些原则只适合于生活在中国文化里的中国人。

黄教授从先秦诸子思想研究中发现，中国文化与世界其他国家的文化一样，也从一开始就承认人类文化的"普遍性"，都主张世界上有最高的东西存在，都强调"协和万邦，天下大同"，这些均是中国文化具有人类普遍性意义的"基因"。

因此，黄教授认为，如果把中国文化特殊主义化、相对主义化，实际上也是对中国文化的精神与深义的无知，是对中国文化的矮化和降格，是在贬低中国文化的世界性意义。

黄教授进一步表示，中国传统文化中那种追求与承担普天之下的道义与太平，而非一国一族一地之福祉，就是一种普遍主义理念，今天我们所谈的中国文化的复兴，必然是一种普遍主义理念的复兴。他强调，只有中国思想文化能担当世界普遍正义时中国文化才有真正的复兴。

如此，从葛剑雄提到的人类共同的价值理念，到钱穆强调的中国人的"道德精神"，再到黄裕生强调的中国文化人类"普遍性"的观点，这些中国著名学者和思想大家的精辟论述使我确信，无论是中国社会的相关理论准备，还是中国人民的思想准备，中国在今天已完全有条件回答好"柯伯格之问"。

我们可以告诉世界，中国的崛起不仅是和平的，还是一种人类普遍意义上的文明崛起，更是中华民族对国际社会建设人类命运共同体的一种有益尝试。

我认为，在人类面临世界百年未有之大变局的今天，在如此历史转折关头，当中国经济影响已在世界每个角落无处不在的时候，中国除了给这些国家的人民带来价廉物美的工业产品外，提供一种什么样的思想、文化和价值理念范畴的世界公共产品，这不仅是世界人民对中国的一种期待，也是中国人民的一种全球化责任。

因此，"柯伯格之问"不仅是世界向我们发出的关于中国对世界和平与发展的贡献之问，也是关于中国向何处去之问，更是中国消除西方世界那些别有用心者"中国威胁论""中国崩溃论"的不良影响之问。

我甚至认为，在当下这个被地缘政治和意识形态偏见不断撕裂的地球上，无论是为了击破西方意识形态的集团政治，还是为了在未来全球化2.0中谋取中国的有利地位，抑或是为了适应当下以人工智能为代表的技术推动的人类第四次工业革命浪潮，中国已不能仅仅满足于向世界提供商品、市场、资金或电商技术，而必须让这个史无前例的思想大解放、大交融、大碰撞的世界"思想集市"上有中国的"摊位"，也有更多的 Made in China 的"思想产品"。

值得庆幸的是，如同上面提到的那样，越来越多的中国学者已开始关注和研究中国崛起中的价值理念问题，如阎学通教授就对国际关系中"金钱搞定一切"的观点严肃批评，他强调国际关系中的道德价值因素，并提出了备受学界关注的"道德现实主义"理论。

事实上，中国五千年的灿烂文化早已为我们参与这样的人类价值文化对话提供了丰富的理论营养和思想工具，如在当今动荡不安的世界里，人们因政治观点、历史、文化、宗教和意识形态不同而相互撕裂，此时中国文化中的"和谐思想"就是维系世界和平大厦屹立不倒的一种精神黏合剂，而中国人所倡导的"己所不欲，勿施于人"的仁爱与奉公思想，本身又是对霸权思想的警醒，甚至是一种否定。

至于中国人常常提到的"上善若水""君子和而不同"等思想，更是中国人从善如流和对人类文化多样性自古以来的一种认同与鼓励。

以此类推，我们还有许多古代哲学思想对当今的世界有启迪作用，如国际社会反复讨论的气候变化问题，中国道家的"道法自然"思想在两千多年前就已论述得非常透彻，用道家思想参与国际社会的"双碳议程"，可为今天的人类社会如何处理好与自然的关系提供中国智慧。

为此，我深深地以为，当下的中国社会是有足够的历史文化传统及思想理论储备来认真回答"柯伯格之问"的，而回答这个加拿大青年如此问题的意义就是，在今天特殊的历史条件下，让全世界在中国"站起来、富起来和强起来"后真正了解并接受中国崛起这样一个中华民族回归历史本源的事实，感受到中国和平崛起给人类社会繁荣与进步带来的一种特殊的中国贡献和温暖。

如何在跨文化条件下讲好中国故事？

尽管在跨文化的条件下，我们在讲好中国故事方面还存在着这样或那样的不足，但也不乏成功的案例，其中，已故中国驻法国大使吴建民⑥向法国社会讲述中国故事堪称典范。

吴大使在中国和世界上都非常有名，他被视作中国和平崛起外交的代表人物，即便他离开我们已有很多年了，他看世界的方式和对中国社会的忠告还一直被大家忆及。

我与吴大使相识，从远距离社交到近距离的上下级关系，再到无话不谈的亦师亦友关系，前后近 20 年时间，有驻法使馆、上海世博会、联合国教科文组织及中法民间社会交往等几个不同平台的经历。

我认为吴大使是因其对法兰西文化的深刻理解、流利的法语和法国式思维及表达方式而深受法国社会各界欢迎的。

由于得到法方的文化认同，即使吴大使表达的是与他们截然不同的观点，或对他们的观点进行反驳甚至批评，法国人都能心悦诚服地接受，因为吴大使是以法国人的沟通方式表达了中国人的观点，即使他们不认同吴大使的观点，也认同和接受吴大使的说话方式。

今天，即便吴大使离开我们 9 年了，不少法国人依然在深切地怀念他。

拉法兰总理对我说，在他眼中，吴大使是一位儒雅、有文化的伟大外交家，是一个文化人和领导者。吴大使在法国所做的一切完美地诠释了外交作为一门人与人相处的科学的重要性，以及倾听与尊重对人与人、

---

⑥　吴建民（1939 年 3 月 30 日—2016 年 6 月 18 日），中国前驻法大使，外交学院前院长，中国著名外交家，中国和平崛起外交的杰出代表，2016 年 6 月 18 日因车祸在中国武汉逝世。吴建民生前一直与民族主义和民粹主义作不懈的斗争，他强调中国必须坚持走和平崛起的道路，认为中国已处在民族复兴事业的最好时代，但任何头脑发热之举都会断送这样的历史机遇。他告诫外交学院学生"爱祖国，爱人类"，认为这是全球化条件下中国与世界共同发展的前提。吴建民不幸遇难引起中国社会就和平外交展开热烈讨论。习近平等中国国家领导人，希拉克、施罗德、基辛格等国际友人及 CNN（美国有线新闻网）、《金融时报》、《世界报》等欧美媒体均对吴建民遇难表示哀悼，并对其致力于世界和平的贡献表示肯定。

国与国关系的重要性。

时任法国外长韦德里纳向我表示，吴大使懂得如何与法国人沟通，是当下混乱的国际局势中难得的一位智者。

作为职业外交官，希拉克总统的外交顾问达纳和拉法兰总理外交顾问德加莱均向我强调他们当年与吴大使打交道的愉快情形，称吴大使能够理解法国，也让法国很好地理解中国，从而在两国观点不一致时能找到一种平衡的解决方法，也使这两个大国的关系进入黄金时代。

达纳向我透露，希拉克非常喜欢吴大使，非常信任他，甚至把自己的手机号码都给了吴大使。

总之，作为大使，吴大使以其优美的法语，强大的倾听、尊重与理解对话者的能力，为我们今天对西方世界讲述中国故事树立了一个不可多得的榜样。

案 例

吴大使为什么在法国社会受到普遍欢迎？

作为驻法使馆外交团队一员，我曾有幸在吴建民大使的领导下参与了中法互办文化年、胡锦涛主席出席埃维昂南北领导人非正式对话会议和上海申办 2010 年世博会这三个在 21 世纪初中国外交史上具有特殊意义的事件，也目睹了吴大使与法国社会沟通的艺术与风采。

以文化年为纽带，促进中法两国人民的交流与合作

从各个角度看，在 2003 年 10 月至 2005 年 7 月间举办的"中法互办文化年"都堪称中法关系史上的经典之举。

　　文化年的交流时间跨度长，交流领域广泛，几乎涉及了中法文化交流的所有领域，包括"四川三星堆文物展""中国当代艺术展""康熙时期艺术展""中国当代生活艺术展""中国民族服饰展演"及中央芭蕾舞团、中央民族乐团、中国杂技团等演出在内的 300 多个节目，不仅在展示形式上，而且在内容上也是史无前例、异彩纷呈的，有记者用中法文化交流史的一次盛会或盛宴来形容它，我觉得这还不够。

　　其中，作为法兰西民族象征的埃菲尔铁塔首次染成红色向伟大的中国人民和中华文明致敬，来自巴黎各个侨团的 6000 多名华人华侨和来自北京密云的 700 名秧歌队员一路欢歌，盛装行进在巴黎香榭丽舍大街上。

　　作为活动的参与者，20 多年过去了，这一激动人心的场景仍会浮现在我的脑海里，挥之不去。这一历史性的场景，成为 21 世纪中法友好的历史象征，也将 2004 年 1 月 27 日中法两国建交 40 周年的庆祝活动推向高潮。

　　从国家叙事的角度看，中法文化年有许多可圈可点之处，其中吴建民大使发挥了不可或缺的作用。

　　首先是文化年的由来。

　　在讲文化年由来之前，一定要交代世纪之交的中法关系，而介绍当年的中法关系，我们又不能不正视 1992 年法国社会党政府对台出售六艘拉法耶特级护卫舰的事。这一事件导致中法关系降至冰点。1994 年社会党政府向中国政府承诺不再允许本国企业向台湾地区出售军事设备。1995 年，传统右翼政党的候选人希拉克当选法国总统。

　　两年后，希拉克首次以法国总统身份访华，与中国领导人签署了法中建立全面伙伴关系的协定，并成为首位不支持联合国人权委员会谴责中国人权记录的欧洲国家领袖。希拉克还不顾美国和一些欧洲国家的反对，极力推动欧盟取消 1989 年以来对中国的武器禁运。

　　然而，在 1999 年 12 月，法国马特拉 - 马可尼公司计划向台湾出售一颗价值4.82亿法郎的观测卫星,由于此卫星的军民两用特点,此举遭到了中国政府的强烈反对,中法关系又一次来到了十字路口。

对于眼前所发生的这一切,履新刚刚一年的吴建民大使马上意识到,尽管希拉克本人对中国友好,但法国社会对中国的变化以及改革开放所带来的巨大发展和中法合作的市场发展前景缺乏了解,而要改变这一切,最好的方法是马上为两国合作寻求新的源头活水。

当时处于世纪之交,大国领袖之间的互动非常频繁,尤其流行"不戴领带"的轻松外交。时任吴大使的政治秘书刘海星是法国通,他在著名的法国国家行政学院上学时,曾在希拉克的家乡科雷兹省的省长办公室实习过,在他的建议下,吴大使亲自到希拉克的私人别墅碧蒂城堡(château de Bity)了解了相关接待国家元首的条件。考察结束后,吴大使马上在碧蒂城堡安排中法元首"不戴领带"外交的想法与希拉克的外交顾问顾山(Maurice Gourdault-Montagne,曾在2014—2017年出任法国驻华大使)进行了沟通交流。

于是,在1999年江泽民主席访问法国时,希拉克特意安排江泽民主席夫妇到其碧蒂城堡做客,中法领导人在亲切友好和极其轻松的环境下促膝交谈,并勾勒出了新世纪两国合作的蓝图。

2000年,希拉克在参加完汉城亚欧首脑会议后马上飞赴南京,随后乘车前往江泽民主席的家乡扬州。作为对一年前在希拉克家中做客的回请,江泽民主席在扬州国宾馆设宴款待希拉克,双方在亲切友好的气氛中谈到了中法如何在新世纪通力协作,使中法关系出现新的飞跃。

于是,在"不戴领带"的氛围下,两国元首提出了双方联合举办文化年,通过文化交流加深两国人民之间的相互了解,以推动中法关系上升到新的高度。

需要补充的是,中法互办文化年还有一个心照不宣的默契,那就是中法两国的政治互信,两国在许多重大的国际问题上持有相同或接近的立场,反对美国对伊拉克动武和反对美国主宰世界,希望通过双方的努力致力于建设一个多极化世界。

在希拉克看来,中国作为一个正在崛起的大国,很可能在未来成为一个能够与美国抗衡的国家；通过发展法中关系，法国就可以在21世纪的国际事务中发挥更大的作用。

在今天看来，文化年取得如此辉煌的成就，吴大使是功不可没的，其贡献具体有三个。

一是他的大胆创意推动了中法元首"不戴领带"的外交，这种轻松的氛围使两国元首在充分互信的基础上提出中法互办文化年的想法。在整个过程中，吴大使身体力行，将两国元首的伟大想法诉诸实际，从而涌现了300多个高质量的交流活动。

二是吴大使思想开放，敢于创新，有担当。当希拉克的总统事务特别专员特拉诺娃（Terranova）把将埃菲尔铁塔染成红色的想法告诉吴大使时，他当场予以肯定，从而使这一创意得以实现。

特拉诺娃事后告诉我，当时她的想法在总统府内部就引起不小的争论，原因是红色太敏感，会让人联想到革命，是吴大使高屋建瓴的格局打消了她的顾虑。

吴大使在我们内部会议上也强调，红色在中国和法国文化中都是象征喜庆的颜色，文化年是喜庆之事，中法建交40周年也是喜庆之事，同时又赶上中国的春节，喜事连连，我们要相信法国公众会乐意接受用一座红色的埃菲尔铁塔向伟大的中国文明致敬这样高雅的举动。

三是开设了中国在西方国家的第一家文化中心。

在文化年前夕，大家期待已久的中国文化中心终于在巴黎最具地标意义的巴黎第七区莫布尔塔大道1号诞生。

中心左侧与著名的荣军院相邻，右侧可眺望埃菲尔铁塔，后方是塞纳河，与巴黎文化地标大皇宫、小皇宫仅一河之隔。它不仅位置优越，体量也大，建筑面积约4000平方米，由老楼、新楼及楼间庭院组成。老楼建筑面积1700平方米，是一座19世纪石构建筑，最后一位主人是拿破仑与波兰瓦莱夫斯基伯爵夫人的私生子的后代。

中国文化中心由于其丰富而精彩的展示和演出内容及独特的地理位置，在开设后不久就成为巴黎重要的文化高地。

在 20 多年前，人们的思想还没有今天这样开放，在国内一些人看来，在巴黎开设中国文化中心必然导致法国在中国开设文化中心，这无疑会帮助西方资本主义文化占领中国文化舞台，是"引狼入室"之举。

此外，在国内许多人看来，中国还是一个发展中国家，没必要在巴黎最核心的地段斥巨资购置地产，中国文化走出去还是需要依靠当地华人华侨，应该在华侨集中的巴黎第十三区物色场所。

幸运的是，这两种观点都在吴大使艺术化的操作下得到回避，其中，时任国务院副总理李岚清对吴大使的信任和支持至关重要。

吴大使解放思想，了解文化外交的特点及其对 21 世纪中国和平崛起的重要作用，他不懈努力，成功地将一个一流的中国文化中心呈现在法国公众面前。

中国文化中心开业后，他在那里举办了数不清的活动，接待了拉法兰总理夫妇、蓬皮杜总统夫人、多位政府内阁部长、艺术家、企业家及法国各界名流，从而使文化中心真正成为中法两国文化与民间交流的顶级桥梁。

正是有了中法文化年和中国文化中心，中国与西方国家互办文化年和互设文化中心成为中国外交的一个新潮流，而吴大使无疑就是这个潮流的弄潮儿。

上海申博的前方总指挥

2010 年上海世博会是中国首次举办的综合性世界博览会，也是 1841 年以来首次由发展中国家主办的世博会。上海世博会的主题是"城市，让生活更美好"（Better City, Better Life），共有 246 个国家、地区和国际组织参展，共有 7308 万人次参观了上海世博会。

2008 年北京奥运会和 2010 年上海世博会，被誉为 21 世纪初世界各国见证中国和平崛起的两大重要国际盛会。

由于中国驻法大使馆的特殊作用，吴大使被吴仪副总理亲切地称为上海申博的"前方总指挥"。申博成功后，吴大使又当选为国际展览局主席，为上海世博会的成功举办作出不可磨灭的贡献。

关于申博，在当时可谓是一场看不见硝烟的外交博弈。与上海竞争的除了莫斯科、韩国的丽水，还有波兰和墨西哥的两个城市，上海虽然被看好，但莫斯科，特别是"志在必得"的韩国丽水给我们的获胜前景带来了严重的不确定性。

在申办过程中，吴大使很好地发挥了国内相关部门的参谋尤其是前方总指挥的作用。我觉得他向法国社会和国际展览局成员国讲的上海故事如教科书般经典。

在巴黎的各种申博聚会上，他神采飞扬地讲述上海的故事，强调上海作为中国最具活力的城市，象征着中国改革开放和21世纪中国的未来。他在巴黎香榭丽舍剧场的演讲至今在巴黎的华人圈传诵。他的讲话特点是句子短，但每句都有力量，都有新意。在最后决定胜负的国际展览局第132次大会之前，他作为前方总指挥协调彩排了中央领导、上海领导、外交部领导的演讲，从而确定了演讲的分工和信息重点，使中国代表团的申博陈述行云流水般一气呵成。

其中，"把世界带回上海"和"给中国一个机会"成为打动各国驻国际展览局代表投票支持上海的关键词。

我认为，后来上海能向世界呈现这样一届史无前例的世博盛会，就是在兑现这样一种国家承诺。

在一定程度上，这两句话高度概括了当年中国与世界的关系和中国人民融入世界的迫切心情。

吴大使长期在发达的西方资本主义国家工作，懂得如何用西方人听得懂的语言将复杂的问题做最简单化的表述，从这两句中国代表团的陈述词中，我们看到吴大使的智慧及其所谙熟的让世界最动情的沟通语言。

他当选国际展览局主席后，为上海办博创造了非常好的国际环境，但形势越好，他对上海的要求也就越严。

上海在申博成功后，必须向国际展览局大会递交一份《注册报告》，在报告中就如何在上海世博会展示"城市，让生活更美好"的主题提供导展，以便国际展览局成员参照和提高它们的展示质量。

由于上海方面没有经验，《注册报告》送到国际展览局后，秘书长洛塞泰斯非常失望，甚至忧心忡忡，担心上海世博会展览出问题。作为国际展览局主席，吴大使的角色理应是"统而不治"，特别是他又是中国人，对中国人自己办博最好的态度应当是"顺其自然"。但他没有这么做，而是第一时间站出来批评了上海有关方面，从而做了一件有悖中国人"人情世故"的事。

他难道不知道这样做的后果吗？

答案是他当然知道，但他更知道对国际事务要有严肃的态度。中国政府向国际社会承诺要办一届"成功、精彩、难忘"的世博会，中国人是讲信用的，"一言既出，驷马难追"，世博会办好办坏不是上海的事，而是国家的事，严格要求是对国家负责。

由于吴大使在上海申博和办博期间所发挥的独特作用，在国际展览大家庭里，他是中国和平崛起和中国文化儒雅、高尚的象征，迄今还让相当多的国际展览局代表怀念。

胡锦涛主席出席埃维昂南北领导人非正式对话的重要推手

2003 年初，希拉克总统在与驻法外交使团进行新年团拜时，向吴大使表达了他想邀请胡锦涛主席出席八国集团（现为七国集团）在埃维昂召开的与世界主要发展中大国的扩大对话会议的意愿，但由于当时国内对八国集团的看法普遍比较负面，使馆的电报报回国内后就杳无音信。

时间在一天天过去，世界主要发展中大国均已确认参会，但国内的态度仍不明朗。法国总统外交顾问顾山也经常打电话询问吴大使中方的态度，但国内反馈的消息几乎是一边倒的不看好，还有人大声说，中国大可不必给八国集团"捧场"。

然而，吴大使认为，首先世界在变化，中国在发展，不管出于什么考虑，中国与发达的七国集团国家处好关系攸关中国自身的发展利益。其次，希拉克邀请了世界上所有的发展中大国，讨论的主题就是世界的发展问题。中国作为世界最大的发展中国家，一直将捍卫世界其他发展中国家的利益视作中国外交的重要责任，如此重要的历史场合，中国如果缺席，会给中国的国际形象带来不利的影响。

此外，希拉克是中国人民的老朋友，他当选总统后非常理解和支持中国在国际事务中的立场，并一直致力于加强中法在全球事务中的合作，积极推动全球化多极世界的形成。如果对希拉克的这番盛情说"不"，今后双方如何在国际舞台上相互配合，包括即将在10月启动的中法文化年？

可以说，吴大使的这些想法都是他的一种直觉，但事后证明这种直觉是非常正确的。

于是，他一方面让我们给国内写电报分析国际形势，力陈胡锦涛主席与会的好处；另一方面，他利用在巴黎过境的国内各种高级代表团，与率团的领导同志当面沟通，介绍峰会及各国确认的情况。

功夫不负有心人，这些过境的领导将吴大使的分析报告给中央，从而为高层决策创造了一个非常好的舆论环境。

需要补充的是，中国在此期间出现了非典疫情，英国首相布莱尔、美国副总统切尼等多国领导人取消了对中国的访问，但希拉克总统坚持让总理拉法兰按期访华，给困难中的中国政府和人民送来了法国政府和人民的关心和支持。

希拉克的友善自然给国内作出积极的决策创造了非常好的氛围。

埃维昂会议非常成功，包括中国在内的20个国家和包括联合国、世界银行在内的4个世界最重要的国际组织与会，胡锦涛主席在会上发表了重要讲话，向世界传递了中国在发展问题上的重大立场，并与希拉克、布什举行了中法、中美双边元首会晤。峰会虽然仅有一天，但利用如此高端的峰会广交朋友，对扩大中国的国际影响非常有帮助。

埃维昂峰会是中国与西方国家集团关系史上里程碑式的外交事件，自那以后，中国在与七国集团的交往中更加从容，甚至在此基础上还衍生出了后来的二十国集团峰会。

作为埃维昂峰会的参与者，当我回首往事时，往往还会被吴大使那种锲而不舍的精神感动，可以说吴大使对推动中国国家领导人最终与会发挥了不可或缺的历史作用。

20 多年前，中国还没有参与国际多边外交的习惯，对七国集团的看法比较负面，然而，无论当时希望多渺茫，吴大使总是信心满满，认为这样的峰会对中国是有帮助。吴大使这么想和这么做，说到底与他的世界观有关，他的思想没有框框，认定中国与西方发达国家处好关系符合中国的根本利益，与它们建立互信关系有助于中国在国际舞台上拓展外交空间，获得更多理解和支持。

吴大使在法国讲述中国故事的特点

一是积极进取。

吴大使一年在法国出席的各种外交活动难以计数，仅公共演讲就有几十场。他多次对我们说，国家派他来当大使，就是要用各种办法推动中法友好合作。他甚至出席了"法国小姐"选美比赛，还接受了采访。吴大使认为"爱美没有国界"，中国大使参加，说明中国人民与法国人民一样爱美，美是中法两国人民共有的，美可以促进中法人民之间的相互理解。

然而，吴大使虽然工作主动，很好说话，但也并非"有请必到"，比如一些纯粹将中国大使的到来视作一种礼仪性活动或对宣传中国的形象没有直接帮助的活动，他就会谢绝。

他对我说，请他出席什么活动都可以，但不能让他做"花瓶"，中国大使不需要给巴黎每天都会发生的那种社交活动当点缀。

二是机智和幽默。

法国是个多元社会，法国人总体上对中国友好，但也确实存在一些不友好的人，吴大使在发表公共演讲时，如遇到个别不友好的人提问，他不会拍案而起猛烈回击，而是用他特有的不急不缓的说理方式批驳对方的观点。

他会说，中国很大，建议提问者到中国亲眼看看再得出结论，不能将似是而非的道听途说视作真理，这不符合法国人独立思考的文化传统。

当然，吴大使最得心应手的还是学习法国人的幽默调侃，将不怀好意的提问者冷嘲热讽戏弄一番。有一个法国的"中国通"，他对吴大使的发言发表了充满偏见的批评。

吴大使听完后很平静地说："在你们法国，如果一个人说埃菲尔铁塔明天就要塌了，人们一定会把此人当疯子看。然而，如果有人说明天中国就要完蛋了，大家都会相信他，把他当作中国通。"

吴大使的话绵里藏针，却掷地有声，话音未落，全场响起一阵热烈的掌声，人们被他的幽默感染，被他的机智折服，而那个"中国通"则一言不发，脸上一阵红一阵白，非常窘迫，样子比吴大使直接骂他还难受（此人从此再也不敢在法国的论坛上胡说八道议论中国了）。

吴大使这样的回答，虽然不是正面回击，但实际上已经批驳了对方的观点。他的这种幽默、讽刺与调侃是法国人最喜欢的辩论方式，其结果是宣传了中国政府的立场，又得到法国公众的理解与支持，确实很了不起。

三是不惧对手。

吴大使法语好，知识面广，去过许多国家，也去过中国许多地方，又担任过外交部发言人，因此，再难的问题都难不倒他，记者再刁钻也都不是他的对手。记得法国有个非常有影响力的左翼政治家叫库什内（Bernard Kouchner），当过社会党政府的人道事务部长和后来右翼萨科齐政府的外交部长，他总是喜欢对中国的人权事务说三道四，甚至提出要与吴大使辩论。

　　吴大使接到战书后没有退却，积极迎战，于是，两人就人权问题从中法不同的历史和文化角度进行了一番唇枪舌剑的辩论。辩论结束后库什内对吴大使非常客气，他发现尽管观点不一致，吴大使却始终彬彬有礼，柔中有刚，观点的对立甚至冲突并不影响双方对彼此人格的尊重。

　　后来，法国著名的杂志《巴黎竞赛》就本次辩论出了一期专门的号外。

　　中国政府的人权观通过吴大使以法国人最能接受的文化对话方式，并在法国极有影响的杂志上全文刊出，还不用大使馆出一分钱，这样的外宣上哪找去？

　　在这里，我想强调的还是吴大使用文化来做法国社会工作的方式。他外语好，熟悉情况，又不惧对手，借法国在人权问题上最有代表性人物之口和法国最有影响的杂志说出了中国的故事。

　　四是个性鲜明。

　　吴大使深知，法国社会注重个人的作用，强调个性解放，在法国人面前人云亦云反而会让法国人瞧不起。

　　在法国人眼中，吴大使有个性，即使吴大使表达了不同的观点，或对他们的观点进行反驳甚至批评，他们也能心悦诚服地接受，因为他是以法国人的沟通方式来表达中国人的观点。

　　不少法国人在评价吴大使时都会说他法语讲得好，有时还带一点瑞士口音，说话时会使用肢体语言，抑扬顿挫。也有人说，与其说他讲话的方式是中国式的，不如说他更像法国人。

　　作为中国人，我们可能会觉得这样的表达方式不太中国化，但就是这种不那么中国化的沟通方式让他赢得了朋友，征服了人心。我目睹他的各种演讲，从来没有听过法国人说他"演戏"或"别出心裁"，而是让他们感到这是一种水乳交融般的交流，超越了文化和语言的桎梏，就是因为法国人喜欢他鲜活的个性，这在法国非常重要。

在法国，一个人越有个人风格就越受人喜欢，明白这一点，对我们在法国或世界上讲好中国故事尤其重要。

五是认真准备，不打无准备之仗。

从本质上讲，作为大使，在国外的任何讲话都代表国家，为此，吴大使总是会事先做认真准备，并会征求我们意见，这个场合我们使馆应该发出什么信号。他精心准备每次演讲，演讲时从来不看稿。他曾语重心长地对我说，你演讲时要看着听众，要学会用眼神交流，第一次可能会不习惯，自己先对着镜子试试。

吴大使认为，一个优秀的外交官不能只会念稿子，念稿子是不能沟通的，更不能打动法国人的心弦。吴大使在法国工作不到 5 年，却给法国社会留下了深刻的印象，即使在今天，法国人还记得吴氏风格的演讲，缅怀他为中法友好发展所作出的杰出贡献。

对吴大使的好评不仅在民间，也出自希拉克等政要之口。

在 2003 年 6 月 1 日法国埃维昂南北领导人非正式对话会议上，我就目睹了希拉克向胡锦涛主席高度赞扬吴大使，称他是中国派驻法国的最优秀的大使。

我认为希拉克对吴大使的高度评价，源自吴大使为中法关系的发展所作出的杰出贡献，还有吴大使的个人气质，其翩翩风度、得体的说话方式、进取的工作态度等，都是希拉克和法国社会所普遍认同的。

第三章
国家叙事的目标、评价体系与社会参与

- 国家为什么也需要被"爱"？

- 国家叙事的议题确定、成果体现及评价体系

- 国家叙事中的社会参与

第一节　国家为什么也需要被"爱"？

"让世界爱法国"——从塔列朗的国家叙事目标说起

最早提出这个问题的是曾经辅佐一代枭雄拿破仑皇帝、在欧洲外交舞台上运筹帷幄的法国著名外交家塔列朗亲王⑦。不过，他讲这话的时候拿破仑已经在枫丹白露宫下诏书退位，在几位侍从的陪伴下来到地中海的厄尔巴小岛，过着一个废君的凄惨生活。塔列朗要 "让世界爱法国"的话是他对接替拿破仑皇帝的路易十八王朝的驻外大使们说的。

塔列朗在法国历史上并没有被描述为一位伟大的爱国者或正人君子，他从波旁王朝到拿破仑，再到出卖拿破仑投靠波旁王朝，不断更换主子，被视为一个狡诈无耻的政治人物。但他杰出的外交才华不得不让人佩服，正是他的非凡才华，使战败国法兰西居然在 1814 年维也纳和会上毫发无损，不仅没有被战胜集团占领或瓜分领土，相反还回到欧洲的大国俱乐部。

那么，塔列朗为什么对大使们说要让世界"爱"法国呢？

其实，这个道理无论是在当时还是在现在都是很容易理解的。

拿破仑为巩固法国大革命成果和建立法兰西帝国在欧洲的霸权，其铁蹄荡涤了整个欧洲大陆。虽然拿破仑发动的一系列战争在摧毁欧洲封建制度、传播法国大革命"自由、平等、博爱"理念和崭新的政治制度文化方面有着积极的作用，但他东征西讨，也给欧洲各国人民带来了数不尽的灾难。

---

⑦　塔列朗（Charles Maurice de Talleyrand-Périgord，1754 年 2 月 2 日—1838 年 5 月 17 日），法国主教、著名政治家和外交家。在拿破仑战败后的欧洲列强维也纳和平会议（1814 至 1815 年）上，他运用娴熟的外交手腕使和会最终通过了有利于法国的和平方案。

面对拿破仑被第七次反法同盟重创，面对拿破仑进攻俄罗斯战役的全面失败，面对欧洲贵族对拿破仑的刻骨仇恨，面临维也纳和会上列强对法国的最终清算，特别是面临一个战败和失去了元气的昔日欧洲霸主要重新融入欧洲民族国家新的大家庭这一局面，让世界其他国家"爱"法国就顺理成章，并同时成为法国外交最优先的考虑。

塔列朗对大使们说的话也让人想起外交界的一个老话题，即维系一国的国际地位和声望究竟需要什么？是靠军事霸权，还是靠征服被统治者的人心？

想当年拿破仑的军事天才曾使法国一度成为欧洲大陆最强大的国家，但这个靠大炮和来复枪统治的欧洲霸权并不长久，欧洲各国人民最终以不同的反抗方式向拿破仑军事占领说"不"，从而最终埋葬了一代枭雄拿破仑及其长达十年的欧洲霸权。

对于这样的结局，拿破仑其实也非常清楚，他曾经说过："世界上只有两种力量，剑和精神。但从长远来看，剑总是被精神战胜。"

因此，塔列朗说让世界"爱"法国，无非是要让波旁王朝的驻外使节明白，法兰西的历史并没有结束，扩大法兰西影响力的方式只是从过去拿破仑的军事手段转向今天通过波旁王朝所代表的法兰西精神价值来赢得世界的好感、同情，甚至某种道义支持。

如果用现代语言解读或表述，这就是古老和伟大的法兰西民族，在拿破仑战争后要在欧洲舞台上重塑其国家的新形象和开展一种新的法兰西国家叙事。

对于这种法兰西国家叙事的需要及其紧迫感，历史上我们还可以在拿破仑侄子路易·波拿巴的法兰西第二帝国垮台，普鲁士公国在巴黎郊外金碧辉煌的凡尔赛宫宣布德国统一、建立德意志帝国后，法国社会各界的强烈民族情绪中清晰地找到。

如同我们在第一章谈到法国的国家叙事定位时所说的那样，无论是面临维也纳和会列强的围剿和无情清算，还是凡尔登战役后普鲁士雄鹰对高卢雄鸡带来的生存威胁，法国人懂得他们如果要在世界民族之林当中依然保持一个受尊敬的民族和一个受追捧的灯塔国家地位，就要有新的国家叙事的定位，就要让世界"爱"法国，而非"恨"法国。

对于这个命题，我们还可以从大作家雨果对法国大革命精神遗产的赞美和高度评价中看到。

雨果说："不管怎么说，法国大革命是自基督降临以来人类迈向未来的最强大的一步。"

如果说塔列朗给法国社会提出了让世界"爱"法国的命题，大作家雨果则回答了让世界"爱"法国的方法，即法国国家叙事的特质与定位。

在全球化的今天，法国人口不到全世界的1%，GDP只占全球的3%，才排世界第七，甚至在印度后面，但法兰西的国家叙事无论从什么角度看都是"超常发挥的"，其原因就在于法国的国际影响力远远超出传统意义上各种实力指标的定义。

换言之，这是一种法兰西民族在国际舞台上的美誉度。

对于这种超常的国家叙事能力或被爱的能力，用戴高乐的话说就是法兰西民族追求伟大、要为人类作出更大贡献的民族"基因"。

让世界爱中国

诚然，"让世界爱法国"和"让世界爱中国"本是两件风马牛不相及的事。前者是在拿破仑战败后，法国面临欧洲封建列强肢解的危局时塔列朗提出来的，目的是缓和法国与那些曾经被拿破仑军队铁蹄蹂躏过的国家统治者和人民之间的紧张关系；而后者是经过改革开放40多年的中国，离世界舞台的中心越来越近，离中华民族和平崛起的伟大目标越来越近时的需求，"让世界读懂中国"成为当下国家叙事的最紧迫任务。

然而，我本能地觉得，如果我们从特殊的历史时期的特殊国家叙事角度看，分析塔列朗当年曾经提出的"让国家被爱"这一外交命题，对大变局时代的今天讲好中国故事似有一定的历史借鉴意义。

首先，塔列朗提出的"让世界爱法国"承认国家叙事中"美誉度"的重要性，其中的关键词是"爱"。在后来的法兰西第三共和国，这种"让世界爱法国"和"让法国人民爱法国"成为法国的"国家小说"中的一根贯穿始终的红线。

在国际舞台，大作家雨果的小说《悲惨世界》《巴黎圣母院》等所承载的人道主义思想成为这种国家叙事中"爱"的最好诠释，而爱亲人、爱弱者、爱世界、爱人类等各种各样法国人提出的"爱"的口号叠加，形成了法兰西文化中的"博爱"（fraternité）一词，并在一定意义上成为法国叙事体系中"人性关怀"和"人类良心"的代名词。

20世纪科学巨匠爱因斯坦在给她女儿莉泽尔·爱因斯坦（Lieserl Einstein）的信中将爱视作支配宇宙运作的根本力量。

在中国文化中，"爱"也一直是中国人最主要的伦理标准和道德境界，孔子一生强调"仁爱"，孟子强调君主的爱民思想，并提出"民为贵，社稷次之，君为轻"的政治主张。再如墨子主张"兼爱"思想，中国民间社会也有"四海之内皆兄弟"的传统价值理念，北宋政治家、文学家范仲淹更是提出"先天下之忧而忧，后天下之乐而乐"的崇高利他主义思想，900年后，中国民主主义革命的先驱者孙中山提出了"天下为公"的口号，更加生动地诠释了中国人的"大爱无疆思想"。

因此，就中国人的博爱思想而言，它与法国人的博爱同样广阔与深邃，同样强调"爱天下所有的人"，强调一种"童叟无欺"的爱。

清华大学教授黄裕生认为，中华文明的终极理念与世界主流文明理念之间是存在着相当的一致性的，这种理念的普遍主义同样体现在中国人在人性之爱的方面。

最后，中国人的爱也是一种成就他人的爱，这在国家叙事方面是非常重要。二十多年前，中国著名社会学家费孝通先生就将这种中华民族仁爱的最终目标概述为"各美其美，美人之美，美美与共，天下大同"。这十六个字不仅朗朗上口，而且高度浓缩了中国人爱的终极目标。

上海外国语大学沈悦教授把这种"爱"的能力形容为"暖实力"，并建议将这种凝聚中国人大爱思想、并能暖人心、易共鸣的"暖实力"作为一种新的沟通方式，以便让世界各国人民更容易读懂中国。

综上所述，我认为将"爱"置于大变局时代中国国家叙事的核心地位的命题是成立的，归根结底，如同"柯伯格之问"，讲好中国故事，除了讲好中国经济如何实现增长并创造奇迹的故事，还要讲好如何将这种增长造福于中国人民及最终提升人类共同福祉的故事，而这种故事的可信性又与中国人特有的仁慈、善良的传统大爱思想有关，与由此产生的中国人特有的先人后己、克己奉公，甚至为了集体、国家和天下而放弃个人利益的自我牺牲精神有关，与"大爱无疆""仁者无敌"和"推己及人"等中国人生活中的操守和行为指南有关。

英国哲学家罗素说过："在世界上一切道德品质之中，善良的本性是最需要的。"美国作家马克·吐温说过："善良，是一种世界通用的语言，它可以使盲人感受到，聋人闻到。"

仁爱作为中华文明的一条主线，几千年来一直影响着中国人的待人接物及生存方式，它既是中华民族的美德，也是一种人类特有的崇高品质，它的普世性是我们讲好中国故事不可多得的"暖实力"。

关于这种中国人的大爱无疆思想，百年前的清末大儒辜鸿铭在其《春秋大义》里就有深刻的阐述，欧美人读到辜鸿铭的文字才真正理解中国人的大爱和天生的善良。

百年来，中国文化人前赴后继，殚精竭虑地向世界介绍这种中国人的大爱思想，我认为，仅仅从过去的胡适、老舍，到今天的莫言、贾平凹他们对母亲的讴歌中，我们就有数不完的美文和案例来向世界介绍中国人那种特有的善良、朴实、敦厚及母爱牺牲精神。

为此，我深深地以为，今天的中国是有足够的爱的伦理和实践来在国际舞台上做到让"世界爱中国"的。

情绪价值、共情及共同价值

如果说"爱"在"让世界爱中国"的国家叙事中居于中心地位，那么，那些与"爱"相关的因素都值得引起我们的重视，如情绪价值（emotional value），这最早是经济学和营销学领域的术语，后延伸到人际的亲密关系中，指的是亲密关系双方感知的情绪收益和情绪成本之间的差值，即情绪价值。

最近几年，情绪价值一词成为国内网络高频词，并成为衡量一种决定人际关系成败的能力参数。

英国作家、《情绪价值》一书的作者罗斯·哈克曼（Rose Hackman）认为，情绪价值不仅在人类生活中普遍存在，而且具有人文关怀和促进人类文明进步等重要价值。

共情（empathy），又称同理心，指的是从他人的参照系统中理解或感受他人正在经历的事情的能力，也就是运用理解力与想象力等，尝试（在想象中）将自身置于他人处境或所在"位置"的能力，直译成中国人的大白话，就是"将心比心"。

这种中国老百姓常说的"将心比心"要求我们在一些国际社会所面临的困难和挑战面前表现出必要的怜悯、哀悼和同情。

至于这种同理心，我们可以在文学艺术和电影中体现一些共同的话题，找到一种"共同的感动"和"共同的回忆"，让世界感受到中国人民与世界人民的同理心是一致无异的。

这种共情或同理心也可体现在中国人的一些具体行动中，例如，我曾在几年前在巴黎见到位于浙江杭州的公益救助组织"公羊会"的创始人何军，他告诉我，"公羊会"的使命就是在世界上任何地区发生地震和洪涝灾害时，他们要在第一时间赶到灾难地点抢救生命。

何军的公羊会创建于 2003 年，20 多年来参与救援任务 287 次（其中包括 16 次跨国救援行动），成功救援 7888 人。何军及其伙伴的善举不仅得到人力资源社会保障部、应急管理部等部门的肯定，在国际上也赢得灾区人民的感激和感恩，从而成为中国人国际公益形象的一张亮丽的名片。

我觉得，如果我们影视文学的主题思想、外宣语言的表达与世界之间存有一种共同性，或有越来越多的何军这样的公益人士在世界灾区第一时间出现，中国人民与世界人民就能产生同理心，从而使西方人曾经难以读懂的中国变得更容易读懂起来，变得越来越像"同一地球，同一梦想"，而非"中国与世界是两条平行线"式的镇误印象。

造成中国与世界为两个平行世界印象的另一个原因是中国的一些专家学者往往生活在中国的语境中，对某些问题的国际表达的敏感性把握不够，在此，我们仅举两个例子：

例子一是对中国政府共建"一带一路"倡议意图的解读。

一些学者和专家过于强调"一带一路"的经济功能，强调在这些国家互联互通过程中的中国产能走出去，从而给世界造成一种中国版"马歇尔计划"的印象，而中国政府的本意是积极倡导"人类命运共同体"建设、中国作为全球最大的发展中国家对"南南合作"的责任和中国人"先富不忘后富"的国际互助精神。

例子二是如何看中国改革开放四十多年成就。

一些学者总是津津乐道于"中国模式"的魅力，强调中国政府对企业的强有力干预和国家产业政策指导是中国四十多年经济奇迹的秘诀，而非改革开放对中国人民企业家精神的释放，中国人民务实、勤劳及企业家敢拼敢干的个人首创精神。

中国专家学者的这种国家叙事，不仅让西方国家政府和老百姓会对中国的经济奇迹产生恐惧，担心中国式的国家资本主义将迟早会断送欧美自由主义市场经济，也客观上推波助澜部分美国政客的"中国威胁论"，从而为他们敌视中国经济发展的"脱钩断链"政策提供论据。

在当下的欧美舆论场里，针对中国电动汽车征收的高关税的理由之一就是，欧美国家已经遭受了中国入世后的第一次商品冲击，现在是时候联合起来用关税来抵御中国的第二波制造业冲击。

我们举上述两个例子，无非是要说明讲中国故事不能单单从中国的角度出发，更要懂得如何用欧美受众所能理解的方式方法，这里既有语言表达，也存在着观念上的误区。有人认为情绪价值、共情及国家精神和全人类共同价值这些东西太虚，西方国家老百姓不在意，当今的国际关系中国与国的经济交往才是"硬道理"，国际社会依然是一个国与国利益交换的"大卖场"，国际关系依然是利益高于道义，因此，讲不讲中国人的国际"情怀"、中国人全球治理的"大道理"并不重要，如此想法，客观上也给世界造成中国人在国家价值理念的观点上表达不清晰的印象，甚至在一些大是大非问题上给世人造成一种和事佬、没有原则的印象。

平心而论，这种想法与中国政府一直在国际事务上积极展现的"负责任大国"的形象是不相符的，也与中国政府在重大国际问题面前敢于担当的行动不相符，更与中国政府提出的"人类命运共同体"的主张不相符。无论是"人类命运共同体"的崇高理念还是具体的实践路径，我们都要与国际社会对当下世界第二大经济体的中国的高度期待相一致。

在此意义上，我认为阎学通等人提出的外交中的道义问题非常中肯，唯有一种更清晰的国家价值观而非仅仅是经济领域的奇迹，更会有助于世界各国更好地读懂中国和更容易爱中国。

第二节　国家叙事的议题确定、成果体现及评价体系

国家叙事的议题确定

人们常喜欢说，三流企业做产品，二流企业做品牌，一流企业做标准。

如果这句话描述的是企业生活和国际经济竞争的场景，那么，我们也可以套用此话来描述这样一个事实：那些在国际事务中发挥重要作用的国家都是当今国际关系准则的制定者。

从法国的国家叙事，或更广义上所有发达国家的国家叙事的实践中可以发现，它们所有的议题叙述都是事先设定的，都是在它们所谓的"比较优势"领域，并能够凸显其国家精神特质的东西。而那些在其历史上并不光彩的人与事，或不是它们国家竞争强项领域的议题是不会被设定在其中的，如北美殖民者17世纪对当地印第安人的种族灭绝行为和欧洲人在海外的殖民历史。

1970年12月2日，法国著名哲学家、社会思想家米歇尔·福柯（Michel

Foucault）在法兰西公学院⑧发表了著名的"论话语的秩序"（L'ordre du discours）的演讲。

在演讲中，他第一次提到话语即权力的概念。福柯认为，话语是一种社会实践活动，在任何社会中，话语的生产都会按照一定的程序被控制、选择、组织和再传播。福柯认为，任何话语都是权力关系运作的产物。

可见，在半个世纪前，福柯就已经意识到话语权是一种支配性权力，而这里的话语权同样也是我们今天讨论的国家叙事议题预设的话语影响力问题。

埃及开罗大学新闻学教授苏莱曼•萨利赫指出，美国不仅处处为世界各国设置国家叙事议题，还擅长进行相关的顶层设计。如在遭受"9·11"恐怖袭击后，小布什政府的官员就与好莱坞投资人、导演频繁接触，让好莱坞电影反映出美国是伊斯兰激进主义的受害者，反恐行动不仅与美国有关，还涉及世界的文明与进步。

在萨利赫看来，美国不仅主导了世界的反恐战争，也主导了世界反恐的舆论战，因此，世界各国任何与美国反恐舆论战不合拍的言行都是政治不正确的，这就是议题设定的典型例子。

一般说来，就当今世界的国家叙事议题设定，欧美国家总体都比较懂得时代的潮流和国际社会的期许，这样，它们所有的国家叙事努力都会因反映时代的特征和回应国际社会的期待而变得更富感召力，如有关当今世界人们普遍关心的和平与发展、男女平等、教育赋能、文化多样性保护以及气候变化等关于环保与绿色生活的议题。

---

⑧　法兰西公学院（Le Collège de France），亦可称为"法兰西公开学术院"，是法国历史最悠久的学术机构，由法国国王弗朗索瓦一世成立于1530年，其职责是通过开门办学向法国社会各界传授各种相关知识。它是法国的特殊教育机构，在世界上享有盛誉。

欧美国家如此精于议题预设，构成了它们在国际社会生活中强大的话语权，而这些不同议题的话语权又构成了当今西方世界在国际事务中的特殊话语体系，从而使广大非西方国家的国家叙事变得更加困难。

其实，这些议题设置或所谓的时代话题，可以紧随联合国大会的意志，根据联合国千年发展目标及千年发展目标到期后联合国大会在 2015 年制定的 2030 年可持续发展目标，进行议题设置。换言之，如果我们的国家叙事是与这些时代主题紧密挂钩的，它就是一个国际性话题。反之，如果我们的议题设定只具有中国特色而没有国际维度，不与国际对标，选择就会变得狭隘，变得在国际社会曲高和寡或格格不入。

例如，一个国家在相关国际领域的议题设定能力还体现在其国际排行榜上的位置，如城市的宜居性、创新竞争力、环保与绿色生活和城市的国际开放度等。

当一个城市在上述领域都排在国际前列，这无疑是个好消息，但它的消费者指数如排在前列，情形就未必如此乐观，很有可能是因为城市的生活成本太高，在国际公众的心目中这就不是一个宜居的城市了。

还有旅游目的地城市排名、男女平等、受教育程度、就业情况、医疗、养老等指标，如果排在前面，毋庸置疑是件大好事，但如果城市的犯罪率、吸毒率、自杀率排在前面就很不好，对国家叙事产生一种负面作用。

总之，国际排名的内容林林总总，包罗万象，它体现了国家生活的多维度及多种衡量标准，如国民幸福指数、言论自由、公民权利和社会包容度等，排在越前面，国际形象就越好。

为什么要参与反映国家影响力的国际评价体系？

为什么中国要参与关于国家影响力的一些国际评价体系呢？

答案其实很简单，因为中国的和平崛起是全面崛起，是中国在国际社会的一种人文崛起，它带来的不仅仅是经济繁荣，更是中华民族和中国文化对世界的人文关怀，是一种有别于人类历史上大国兴衰、霸权易主的历史变迁，它昭示的是一种崭新的人类生活，或者说中国政府所倡导的人类命运共同体。

因此，在国家叙事中，国际社会不会仅仅考察中国的 GDP，而是在看完经济增长的指标后还要看大量非经济的人文指标，如宜居、男女平等、公民参与、绿色生活等，只有这些综合指标达到标准后，国际社会才能认定这样的崛起有别于历史上其他国家间所发生的权力更替。

这种有别于历史上国家间权力更替的中国和平崛起，其相关排名顺序也是国际社会对中国"美誉度"的再认识，是一种"世界爱中国"的理由陈述。如同约瑟夫·奈教授当年提出"软实力"概念时所指出的那样，国家竞争中是要用"非威迫的方式"来实现"让别人想要你想要的结果"，而这种特殊的方式就是"让别人对你有好感"，"羡慕你，并暗暗地学习你"。

需要指出的是，一个国家的国家叙事是由历史原因和多种客观因素叠加后给国际社会带来的一种普遍印象。如在当下的国际语境中，当人们谈论北欧、瑞士和加拿大时，都会谈到这些国家的宜居生活，谈到它们的高度男女平等和高公民参与水平；当谈到国际金融大都市时，人们自然会想到纽约、伦敦和上海；当谈到科技创新时，人们肯定也联想到美国的硅谷、以色列的特拉维夫和中国的深圳；当谈到时尚、精品生活和旅游目的地时，人们会不约而同地提到巴黎；当谈到国家的竞争力和国际活跃度时，人们会想到新加坡和迪拜；当世界的企业家想到上市融资时会首选纽约；当冲突国家需要谈判，世界政治家、企业家需要开会交流时，人们会自动想到瑞士的日内瓦、达沃斯……

这些在国际公众中的普遍印象，构成了一个国家的国际美誉度，或者说是对一国国家叙事能力的某种考评。

换言之，没有几代人矢志不渝的努力，相关国家不可能拥有这种国际口碑。同样，没有国际上相关评价体系的存在，国际社会也不可能建立一种可以作为参照且相对公正的衡量机制。因此，创建由中国主导的评价体系在国家叙事中尤为重要。

例如，中国既然是世界最大的建筑市场，也就必然是世界最大的室内设计市场，但世界室内设计大奖中目前还有中国的一席之地；中国是世界最大的服装生产国，拥有难以计数的服装设计师队伍，但中国没有世界顶级的时装设计奖，没有像"巴黎高定时装周"那样的一流时装节及品牌发布平台；我们有享誉世界的中国美食，却没有具有世界公信力的评级机制，世界上最好的中餐馆是由法国米其林评出来的。

我们在此提出参与国际评价体系并列举了一些各领域的奖项，是因为中国在世界上呈现自身和平崛起的形象是多元的，我们可以给世界带来一种新的面貌和更多的可展示性。也就是说，我们不仅要有自己的主题设定，也要对这种国家叙事成果的国际检验标准持开放和积极参与的态度。

"世界大学学术排名榜"给我们的启示

上海软科教育信息咨询有限公司所发表的年度"世界大学学术排名"（Academic Ranking of World Universities， ARWU），简称"上海排名"。由于此排名榜原先由上海交通大学高等教育研究院发表，故此排名也被业内称为"上海交大排名"。

"上海排名"始于 2003 年，发表此排名时我还在上海工作，记得当年陪同希拉克访华的法国教育部长还专门拜访上海交大，想看个究竟。

20 年过去了，"上海排名"从无到有，从小到大，在今天已成为与

QS 世界大学排名、泰晤士高等教育世界大学排名、U.S. News 世界大学排名齐名的世界大学四大排名榜之一，其成就令人刮目相看。

回想当年上海交大创办排名榜时，最简单的想法是通过排名来更好地分析和了解中国的大学在全球高等教育体系中的位置。

当时，中国政府希望中国大陆能拥有数所世界一流的大学，因此，创建世界大学排名榜是投石问路的好方法。

该排名榜推出后，一批欧洲学者远赴上海，他们献计献策，帮助上海交大完善调查方式及排名规则。

上海排名有六个主要指标，即获诺贝尔奖和菲尔兹奖的校友折合数、获诺贝尔奖和菲尔兹奖的教职员折合数、各学科领域发表文章的高被引学者数、在《自然》《科学》上发表论文折合数、被科学引文索引扩展版（SCIE）和社会科学引文索引（SSCI）收入的论文数量和学校人均学术表现。

该排名榜获得欧美不同机构及人士的赞赏，如《经济学人》杂志及《高等教育纪事报》均赞赏上海排名为"世界研究型大学最看重的年度评核"和"最著名及具影响力的世界大学排名"，许多欧美大学校长也对上海排名的合理、目标清晰及透明度高大加赞赏。

但与其他大学排行榜一样，上海排名也因为过度"依赖国际奖项的多寡"和"重理工及研究、轻人文及教学素质"等而受到业界的批评。欧盟国家（尤其是法国）还批评上海排名"偏袒英语国家的高校"，不能客观体现欧洲大陆高校的实际情况等。

平心而论，上海排名是一个成功的案例，我对此有四点体会。

第一，这是一个由中国高校老师和教育研究人员推出的完全由中国人打造的国际高校排名榜，它的成功说明了国际评价体系"中国制造"是可行的，只要我们不懈努力，中国就有可能在更多的领域向世界提供一流的评价体系和标准。

第二，这个排行榜虽然是中国人打造的，但它是集世界智慧的成果，是由欧洲教育专家与中国教育家共同精心打造的品牌。评价体系中所有的参照系都是世界性的，使用的都是用世界上那些已被公认、具有充分科学性和知名度的技术手段。

第三，这个排名客观公正，一切按照规则办，拒绝"人情榜""后门榜"。

相形之下，中国各种奖项并不少，但为什么那么多的奖项在国际上没人知道，不受重视？为什么连中国老百姓自己对国内的各种奖项都没有信心？究其原因不是别的，就是评奖机构独立性的缺失，而上海排名做到了。

第四，希望中国能够涌现更多的排名榜，从而使中国的国家名片从"世界工厂"转为"世界品牌"，最终转变为世界标准的制定者。

要实现这样的目标是不容易的，也许需要几代人的努力，但上海排名为中国社会各界树立了一个可望可即的榜样，它让人们看到了中国软实力在世界舞台上的提升。

第三节　国家叙事中的社会参与

何谓国家叙事的社会参与？

有关一个国家在国际上如何塑造其形象的问题，涉及国家生活的方方面面，无论是形式表达还是内容传递，社会参与几乎是不可或缺的前提。

换言之，由于国家生活的丰富和广泛及与公民千丝万缕的关系，国家叙事是不可能仅仅由政府来完成的，这种引入社会资源参与国家叙事的方法在欧美国家被叫作公共外交。

中国举办 2010 年上海世博会时，我曾经作为组织者代表与西方国家驻国际展览局的代表及各种政治人物有过较密切的接触与交流。他们几乎众口一词地告诉我，无论是支持上海申办 2010 年世博会，还是决定让他们的国家参加上海世博会，核心考量就是上海世博会这样的国际盛会究竟会给他们国家的公共外交带来何种收益。

也就是说，绝大多数西方国家投票支持上海和决定在上海建设它们的独立展馆，就是因为上海为它们针对中国公众的公共外交提供了远远优于莫斯科和韩国丽水的条件。

在这里，公共外交就是这些国家借助上海世博会平台，向中国讲述它们"城市，让生活更美好"的城市化理念的故事。

记得在十年前，中国媒体曾一度热烈讨论过这种公共外交的话题，但当时讨论的焦点并非中国政府如何参与国际盛会，提升国际形象，而是作为中国公民，在海外旅行时应该如何通过自己的一言一行向世界塑造一个文明礼貌的中国社会。这种讨论一度成为中国媒体的头条，某些人在海外不文明的举止，损害了众多中国人多年来积累下来的种种积极美好的国家形象。

国家叙事是一个系统工程，它不能仅仅由政府来完成，而必须是全社会的立体参与，这里的全社会当然也包括我们每个人。只有我们每个人将自己的言行与国家的形象自觉地联系起来，并努力地通过自己的一言一行在世界上塑造一个可信、可爱、可敬的中国形象，中国的国家叙事才能在世界上获得成功。

世界是平的，更是透明的

约20年前，托马斯·弗里德曼的书《世界是平的》让很多中国人明白，在全球化的今天，世界已是一个地球村，所有在地球上发生的事情相互传导与感染，因而，世界上已没有什么事情可以划分出纯粹的国内或国际事务的界线。在这个平的世界中，在一国境内发生的一切也同样是透明的，任何人在国内的不恰当言行，虽然没有超出国界，也可能会对国家形象造成巨大损害。

我注意到，在国内，常常有人就一些国际问题表达自己的看法，一些地方官员也会不分场合讲一些大话或对一些敏感的国际政治问题表态。在全球化的世界中，这些言行会传到国外，从而形成一种所谓的中国社会的声音，通过这种声音，国家的形象也被透视出来，甚至呈现出一种与我们国家叙事初衷相悖的结果。

在今天的网络时代，最让人感到痛心的还是个别网民无底线的言论，甚至渲染战争和仇恨思想，从而给世界传递了一种特别不好的信号，甚至让外界对中国社会产生负面印象。

2022年7月8日，日本前首相安倍晋三在日本奈良为其自民党候选人竞选参议员助选时，不幸遭遇枪手的袭击而身亡。

安倍遇刺震惊世界，全世界各国政府与人民在第一世界均对凶手的残忍暴行予以强烈谴责和表达极大的愤慨。中国外交部发言人、中国驻日本大使馆都在第一时间对安倍晋三的遇难表示哀悼，对其家属表示慰问。国家主席习近平专门给日本首相岸田文雄发去唁电，表达对安倍遇难的沉痛哀悼，并对安倍任内为中日友好所作出的贡献表达感谢。习近平主席夫人彭丽媛女士也专门向安倍晋三的夫人安倍昭惠女士致唁电。

然而在中国的一些网络媒体上，一些网民却喜形于色，他们载歌载舞，用极其不妥和无底线的语言来"庆贺"安倍遇刺，甚至还有商家利用此事大搞促销活动。这些网民幸灾乐祸的言行与中国政府、国际社会对恐怖袭击的一致谴责和对逝者的沉痛哀悼形成了强烈的反差，从而给世界带来一种中国社会极端化、暴力化和与国际社会的主流文明价值格格不入的错误印象。安倍遇刺事件在中国网络上引发的风波事件中部分中国网民发表的一些极端言论是非常可怕的，在这个透明的世界里，他们给世界传递了一种极其错误的信号，严重损害了中华民族作为一个有教养、讲文明、珍惜生命、爱好和平的泱泱大国的形象。

安倍遇刺身亡事件也让我联想到 20 多年前发生在美国纽约的"9·11"恐怖事件。

事发不到 5 小时，中国国家主席江泽民就给美国总统小布什打电话，向他转达中国人民对恐怖分子最严厉的谴责和对美国遇难者最深切的同情和哀悼。

对于此事，吴建民大使曾告诉我他曾专门请教过江主席，为什么中央决定要在第一时间给布什打电话？

江主席回答吴大使，恐怖主义是国际社会的大敌，"9·11"恐怖袭击使大批美国无辜老百姓丧生，反对恐怖主义是中国政府的一贯立场，对恐怖主义严厉谴责是中国和平外交的性质所决定的。

江主席还说，外交虽然是在处理国与国之间的关系，但它首先也是人与人的关系，外交不能排除人之常情，排除人的情感、是非和所有人性所具有的特质。

只有基于人性基础上的外交决策才是最正确的决策，才是推进中美两国人民在关键的时刻相互理解，同舟共济，从而才能深化两国关系的正确决策。

在吴大使所著《外交案例》⑨一书中，读者朋友可找到他对此事的详细描述。

20多年后的今天，当我们回过头来再看当年江泽民主席打给布什总统的电话，从任何角度看，我们都不能低估这样的一个元首间通话的历史意义。它使美国政府和人民意识到崛起的中国不是美国的敌人，恐怖主义才是美国真正的敌人，美国不仅不能将中国视作敌人，而且还需要联合中国在国际上一起来反对一切形式的国际恐怖主义活动。

因此，如果说"9·11"事件前美国是把对华政策的侧重点放在遏制和防范方面，那么该事件后美国就将侧重点放在寻求与中国合作和发展关系上，从而也为中国迎来了改革开放后高速发展的20年战略机遇期。

同理，我们看到，中国政府对网络上部分网民极端言论的管控，也使美国人民切身感受到中国外交的和平理念以及中国人民所具有的广泛同情悲悯之心和对国际恐怖活动的强烈愤慨之情，这些均为推动中美两国人民之间的友好、中美两国之间的友好合作打下了扎实的基础。

从20年前的"9·11"到今天，中国政府及时地对网络上的极端言论进行必要的管控和清理，使中国的国际和平形象得到有效维护，为此，我们应该为这些中国政府相关部门的担当和国际政治敏锐性点赞。

总之，在今天中国网络上反复出现极端言论是中国社会各界特别要警惕的现象。在世界是平的，更是透明的这样的全球化时代，任何一个人的言论，都可以是中国和平崛起的代言人，也可以是破坏者。

许多人可能不以为然，认为自己是"一个小老百姓"，人微言轻，自己的话不至于会被当作中国政府和人民的立场。

---

⑨　请参阅吴建民著《外交案例》（中国人民大学出版社，2007年）第六部分危机处理章节中有关中国对"9·11"事件的快速反应。

再说，自己讲的话都是中文，外国人怎么会明白自己的意思？

说这话的人肯定没有意识到在网络的无国界时代里，翻译软件已能在技术上随机翻译成那些外国人的母语（准确度可高达 80%），也肯定不知道当下还有一些别有用心者利用各种翻译软件开展所谓的"大翻译运动"，他们将个别中国网民的极端言论不仅翻译成英语，也翻译成世界其他国家的语言，从而让西方世界的普通民众都能看到这些不当言论。

从这个意义上讲，中国叙事需要中国社会各界的配合与参与，需要中国社会各界理性地看待当今的国际关系和在大变局时代中国所面临的各种机遇与挑战。

总之，我们不能将国家叙事的伟大事业与每个公民的言与行割裂开来，不能以为外国人不懂中文就可以随心所欲地发表各种无底线的言论，从而使有关部门和中国社会各界努力打造的可信、可爱、可敬国家形象受到损害。

一句话，中国的国家叙事涉及每个中国人，而唯有全社会积极和正面地参与，中国才能在国际上塑造一个可信、可爱、可敬的形象。

流媒体在国家叙事中的新作用

流媒体（Streaming media）是指在互联网上以数据流的方式，实时发布视频、音频等多媒体内容的媒体形式。随着网络科技的不断进步，流媒体应运而生，它大大方便了人们之间的沟通交流，并丰富了他们娱乐的形式。

近年来，流媒体在视频点播、网络电台、网络视频、在线直播、实时视频会议等方面也发挥着传统媒体难以企及的作用。

随着流媒体的出现，在国家叙事中，一些优秀的流媒体平台上的节目如同雨后春笋，其数量之多，传播力之广、之强，为国家形象的国际影响力营销开拓了新的边界。欧美国家的 X（前推特）、脸书和照片墙（Instagram）等流媒体正在不断蚕食甚至取代欧美传统的纸质媒体和电视媒体。

同样的情况也出现在中国，微信（包括微信视频）、抖音、微博、头条、小红书、B 站、爱奇艺、优酷、芒果等已越来越成为老百姓娱乐和获取信息的主要平台。更有意思的是，在这些平台的受众中不乏热爱中国文化且能讲中文的外国青年朋友，他们中的不少人甚至已在这些平台上成为网红大咖，为中国网民与他们国家人民之间的交往搭起了一座云上的桥梁。

此外，与传统媒体不同，流媒体具有互动性强、传输效率高、更新换代速度快、服务模式多样等特点，从而一改传统受众"被动地接受"新闻的方式，让人们走向了主动地索取信息和主动地对接各种资源的新型阅读文化时代。与此同时，以抖音等为代表的流媒体平台，还以强大的算法技术为依托，实现了对受众"量身定制"的信息实时推送，从而在信息获取方面一查一推双向合力，做到了信息分享无"死角"。

这种主动选择新闻源和对接资源的特点及算法支持的点对点信息推送，对喜欢新生事物的年轻人特别有吸引力，从而使流媒体的用户群体呈现出年轻化的趋势。

此外，大数据技术的加持使得流媒体平台更加注重维护用户体验与增强用户黏性，从而为相应的流媒体平台养成了一部分稳定的粉丝群，形成所谓的流媒体"社交—社群—粉圈"生态群。

值得一提的是抖音的海外版 TikTok，它在欧美国家迅速发展，2024年注册用户 20 亿，每月活跃用户 10 亿。截至 2024 年 4 月，印度尼西亚是全球 TikTok 受众最多的国家，拥有近 1.275 亿活跃用户。美国紧随其后，拥有约 1.215 亿用户，巴西排名第三，有 1.018 亿用户。

TikTok 已成为当今世界最重要的流媒体之一，它深受欧美广大青少年喜欢，从而成为一个新的影响力营销平台，也因为这一原因美国等部分国家政府以"保护公民隐私权"为由，对 TikTok 进行打压，甚至威胁要取缔，相信有关情况读者们早已知悉。

我想补充的是，随着流媒体的崛起，在流媒体上产生的网红队伍不仅在一国的社会生活中发挥着重要的风向标作用，在当今国际关系中，其影响力同样不可小觑，在一定意义上他们是国际关系的"晴雨表""温度计"，甚至在某些场合是推波助澜的"催化剂"。

网红现象：国家叙事的一匹"黑马"

我们不妨先看一下网红的定义，它是一个纯中文词语，对应的英语是 influencer（影响者）或 KOL，即关键意见领袖（key opinion leader）。

网红在任何国家都有，它是当今通信数字技术革命的产物，也是全球化条件下经济和社会发展的必然结果。

随着 5G 时代的到来，云计算、大数据、人工智能、元宇宙等技术手段不断推陈出新，当今的人类社会已进入一个视频时代。数据统计显示，现在视频流量占据互联网流量的 80%，随着技术的进步，这个比例还将快速上升。

全球移动通信系统协会（GSMA）数据显示，2023 年，全球 43 亿人拥有智能手机。在中国，QuestMobile 数据显示，2024 年 3 月中国移动互联网活跃用户 12.32 亿，他们中的 99% 通过手机上网和观看网络短视频，李子柒名列中国十大网红之首。

在中国，还曾经出现过类似"上海阿福"这样外国人讲中文的视频节目，深受中国青年喜爱，阿福等讲中文的外国博主成为知名度相当高的网红。虽然这些以中文为工作语言和主要传播中国生活艺术的外国网红的受众主要在中国，但由于他们的国际化身份，他们实际扮演的就是民间文化交流使者的重要角色。

还有许多在中国留学后回到自己国家的外国青年，他们活跃在互联网上，他们热爱中国文化，以视频的方式用自己国家的语言传播中国文化，成为中国与他们国家交流合作的桥梁，其贡献可圈可点。

对于流媒体对国家叙事的作用，我们如何强调都不为过。

被誉为"硅谷钢铁侠"的马斯克，在推特（现 X）上的粉丝上亿，他对世界科技发展甚至股市的任何点评都会成为世界头条新闻，成为一个时期热点事件发展的风向标，如 2024 年 8 月 12 日，他与特朗普在 X 平台上的对话获得超过 9500 万次观看。

类似马斯克这样的自媒体"大咖"，还有美国福克斯电视台的前王牌主持人卡尔森（Tucker Carlson）。

2023 年 4 月 24 日，卡尔森被福克斯电视台（Fox）无预警解聘，他一气之下在推特上发表了一个抨击福克斯电视台的 30 秒视频讲话，超过 2600 万美国人看了此视频，是福克斯电视台平时收视率的 10 倍，收看观众约占美国全国人口的 8%。

卡尔森在推特上的固定粉丝有 830 万，比福克斯电视台的固定电视观众要高出 3 倍，他制作的第 1 集节目曾有高达 1.15 亿观看量，可见其个人影响力和收视率已远远超过任何一家美国传统电视台。

在政治人物中，特朗普在 X 平台上 2024 年 5 月的数字是 9000 万粉丝，其他欧美政治人物都有自己的 X 平台账号，粉丝数从千万到百万不等，如马克龙在 X 平台上是 900 万粉丝，在 TikTok 上 500 万。至于那些世界级的球星，如罗纳尔多有 9 亿人之多。美国歌星泰勒·斯威夫特（Taylor Swift）拥有 1.76 亿对其有"好感"的粉丝和 5328 万"疯狂"粉丝。

在谈到当今世界有影响力的球星、歌星、政客、商贾和媒体领袖时，我们似有必要提一下乌克兰总统泽连斯基。

在 2022 年 2 月 24 日普京发动针对乌克兰的特别军事行动后，泽连斯基就通过社交媒体向世界喊话，其推特粉丝从 24 日的 45 万人一天之内就上涨到 300 万人。从推特、脸书、照片墙到 TikTok 这些西方世界最流行的流媒体平台，泽连斯基几乎无处不在。2 月 25 日，仅照片墙上，他的讲话视频就有 3200 万人浏览。

从流媒体传播角度来说，泽连斯基无疑也是个大赢家。

泽连斯基的案例告诉我们，我们所处的时代已由国家或传统机构对媒体的管制走向媒体的市场化和去中心化。无论是马斯克，还是一些世界著名的球星、奥运会冠军和好莱坞影星，抑或是卡尔森、泽连斯基，他们手中的媒体工具已对一国政府的国家叙事产生了一种强大的舆论助力，而这种现象在历史上是闻所未闻的。流媒体将全球化世界的人际沟通带到了一个去中心化的时代，这无疑给我们的国家叙事带来了新的挑战，但同样也带来了史无前例的机遇。

流媒体与"假新闻"问题

然而，伴随着流媒体在世界范围的蓬勃兴趣，近年来，在国家叙事中世界各国政府同样面临着一种全球现象级的"假新闻"（fake news）问题，这个"假新闻"有可能是在紧张的地缘政治竞争中一国给另一国制造的敌对行为，也有可能是一国内部因党派政治斗争，一个政党给另一个对手政党制造的抹黑行为，但无论出于何种动机，"假新闻"会在世界上对当事国的国际诚信和形象产生怀疑。

因此，如何应对"假新闻"问题，也是我们今天讨论如何在国际舞台上讲好中国故事所不能回避的重要话题。

在欧美学术界，相关概念除"假新闻"外，还包括虚假信息

（disinformation）、误传（misinformation）、有害信息（mal-information）、假消息（false information）和谣言（rumor）等。

2016 年，特朗普竞选美国总统，他竞选伊始就与美国各大媒体就"假新闻"大打嘴仗，一时"假新闻"成为特朗普的口头禅，并立即在美国甚至西方媒体中成为一个出镜率极高的词汇。

2017 年，全球知名的柯林斯英语词典将"假新闻"列为年度热词，2024 年初，柯林斯词典的调查发现，7 年来"假新闻"一词的使用率在欧美国家翻了三倍以上。与此同时，美国民调显示，近三分之二美国选民认为美国主流媒体上"有很多假新闻"，高达 84% 的受访者表示，他们很难判断在线新闻的真假。

回顾持续三年之久的俄乌战争中，除了残酷的军事冲突、导弹和无人机袭击外，俄乌两国的新闻战也从未停止过，并成为争取国际社会民意和道义支持的主战场，而双方所发布相关消息的真伪也成为国际社会关注的焦点。

同样的情况也出现在 2023 年 10 月 7 日以来的以色列对哈马斯武装分子所采取的军事行动中，这种新闻战有时也会让国际社会扑朔迷离，让世界舆论难辨真假。

其实，由于监管缺失或从本质上是网络媒体的性质，社交媒体成为"假新闻"的频发区本身并不为怪，但除地缘冲突原因，在许多情况下，"假新闻"满天飞并不是一些国家的政府行为，而是一些网络博主们的个人所作所为，其目的无非是为了博取公众眼球、提高其个人或网站的流量，从而一定程度上获取其经济收益，如，在 2024 年巴黎奥运会期间，网络上就出现这类传闻：塞纳河污染，河水是通过颜料染蓝的；巴黎小偷盗窃了澳大利亚运动员的比赛装备；美国中情局要求美国游客不要在巴黎乘坐地铁；法国基督徒联合反对奥运会开幕式；等等。

这些针对巴黎的"假新闻"，对于生活在巴黎的人来说是非常可笑的，但对绝大多数没有生活在巴黎的人来说他们就极有可能信以为真，从而对巴黎的城市形象和本届巴黎夏季奥运会产生负面的印象。

此外，近一个时期以来，由于人工智能技术的迅速提高，由 AI 生成的假新闻更是达到"以假乱真"的惊人程度。任何人，只要懂得如何使用 OPEN AI 技术，就可以合成一个令人"口服心服"的"假新闻"文字、图片、视频及各种难以想象的场景。

然而，"假新闻"的制造者将"假新闻"制作得再"真"，它毕竟还是"假新闻"，而假的东西就如同"纸包不住火"一样，最终还是会现原形的。

如果说一些人置社会道义于不顾，通过制造一国内部的"假新闻"来吸引网民高点击率，从而获得大量流量、高额奖励和与广告商的利润分成，这种行为损害的仅仅是一国社会内部的诚信度的话，那么，一些人制造的国际话题，针对他国的"假新闻"，则会使其所在国家政府和人民的国际信誉受到严重损害。

在中国的网络生态中，"假新闻"同样是一个严肃的问题，也有些人为博取公众流量，制造一些耸人听闻的消息。这些消息有时非常离谱，有的没有道德底线，中国政府有关部门给予严厉打击，这是完全应该的。如果说这些不负责任的博主，其制造的"假新闻"涉及中国与亚洲其他邻国或与世界其他国家的关系，"假新闻"就会对我们的国家叙事产生灾难性的后果，就将让和平崛起的中华民族的诚信受到国际社会的怀疑。在这个意义上，我们将打击"假新闻"放到国家叙事的任何战略高度都不为过。

实际上，面对国际上"假新闻"泛滥现象，欧美国家都已纷纷开始立法，如德国在 2018 年 1 月 1 日起就实行《网络执行法》，明确规定社交网站必须在 24 小时内删除在其平台上登出的非法内容，否则将面临巨额罚款。

在欧盟层面上，欧盟《数字服务法》是成员国遏制传播虚假信息的风险，一旦出现"假新闻"，欧盟将对相关政府机构、企业或个人进行巨额罚款并追究相应的法律责任。

我们相信，随着世界各国对网络"假新闻"监管的法律不断健全，随着公众对防范"假新闻"的意识不断提高，特别是随着防范"假新闻"的科技检索手段的不断提高，"假新闻"这一国际公害将最终会受到有效遏制。

案 例

李子柒为什么在西方大受欢迎？

无疑，李子柒是当今中国流媒体的一个重要符号，她在微博上拥有 2720 万粉丝，在 B 站上 792 万粉丝，在抖音上 5500 万粉丝，在国外视频网站 YouTube 上也有多达 1650 万的粉丝，很多读者朋友对她的故事耳熟能详，包括她在欧美国家大受欢迎的程度。她因与其投资方微念公司的财务纠纷不仅对簿公堂，还因此停更三年。

2024 年 11 月 12 日，在沉寂三年后李子柒在其社交平台突然更新了两条视频，短短两小时内，累计播放量逼近 3 亿次，点赞量冲破千万，评论量近百万。

"李子柒回归"的话题不仅在国内的网站如脱缰之马，迅速登顶，在国际互联网舞台上，如 X、YouTube、Facebook、Instagram 等播放量瞬间接近千万次，总点赞量超过 50 万次，总评论量超过 7 万次。

从粉丝数据来看，李子柒停更期间的粉丝不但没有流失，反而持续增长，仅 YouTube 平台上，其粉丝数从原来稳步上升至超过

2000 万。三年来，世界没有忘记一个叫李子柒的中国农村女孩，李子柒"现象"是否应该成为我们向西方人"讲好中国故事"的成功案例？

我觉得，对于李子柒的成功，我们至少可以有如下几点思考。

第一，主题的普遍性。

李子柒之所以能打动西方观众，其根本原因是她将农村生活这个具有人类普遍意义的话题作为她与世界的交流主题。在其所有的短视频中，她都在不经意地告诉人们与自然和谐相处的生活是可能的，而这种牧歌般的生活对已经告别农村，进入现代化都市生活的广大西方人来说是一种在电影里才能见到的生活，从而较容易产生强烈的共鸣性。

在她的镜头里，这种人与自然和谐相处的可能性是存在的，就在中国四川农村，为此，她不仅在向世界介绍其美丽的家乡，也在告诉全世界人民，面临气候变化的严峻挑战，我们四川农村有解。

一位西方记者曾经在报道李子柒现象时的新闻标题是"Snow White is real and she's a Chinese vlogger"。（白雪公主真实存在，而她就是中国的一个视频博主）

李子柒视频的成功经验告诉我们，任何故事的叙述均需要一个很好的主题，而最好的主题必须与世界上所有的人相关。

第二，讴歌小人物。

在李子柒的作品里，我们看到的是源远流长的中华美食文化和孕育这种文化的乡村大自然及在大自然中劳作的普通老百姓。

李子柒的视频没用任何宏大叙事，没有一句是在张扬社会主义新农村建设，她的作品里出现最多的人物是她的奶奶，她与奶奶的故事呈现了奶奶对她的呵护和她对奶奶的孝敬，从而使传统的中华民族美德得到敬礼并在世界舞台上的弘扬。

第三，作品精益求精。

李子柒以中华美食文化为主线，所有视频都是在此主线下呈现出的中国传统生活中的衣食住行。

镜头里她身着古装，全程手工制作，从四川腊肉、佛跳墙、鸡枞菌等地方传统美食小吃，到蜀绣、木雕、窗花等传统民间工艺，再到贴春联、吃月饼、插艾草等传统节日习俗，她对每个细节倾注了全部心血。

为了让观众了解快失传的非物质文化遗产"木活字印刷术"，她耗时三四个月制作"活字印刷术"视频。

她拍摄 20 多种农作物"一物一生"系列视频，不惜用一年时间记录作物育种、浇水、发芽、开花、收获及采摘的过程。

为拍摄《兰州牛肉面》这个视频，她向甘肃师傅学习了一个多月的拉面技术，直到自己满意。为了短短的 5 分钟视频，她拍了200 多个镜头，用了 20 多斤面粉（用剩下的面团做成馕，她和奶奶一起吃了半个多月）。

这次她的复出，其镜头感更加细腻，完全是一幅油画，一部电影，这与我们现实生活中的一些外宣作品为了赶任务而缺乏精益求精形成对照。

因此，李子柒的成功，也是其工匠精神的成功。

第四，正确处理文化 IP 与资本的关系。

李子柒是在微念资本及其专业团队支持下成长起来的网红，但她与微念公司之间关系一直不顺，甚至一度对簿公堂和三年停更。现在复出，既是她对中国传统文化的坚守与创新的成功，也是互联网时代中国文化传播与商业运作相结合的成功。

可以这么说，没有微念资本的加持和技术辅助，李子柒是不会成功的。同理，没有李子柒的努力、天分和工匠般的精益求精，微念就不可能打造出这样一个享誉世界的中国文化 IP。

因此，是他们双方相互成就。在国内市场，李子柒的个人品牌价值连城，在海外市场，如油管为例，她坐拥近 2000 万订阅用户，基于平台的广告分成机制，其收入也相当可观，从而在真正意义上使她传播中国乡村文化的使命成为一件可持续的伟大事业。

李子柒在油管上有 2000 万粉丝，累计视频点击量超过 26 亿次，不仅超过整个央视对外播放几年的观众量，也超过西方主流媒体的粉丝量，如 CNN 的 1300 万、BBC 的 1110 万和 Fox 的 861 万。

在此意义上，我们应该从内心深处为李子柒的成功点赞！

第四章

企业在国家叙事中的举足轻重地位

- 中国企业在国家叙事中的缺位与尴尬

- 国家叙事与企业的社会责任

- 国际企业社会责任经验分享

第一节　中国企业在国家叙事中的缺位与尴尬

中国企业实力与品牌国际影响力的倒挂问题

2023年《财富》杂志"世界500强企业"的榜单上，中国有133家企业，占世界500强企业的26.6%，几乎是三成。

然而，与中国企业在这些榜单中所占比例不相称的是，中国品牌的国际影响力却远没有体现出相应的实力。

由诺贝尔经济学家蒙代尔任主席的"世界品牌实验室"根据品牌市场占有率、品牌忠诚度和全球领导力三个指标，对来自全球31个国家43个行业中的15000个知名品牌进行综合评分，列出了2023年"世界品牌500强"排名榜。

在这个品牌排名榜上，美国以193家名列前茅，主要品牌是微软、苹果、谷歌、亚马逊、沃尔玛，法国、中国、日本和英国为世界品牌大国的第二阵营。

中国品牌入选数（48个）首次超越日本（43个），跃居全球第三。其中表现亮眼的品牌有国家电网、腾讯、海尔、华为、华润、中国人寿、五粮液、中国南方电网、青岛啤酒、中化、恒力、徐工、盛虹和国贸控股。

中国品牌近年来表现不俗，2023年首次超过日本，成为全球第三实在值得庆贺，但从另一个角度看，入围的中国品牌企业数量与美国相比存在一定差距也许可以理解，但中国是世界第二大经济体，法国的经济总量只有中国的16%，却排在中国企业的前面，这说明法国的企业品牌在许多领域的领导地位不可撼动，如法国路易威登、香奈儿、迪奥、欧莱雅、爱马仕等，都是世界奢侈品领域的翘楚，迄今没有任何其他国家的企业可与之匹敌。

在世界品牌专家看来，品牌的国际影响力与品牌企业的经济实力并没有必然的联系，但品牌价值与企业所承担的社会责任却有相当的关联性。也就是说，品牌不仅要对企业股东负责，也要对其他的利益相关者负责。

尤其值得注意的是，新冠疫情加速了消费者价值观的转变，人们不仅希望自己喜欢的品牌能为自己提供消费的价值，更希望品牌在社会责任问题上有自己的立场，"品牌向善"已成为一种时代潮流。

在这项品牌排名中，我们看到中国企业无缘国际品牌的世界前十，中国排名最前的企业国家电网只排在第 23 位，这说明中国品牌在世界上的影响力和美誉度与领先国家还有差距，中国品牌国际影响力和美誉度提升的空间还是很大的。

个别中国企业的"胡作非为"已让国家叙事买单

海航集团的故事在中国可谓家喻户晓。

海航集团成立于 1998 年，前身是海南航空，主营业务为航空运输，在集团创始人兼董事长陈峰的领导下，海航以"买买买"模式进入国际化经营快车道。

仅 2015 年至 2017 年，海航的海外并购投资就达 500 亿美元，一度拥有希尔顿酒店、德意志银行、维珍澳大利亚的股权和全球最大航空地面及货运服务商 Swissport 的 100% 股权。它的每次跨国并购都会成为世界财经头条。

鼎盛时期，海航总资产超过 1 万亿元，仅境外总资产就逾 3300 亿元，境外企业 45 家，员工近 29 万。

2021 年 1 月 29 日，海航因资不抵债宣布破产重整，法院共接受 2 万亿债权申报，最终确认债权 1.1 万亿元。9 月 24 日，董事长陈峰、首席执行官谭向东因涉嫌违法犯罪被依法采取强制措施，个人股份全部被清除。

海航作为曾经的中国第二大民营企业，却最终沦为改革开放40年来中国企业史上最大的泡沫，甚至笑话。

说海航是笑话，一点也不夸张，至少从国际化的角度看是这样的。这家公司野蛮的扩张战略，从一开始就绑架了国家信誉。陈峰"买买买"的并购策略，充斥着资本的傲慢与任性，狂热的并购情绪使海航对任何并购都志在必得，而不介意对并购标的尽调和并购后的资管工作。这样的并购让国际财经界大跌眼镜，他们不太明白这些几乎看不到盈利前景的并购的真正目的。

海航式的国际并购对国家叙事的杀伤力还体现在：

一、世界看到的是一个不受约束的中国企业，大把花钱的背后是让世界费解的战略；

二、海航的"买买买"策略有悖企业最起码的常识，从而让世界看到中国某些企业扩张模式的可怕，这种无视市场规律的扩张模式与欧美开放的自由经济模式产生了冲突；

三、海航大举并购又资不抵债，对被并购的欧洲企业不能及时履约，带来了新的财务风险，也给被并购企业及其所在国家政府带来了新的麻烦。

海航让我印象深刻的有两件事：

一是2018年7月3日海航董事长王健在南法参观一座教堂时意外坠落死亡法国媒体对此事做了大量报道和猜测。

二是海航在2017年6月为享誉世界的国学泰斗饶宗颐先生在巴黎举办了一个画展。

饶先生是世界公认的著名学者，出版专著逾百部，发表重要论文逾千篇，在学界素有"南有饶宗颐，北有钱锺书"之称。

在巴黎举行饶先生的画展本身无可厚非，法国汉学界还有许多饶先生的弟子，饶先生喜欢画荷花，其学问和艺术品位很有士人风骨，画展无论对中法两国汉学界还是美术界都是一件大好事。

然而，让人费解的是，海航居然把百岁老人饶宗颐也"请"来了。虽然现场的饶老身着红色唐装，似乎有点节日的喜庆，但百年岁月的磨砺和长途飞行的劳顿，使老人苍老的面色更加枯萎，毫无表情和生命的活力感。

老先生根本无力注意到现场那些他的中法拥趸，更不要说向他们打招呼。仪式上，老先生虽然被安排坐在椅子上，但他垂着脑袋，既无力看观众，也无兴趣看陈峰、李先华等海航领导。

我感到一种尴尬、内疚，甚至可以说是一种深深的负罪感。

我不知道为什么海航要以这样的方式对待一位德高望重的国学泰斗，他们是为了表达对饶老的敬意吗？那为什么要如此折磨老人，让一位本来在公众心目中具有无限美好想象的学界泰斗形象"一秒清零"？

他们是为了促进中法汉学界交流和帮助法国公众更好地了解中国文化吗？殊不知，这样做的结果是让广大法国公众从内心反感，对这样的不人道做法表示愤慨。

后来，可能是因为海航领导注意到法国公众的反应，开幕式活动草草结束，事后居然也没有对外大力报道，只是让在巴黎的中国媒体简单提到此事，没有配发照片和视频。

也许，海航的本意是为了促进中法文化交流，或为了感谢饶老70多年来对中国汉学所作的杰出贡献。

也许，这是陈峰心目中一件有关海航企业社会责任的大事。为此，他不远万里在百忙之中来到巴黎，并邀请了中国驻法大使和中法媒体。

然而，如果说过激的并购策略没有考虑到被并购企业及其目标市场公众感受，那么，不顾饶老百岁风烛残年的身体，不顾中法两国文化中所倡导的对人性的起码尊重，或对饶老这位国宝级学界泰斗应该给予的爱护，让海航在法国花大钱却为自己做了一个反面广告，是一次对海航企业人文形象极具摧毁意义的负面宣传。

因此，我认为海航的所谓"走出去"是一场企业叙事的灾难，也是国家叙事的灾难。

无论是海航前期反理性、反市场的海外疯狂收购，还是陈峰不顾饶老百岁风烛残年的身体所导演的这出"中国文化走出去"的闹剧，都让我想起了企业在国家叙事中应该承担的角色，如果忘记了企业这些起码的社会责任要求，不仅企业形象会受损，更可怕的是国家形象也随之受损！

第二节　国家叙事与企业的社会责任

企业的存在理由

在研究企业与国家叙事关系之前，我们似有必要认真考察一下企业的性质，以及在全球化的今天，企业究竟对国家叙事承担着什么样的责任。

在回答企业的性质是什么之前，让我们先来看一下经济学家们是如何定义企业家的吧。

世界上最早提出企业家概念的人是法籍爱尔兰经济学家坎蒂隆（Richard Cantillon），在 1755 年出版的《商业性质概论》著作中，坎蒂隆指出，企业家是在"支付运输成本后以一定的价格购买产品和服务，然后在市场上以不确定的价格转售"的人。

这是世界上第一次将企业家置于人类经济生活的核心地位，他认为企业家是"一个在不确定性面前进行商业判断的人"。

1803 年，以"供给创造需求"理论享誉世界经济史的另一位法国经济学家萨伊（Jean-Baptiste Say）重申了企业家对经济的重要性，认为企业家是冒险家，是把土地、劳动、资本这三个生产要素结合在一起进行活动的第四个生产要素，是一种连接知识（科学家）和行业（工人）的中介。

当然，对企业家定义作出最大贡献的还是奥地利经济学家熊彼特，在他的"创造性破坏"理论中，熊彼特将企业家置于核心地位，强调企业家是创新英雄，没有企业家将创新引入商业周期，一个社会的经济活动就会陷入停滞。他还首次提出企业家精神，认为企业家"是一个经济视野广阔、精力足以动摇常规倾向并实现创新的人"。

美国经济学家彼得·德鲁克也认为，企业家是革新者，是勇于承担风险、有目的地寻找革新源泉、善于捕捉变化并把变化作为可供开发利用机会的人。

我们搞清楚企业家的定义后就很容易理解企业的性质，即，它是由企业家组织起来的一种资源配置的机制，在这个机制中整个社会经济资源得到最优化配置。

现代汉语中的"企业"一词源自日语，其含义包含萨伊、熊彼特和德鲁克等人有关企业家创新冲动、冒险精神等基本定义。

熊彼特还具体地将企业家的创新归纳为采用一种新产品、采用一种新的生产方法、开辟一个新市场、获取或控制原材料（或半成品）的一种新的供应来源、实现一种新的产业组织等五种形式。

熊彼特所谓的企业家和企业，事实上就是一种社会机制的人格化表述。

随着企业家及他们所领导的企业对人类社会的发展发挥着越来越重

要的作用，企业的这种社会机制人格化的表达也越来越受重视，并随之出现了现代企业制度，其中包括企业在创造价值过程中处理与股东、员工、客户和其他业务合作伙伴的关系时所具有的社会、文化、伦理、道德等职能。

2019 年 5 月，法国颁布了一部在欧美国家对企业性质具有里程碑意义的法律，叫《经济增长和转型行动计划法》（PACTE），它明确将企业在追逐利润之外履行社会职责规定为企业的"存在理由"。为此，法国政府修改了《拿破仑民法典》中有关企业的定义，专门加上了企业的"社会职能"。

这个法案是根据法国米其林公司总裁让 - 多米尼克·塞纳德（Jean-Dominique Senard）和法国工会秘书长诺达（Nicole Notat）撰写的报告形成的。塞纳德和诺达认为，任何公司均应有其宗旨，即"存在理由"，这是企业的 DNA。

时任法国经济部长勒梅尔（Bruno Le Maire）当时在议会作证时强调，在 21 世纪的今天，任何企业的发展都必须重视环境、知识产权保护、男女平等、员工福利等社会责任，强调企业的存在理由是时代进步的需要，也是消费者、市场和公众对企业可持续发展的最起码要求。

法国政府强调的企业"存在理由"，在英美国家等同于企业"目的"或企业"使命宣言"。

但无论是法式企业的"存在理由"，还是英美企业的"目的"或"使命宣言"，在今天的欧美国家市场上，我们看到已没有一家企业可以借口所谓"在商言商"来回避其应该承担的社会责任。

相反，在这样的时代潮流下，我们看到越来越多的企业将这种"目的"打造成连接股东、员工和市场纽带的口号愿景，并在这种口号愿景下实现各种利益相关方的共赢。如由法国 CAC 40 股票指数的上市大公司组成的法国雇主协会（MEDEF）的口号是"为负责任的增长而行动"，法国著名的食品企业达能提出"通过食物为尽可能多的人带来健康"的企业愿景，而法国最大的体育用品供应商迪卡侬的口号则是"以可持续的方式让尽可能多的人享受到运动的乐趣和益处"。

在这方面，世界 500 强企业，同时也是世界最大的美妆企业欧莱雅总裁安巩（Jean Paul Agon），与我 2024 年 6 月的一次谈话让我印象特别深刻。

安巩先生告诉我，当他在 2005 年担任企业全球总裁兼 CEO 的最初几年中，他经常会回家给孩子们谈及他在企业经营管理方面取得的成绩，但他发现孩子们对他的这些业绩并没有显示出特别的兴趣，相反不断问他赚那么多钱最终的意义是什么？

与孩子们的对话和时代的发展也使安巩先生在这 20 年的时间里不断问自己这样的问题。安巩对我说，欧莱雅是一家为人类美丽事业服务的企业，这种愿景必须体现在企业的文化中。

于是，在他的领导下，欧莱雅先后提出了"人人拥有美"（la beauté pour tous）、"创造美以推动世界的前进"（Créer la beauté pour faire avancer le monde）和"美的普世化"（Universalisation de la beauté）等口号，而在每句口号后面，都是欧莱雅人崇高企业责任的生动体现。

安巩给我分享的欧莱雅故事是非常说明问题的，确定了企业的使命，大大提升了企业员工的责任感和使命感，与此同时，也就确定了企业的业务线，从而将股东、员工、市场和所有的利益相关方连接在一起，让他们看到产品后面的目标价值，从而不仅调动所有利益相关方的积极性，也让他们在企业活动中找到意义，感到兴奋和骄傲，并激励他们为实现企业的目标而努力。

因此，我们可以肯定地说，没有明确愿景的企业难以调动利益相关方积极性，更难以将企业培育成市场上发育成长快和受尊敬的公民企业。这样的企业即使能够生存下来，也只能是一种作坊型的小生产，一种难以持续和成长的经济小动物，人们为其工作只是为了营利或生活，找不到要实现远大目标的自豪感与动力。

同样，我们可以通过当今世界许许多多伟大企业和机构的"存在理由"，找到它们成为行业翘楚和实现伟大的原因和动力，如：

成为世界领先的娱乐和信息生产商与供应商之一，利用品牌组合来区分内容、服务和消费产品。　　　　　　　　——迪士尼

我们为大家省钱，从而让大家生活得更好。　　　——沃尔玛

利用摩尔定律的力量，为地球上的每一个人带来智能互联设备。
　　　　　　　　　　　　　　　　　　　　　　——英特尔

让地球上的每一个人和每一个组织都能取得更大的成就。

　　　　　　　　　　　　　　　　　　　　　　——微软

通过尽快将引人注目的大众市场电动汽车推向市场，加速可持续交通的出现。　　　　　　　　　　　　　——特斯拉

成为一家激发并满足你好奇心的公司。　　　　——索尼

连接世界上的专业人士，使他们更有效率和成功。　——领英

让人们有能力分享，让世界更加开放和联系。　　——推特

组织世界信息，使其普遍可接触并有用　　　　　——谷歌

通过提供信息、教育娱乐的计划和服务来丰富人们的生活。

　　　　　　　　　　　　　　　　　　　　　　——BBC

从这些企业和机构的"使命宣言"或"目的"中我们可以看出，任何企业的成长都离不开目标，这种目标彰显了企业的社会责任和情怀。无论是跨国公司还是本土公司的跨国经营，企业都是国家的人格化体现，具有浓厚的民族属性和文化属性。

由此可见，企业在国际市场上的任何社会责任和情怀表达，都会展

现该企业所代表的民族文化、精神和国家风貌。

CSR、impact investment、ESG 与中国企业

从欧美企业普遍存在的企业"存在理由""目的"和"使命宣言"等新时代企业文化中，我们不难发现，在今天的企业国际经营活动中，单纯的利益考量已不能满足社会和公众的要求，也不能保证企业健康可持续发展，更不要说将企业变成一个可传承的伟大企业。

改革开放 40 多年来，已有相当多的中国企业意识到社会责任对自身发展的重要意义。这些企业不再一味强调"在商言商"，而是把与其他利益相关者共赢及企业应该履行的社会责任视作企业的"存在理由"，它们甚至也提出企业的"目的"和"使命宣言"，如阿里巴巴的"让世上没有难做的生意"、小米的"做一家有温度的企业"、华为的"构建万物互联的智能世界"和腾讯的"用户为本、科技向善"。

事实上，经济全球化已使世界经济、产业和市场之间相互融通，企业在人类社会生活中创造价值的作用达到了历史上从未有的高水平，企业也在当今世界的和平与发展议程中扮演着越来越重要的角色，我们对一些外来的关于企业公益的词汇也越来越熟悉。

CSR，即企业社会责任 Corporate social-responsibility 主要考察的是企业在经营活动过程中的社会责任，强调任何企业都要考虑股东、员工、顾客、供应商、合作伙伴、投资者和所在地社区团体的利益。

有的企业还会每年发表一份相关的企业社会责任报告书，也称 CSR 报告。

CSR 可以上溯到 20 世纪的八九十年代，当时欧美一些跨国公司为挽救其在公众面前损害劳工利益的形象，制定了一些行业守则，后来在欧美工会和人权组织的积极推动下，这种跨国公司"自我约束"的"内部守

则"逐步转变为一种具有社会约束性的"外部守则"。

2002年2月，在纽约召开的世界经济峰会上，36位全球大公司的首席执行官呼吁全球企业界一起履行社会责任，并强调企业社会责任"并非多此一举"，而是核心业务运作至关重要的一部分。

同年，联合国正式推出《联合国全球契约》（UN Global Compact），呼吁企业要对人权、劳工、环境和反腐败等四个国际社会的要求作出承诺。

2022年，世界15000家企业加入全球契约。

著名的国际竞争力专家、哈佛大学的迈克尔·波特教授认为，引入企业社会责任元素后，企业的竞争力得到提升。从国际企业的CSR实践看，这一观点也得到有力佐证。

Impact investment，即影响力投资，它源于2007年洛克菲勒基金会与一些世界著名的商界领袖和金融家的一次公益讨论会。与会者认为，企业通过对社会或环境领域的项目进行投资可以提升其社会影响力，"影响力投资"一词应运而生。

根据全球影响力投资网络的统计，2020年全球企业用于对可持续农业、可再生能源、环境保护、小额信贷以及住房、医疗保健和教育等领域的公益性投资达到7150亿美元，影响力投资已成为国际企业公益活动的重要内容。

ESG则是指环境（environment）、社会（social）和公司治理（governance），已成为企业国际公益的又一个专门术语。

最早提出ESG概念的是2004年的联合国报告《在乎者即赢家》（Who Cares Wins）。在报告中，联合国首次提出世界各国企业在经营活动中要充分重视保护环境和遵守一定的社会和企业准则等。

2006年，联合国又推出《联合国责任投资原则》。2015年，在联合国千年发展目标到期后，联合国大会又推出2030年前国际社会要实现的十七项可持续发展目标，ESG 概念在国际上的影响力越来越大。

与传统财务指标不同，ESG 是从环境、社会绩效以及公司治理三个角度审视企业的运营状况，体现了一种更先进、更合理、更有大局观的公司治理思路。这种指标要求企业在做任何投资和经营活动决定时，除了考虑财务状况，还要考虑男女平等及少数族裔参与等多样性问题。

换言之，ESG 评价的核心是要在企业创造的商业价值和社会责任之间取得平衡。

伴随着国际社会对 ESG 的日益重视，国际上的 ESG 评价体系相继问世，主要机构有明晟、标普、富时罗素、惠誉等，还有将 ESG 融入整体信评框架的穆迪、对投资组合进行 ESG 评价的晨星、考虑企业 ESG 争议事项的汤森路透。这些国际评价机构对国际企业的 ESG 起到非常重要的推动作用。

根据毕马威的统计，2020 年全球大约有 30 个主要的 ESG 数据供应商。

2020 年，中国企业 ESG 报告的披露率大概为 25%，沪深 300 披露率为 80%，但披露率呈明显的上升趋势，说明许多中国企业已将 ESG 视作其发展的重要指标。

2022 年 5 月 15 日，中国证监会发布《上市公司投资者关系管理工作指引》，明确要求将 ESG 纳入投资者关系管理，标志着 ESG 指标进入中国企业的价值评估。

据彭博预测，到 2025 年，全球 ESG 资产管理规模有望超过 53 万亿美元，占预计总资产管理规模（140.5 万亿美元）的 1/3 以上，ESG 投资有望成为新常态。

今天，无论是 CSR，还是 Impact investment，抑或是 ESG，中国企业家对这些外来词汇已越来越熟悉，在全球化过程中，企业不断创造世界财富，提升人类福祉水平，同时也为人类社会的进步和可持续发展发挥着关键作用。

在这个过程中，中国企业的社会责任表达，也就成了彰显中国人民情怀和对国际社会承担责任的过程。

然而，与欧美国家对企业的社会责任要求越来越苛刻的时代潮流相比，即使一些在国际上已经崭露头角的中国领军企业，也未必对这样的社会责任要求有比较深刻的认识或主动采取一些相关的应对措施。

作为国家叙事的有机组成部分，中国企业国际化是国际形象在国际舞台的自然延伸，任何企业在海外的所作所为，都承载着"讲好中国故事"的历史使命。更何况，在白热化的国际企业竞争中，"做强""做大"企业才是企业国际发展的"王道"，而在当下国际企业"做强""做大"都会将 ESG 作为重要指标和将"公民企业"作为征服市场和赢得消费者"欢心"的重要手段时。

因此，我们谈 ESG 对中国企业走出去和中国在国际社会的国家叙事的重要性是有意义的。事实上，你不这么做，有人就会站出来批评，甚至指责你，如在美国和欧盟，越来越多的立法在限制中国的快销电商。

2024 年 3 月 14 日，法国国民议会专门投票通过旨在规范快时尚行业的一项法案，除了引入环保评级制度，对快时尚商品征收"生态足迹附加费"外，还禁止快时尚公司打广告，以降低其对消费者的吸引力，此举也使法国成为全球第一个立法限制"快时尚过度"的国家。

这个简称"2129 法案"，将以减少纺织工业对环境影响为名，决定从 2025 年起对每件快时尚产品征收 5 欧元（约合 39 元人民币）生态足迹附加费，到 2030 年将增至 10 欧元，但这种附加费不能超过商品标价的50%。

法国媒体在解读此法时表示，中国电商希音所倡导的低价过度消费文化，不仅造成严重的环保问题，也造成消费者消费过剩所形成的大量浪费问题，有悖于法国和欧盟所倡导的低碳节能社会理念，更不用说廉价产品生产过程中对劳工的压榨和由于希音的廉价服装，已导致近年来法国数百家商店关闭，仅在 2023 年，就有法国服装品牌 Naf Naf、Kookaï、André 和 Minelli 等接连关店，其中包括服装巨头 Camaïeu 关闭其511 家店面，裁员 2500 多人，成为近几年法国最轰动的裁员事件。

看着巴黎大街小巷、公交车、地铁随处可见的希音广告，我们在强烈感受中国企业在法国和世界上的巨大商业成功并为它们感到骄傲的同时，也想提醒这些企业，如果想在法国和欧美市场站稳脚跟，赢得欧美消费者的支持和尊重，抑或仅仅是为了规避那些有碍中国企业在欧美市场健康发展的法律法规，参与 ESG 事业已是一种必然的选择。

筑起企业的防腐败防火墙

谈完企业的社会职责与公益这一时代趋势后，我们同样要强调防止商业行为中腐败行为的重要性，这是一件与企业和国家形象息息相关的事，企业必须对商业贿赂筑起一道牢固的防火墙。

在企业的国际化经营中，反商业贿赂既是最起码的商业规则，也是国际社会的一条文明底线，全球绝大多数企业都严格遵守，但也有一些企业从商业竞争角度考虑，铤而走险，有意无意地去触碰这条底线，导致企业陷入国际法律风险，高管锒铛入狱，给企业甚至国家带来严重的负面影响。

关于欧美国家商业活动中的反腐败实践，美国在 20 世纪 70 年代有《美国反海外腐败法》，英国有《英国反贿赂法》，法国也有相应的法律。1997 年，经济合作与发展组织制定了《关于打击国际商业交易中行贿外国公职人员行为的公约》。2003 年，联合国制定首部《联合国反腐败公约》。

从国际社会关于企业反腐败的法律制度看，企业的任何商业贿赂都将受到严惩，从各国的严格法律到经合发展组织、联合国等多边组织的国际公约，法网恢恢，任何企业的商业贿赂都无路可逃。

中国近十年来的反腐败斗争成效卓著，我们无论如何强调企业在反腐败准则方面的严格自律对提升国家形象的重要作用都不过分。随着中国企业的国际化步伐越来越大，中国企业遵纪守法，就是对国家叙事最好的助力。无论从国家叙事，还是企业自身的发展来看，中国企业必须承担社会责任，同时还要正视国际反腐败的时代潮流，以身作则，任何企业因触犯国际上的反腐败法而受到他国政府或国际组织追责，都是对国家形象的损害，对国家叙事的冒犯，甚至是粗暴的破坏。

第三节　国际企业社会责任经验分享

欧莱雅为什么携手联合国教科文组织？

我在前面提到世界著名美妆公司欧莱雅全球总裁安巩就企业的社会责任问题与我的对话。在国际上，欧莱雅让世界公众所熟知的还有其每年与联合国教科文组织一起举办的"世界杰出女科学家成就奖"（L'Oréal-UNESCO Awards for Women in Science）的颁奖活动。

为彰显企业社会责任和鼓励世界各国更多的妇女投身科学研究，从1998年起，欧莱雅与联合国教科文组织一起每年从全球数百名候选人中各洲选出一名优胜者，每人奖励10万欧元。2024年，中国女生物学家颜宁作为亚洲女科学家获奖。

自1998年启动以来，132位杰出女科学家获得此奖，超过4400位女科学家和超过4000名青年女科学家得到表彰。其中，有7位女科学家后来获得自然科学领域的诺贝尔奖。

我曾在联合国教科文组织工作多年，对这个项目的运作非常清楚，它好就好在一下子抓住了国际社会普遍关心的"科学"与"男女平等"这两大时代命题，而这两大时代命题同时也是联合国教科文组织的两项核心使命。这个一举两得的公益项目在策划上别具匠心，从而使欧莱雅公司的公益形象得到放大，并通过教科文组织的全球网络覆盖全世界。

该奖项的所有评奖过程，包括候选人的产生、国际评委遴选等均由教科文组织指定的独立的专门机构来完成，但颁奖仪式却是由欧莱雅通过其指定的公关公司直接运作的，从而使这一神圣的活动成为欧莱雅公司履行社会责任和维护客户关系的重要资源。

当活动在教科文组织总部 1 号大厅举行时，在盛大的颁奖仪式中，我看到的不仅是获奖女科学家激动的眼泪，也看到来自世界各国的欧莱雅客户对欧莱雅积极提倡"男女平等"和"科学"精神的企业价值与文化的认同。

之后，我们在世界各国媒体，在飞向世界各地的飞机上，在巴黎戴高乐、伦敦希思罗、上海浦东和纽约肯尼迪机场的候机楼里，在各种铺天盖地的视频画面里，又一次次见到了颁奖仪式上激动人心的场面。

从企业的角度看，欧莱雅是世界最大的化妆品企业，此项活动的最主要受众是世界各国的女性，她们不仅关注这项活动，同时也是欧莱雅产品的最主要客户，这项活动从另一个角度树立了企业在消费者心中的形象，缩短了企业与消费者的距离，最终强化了欧莱雅的市场领导地位。

我认为，从项目策划和企业形象营销的角度看，世界上还没有其他公益项目能比该活动更好地将企业的公益形象与市场需求有机结合起来。

宜家为什么受到世界消费者的信赖？

1943 年，瑞典人英格瓦·坎普拉德（Ingvar Kamprad）创建宜家，公司名 IKEA 是他本人的名字及公司所在地的家庭农场（Elmtaryd）和当地教区（Agunnaryd）的首字母缩写。

坎普拉德创建宜家的初衷是"为尽可能多的人创造更美好的生活"。

2021 年，宜家在 52 个国家及地区开了 433 家大型门市店，拥有 21 万员工，全年零售额 419 亿欧元。

那么，宜家是如何从当年一个小作坊式的企业进入强手如云的家居行业，并迅速成为世界家居行业领袖的呢？

这里自然有其特殊的商业模式的作用，但不能不说的是宜家的社会公益理念使其在消费者心目中具有所有家居企业甚至其他行业的大企业羡慕的美誉度。这种美誉度缩短了它与消费者的距离，强化了消费者对社会公民责任的认同，从而形成一种相互促进、共同成长的良性互动，助力宜家一路高歌猛进。

从宜家成长的轨迹我们可以发现，通过参与社会公益完全可以打造企业的美誉度，并用这种美誉度来征服市场和消费者。

我认为环保事业是宜家在社会公益中表现最突出的领域，从创业开始，坎普拉德就把"节俭、实用、美观"作为宜家产品的基本定位。进入宜家卖场，人们发现这些现代、美观的家具不仅价格公道，而且形式简约，材质环保，这对注重环保的北欧人和世界各国的中产阶层都有很强的吸引力。因此，是环保和返璞归真的时代潮流让宜家成为世界各国理性消费者的最爱。

几十年来，宜家不仅在销售家具，也一直在营销一种绿色生活，积极倡导人与自然之间的和谐相处和一种绿色的循环经济。宜家的口号是做"切实可行的项目，绿色生活从我做起"。这一口号非常简单，但寓意深刻。

1983 年，一场森林大火摧毁了马来西亚婆罗洲的 18500 公顷热带雨林，这件事对坎普拉德震动很大，他决定要为热带雨林的再生作出贡献。1998 年，宜家开始资助这些被烧为灰烬的热带雨林的"播种"项目。在宜家的帮助下，12500 多公顷的雨林得到恢复，此举对宜家的环保形象具有重要的提升作用。

此外，宜家倡导的绿色生活也充分体现在其产品的生产和选择上。如，在产品生产方面，宜家要求其供应商使用90%—100% 的可再生能源。在产品的选择上，宜家销售的灯泡索海塔（SOLHETTA）比其他灯泡价格要便宜，平均节能 35%。

具有北欧风格的宜家餐厅也一直是宜家探索绿色生活的重要阵地，如宜家在餐厅内想方设法提供更多的植物性食品，减少肉类产品。宜家计划到 2025 年，其餐厅的一半主餐应以植物为主。

坎普拉德所倡导的宜家环保文化，不仅提升了企业在世界各国消费者心目中的美誉度，也强化了企业与客户之间的黏性，从而使越来越多热爱环保的消费者选择宜家的产品，支持宜家的各种环保技术创新和环保公益。

LV 为什么要建博物馆？

LV（路易威登）无疑是中国中产阶层最熟悉的法国奢侈品代名词，它生产的手包也深受中国女性的喜爱。在 2024 年巴黎夏季奥运会上，LV 作为法国最主要的赞助企业，不仅为奥运会的成功举办作出了重要的财务贡献，也通过这样的公益活动向全世界间接地营销了一把 LV 品牌。当人们在开幕式上发现这一届奥运会和残奥会的奖牌是由其旗下著名珠宝商尚美（Chaumet）设计时，更是让获奖运动员欣喜不已。

而对我本人而言，最初了解 LV 还是在 24 年前，当时我在中国驻法大使馆工作，使馆坐落在巴黎香榭丽舍大道边上繁华的乔治五世大街 11 号，与香榭丽舍大道交汇处的 1 号就是 LV 的全球旗舰店，高大雄伟，大门特别宽敞，呈 45 度角分别朝着乔治五世大街和香榭丽舍大道，俨然要把两条街上的行人都招揽过来。

我每天上下班开车都要经过 LV 的大门口，门童是清一色的棒小伙子，身着黑色西服，他们既是门童也是保安。我每天都发现门口总有长长的队伍，大都是日本人，他们都是 LV 的粉丝，其他肤色的购买者并不多。

这就是 LV 给我的第一印象，由于当时的中国还不富裕，没有中国人到这里血拼，自然也就不会吸引我太多的注意力。

后来，我到上海办世博会，发现 LV 在上海甚至在全国的影响力巨大，它在陆家嘴的旗舰店开张仪式，专门邀请了巩俐、郎朗等一大批中国名人，我作为 LV 的嘉宾，第一次体会到上海居然会有那么多披金挂银的阔妇人，第一次看到财富、事业成功与艺术之间是如何如鱼得水般地互动交融。

再后来，我发现 LV 的影响力不仅存在于中国的富人群体中，在一般的城市女性白领中同样有很多它的拥趸。

我还记得筹备世博会时有一位女同事，每次我们来巴黎国际展览局开会，她总让我们帮她代买一个 LV 的包。尽管这个包用她的收入来衡量是很贵的，但她愿意用两个月的工资来买，说明她对 LV 的认可完全发自内心。

世博会结束后我回到巴黎，参加了许多 LV 举办的活动，并与其高管团队交往密切，目睹了 LV 在巴黎西部布洛涅森林里建造路易威登基金会博物馆的整个过程。

此博物馆由美国著名解构主义建筑大师弗兰克·盖里设计，历时 8 年，耗资 10 亿欧元建成，其新颖前卫的风格与布洛涅森林美丽的自然景色浑然一体，本身就是一件美轮美奂的艺术作品。

2014 年，在时任总统奥朗德的见证下博物馆正式开馆，每年接待数百万法国和国际观众。

由于其展品的高定位、高质量，10 年来，博物馆声名鹊起，不仅成为继卢浮宫、奥赛博物馆和蓬皮杜文化中心后吸引法国和国际观众的巴黎第四大艺术地标，也成为 LV 集团社会公益的一座丰碑。

我曾就 LV 对文化事业的支持问题，与 LV 集团总裁伯纳德•阿尔诺的文化事业顾问克拉维里（Jean Paul Claverie）多次交谈过，也与 LV 已故总裁卡塞尔（Yves Carcelle）有过类似的交流。他们都对我谈到 LV 的文化基因，认为文化是 LV 品牌的全部内涵和价值所在，支持文化事业，就是让 LV 品牌保值与增值的手段。

结合我对 LV 集团 20 多年的观察，我认为他们支持社会文化事业有以下特点。

一是文化使 LV 的品牌更具高贵感。克拉维里对我说，选择支持艺术文化作为 LV 的公益领域，是因为艺术和文化会给大众带来美的享受。LV 品牌的高贵首先是给消费者一种美和高雅之感，这是奢侈品的本质决定的。消费者不可能花费那么多钱买一件不美的物品，特别是一件并非生活必需品的装饰品。

二是艺术家对生活有一种天然的敏感，这种敏感构成了时尚与流行的因素。克拉维里告诉我，消费者买 LV 的包，不仅需要购买美，也需要满足他们追逐时尚潮流的冲动。通过支持艺术与文化，LV 实际也在扮演着时尚领袖的角色，在一定意义上引领了全球消费者的新消费潮流。

三是文化艺术是一种世界语言，通过支持文化艺术，LV 成为世界文化交流的先锋和促进民间友好的伟大使者。我在前面的章节曾提到

2003—2005 年中法文化年，那时在凡尔赛举办的"康熙时期艺术展"和在巴黎吉美亚洲博物馆举办的"孔子展"均得到了 LV 集团的鼎力相助。LV 通过参与这样重大的中法两国文化外交活动，彰显了它对文化的热爱，也使其中法消费者倍感荣耀，认为他们通过与这个品牌的结合，与中法两国伟大的文化交流有了一种直接的联系。

这个由 LV 集团斥巨资在巴黎西郊打造的博物馆，由巴黎市政府免费提供土地（但 55 年后博物馆要交还给巴黎市政府），不仅成了巴黎的新文化地标，也使 LV 的企业品牌与城市和国家的文化生活紧密联系在一起，从而提升了 LV 在法国和世界消费者心目中的美誉度。

LV 集团总裁伯纳德·阿尔诺对媒体表示，博物馆的建立，就是要给巴黎人提供"一个与广大观众展开对话，并为艺术家和知识分子提供辩论和反思平台的新空间"。

从今天 LV 收获的美誉度看，无疑，他做到了。由于支持法国和世界文化事业，LV 已成为法国国家叙事中的重要文化符号，成为法兰西民族高雅、时尚、浪漫、开放和包容的代名词，是法国国家软实力和美誉度的重要贡献者。

回到前面提到的巴黎奥运会，LV 集团总计赞助了 1.5 亿欧元，是本届奥运会的高级官方赞助商，为奥运会提供了颁奖礼服、奖牌箱、火炬箱和奖牌，如此善举也让 LV 在本届奥运会大出风头，其在全世界观众面前的品牌营销收益远远超出对奥运会的赞助金额。

因此，仅从品牌营销角度看，LV 集团参与文化、体育等国际公益活动的实践堪称世界商学院最好的案例课，更是中国企业迈向世界大品牌的生动教材。

案例

曹德旺为什么在美国受到欢迎？

美国时间 2020 年 2 月 9 日，讲述中国福耀玻璃在美国建厂故事的《美国工厂》获得了第 92 届奥斯卡金像奖最佳纪录长片奖。在颁奖典礼上，导演朱莉娅和史蒂文用中文激动地说："谢谢曹德旺！"

本片出品人、美国前总统奥巴马也第一时间在推特上写道："祝贺《美国工厂》获得奥斯卡金像奖。"

这个历时三年时间，拍摄时长达 1200 多个小时的纪录片，详细回顾了福耀玻璃在美国建厂的各种细节，不仅在美国备受关注，在国内同样引起亿万人民的关心。

从各个角度看，曹德旺在美国的国际化经营都是成功的。他的成功不仅体现在企业的盈利能力，还体现在企业的品牌、美誉度和在美国社会影响力的提升。

曹德旺国际化的成功有以下几个特点：

第一，专心致志，30 年磨一剑。

福耀玻璃成立于 1987 年，1993 年在国内 A 股上市。30 多年来，福耀一心一意只做玻璃。曹德旺说，他的理想是要为中国人做一片自己的汽车玻璃，并让其代表中国人的智慧在国际舞台上与外国人竞争。

他几十年来每天工作 16 个小时，从不休息。在他的不懈努力下，福耀成为全球最大的汽车玻璃制造商，并在全球 11 个国家开设工厂，向世界知名的汽车厂商宾利、奔驰、宝马、路虎、奥迪等提供产品。

2021 年福耀集团营业收入达 236.03 亿元，一半收入来自海外市场。

第二，注意文化差异，牢牢把握企业的本土化。

《美国工厂》详细记录了曹德旺处理中美文化差异的许多案例。

曹德旺认为，美国工人比中国工人较真，把工作交给美国人，他们会很负责；但美国工人没有中国工人勤奋，不愿意加班。美国人喜欢讲道理，特别喜欢在桌面上讲，公开透明和真诚，不顾及面子。跟美国人说话要特别注意，承诺的必须兑现，否则就是信誉问题。讲话时不要有推推搡搡、握手、勾肩搭背等动作，这会被视作不稳重和不尊重。

曹德旺认为，雇用当地员工能给福耀带来巨大的利益，福耀要在美国成长，被美国人接受，必须雇用美国人来做工厂的负责人。

第三，运用法律工具和利益机制处理与合作方的关系。

福耀在国际化起步阶段曾遇到许多挫折，如在 2001 年至 2005 年，福耀遇到来自加拿大、美国的两个反倾销投诉。曹德旺没有被吓倒，而是带领团队聘请律师，历时数年，花费 1 亿多元人民币打赢了官司。福耀还是历史上第一家状告美国商务部的中国公司并赢得了胜利。

曹德旺认为，市场经济是法治经济，美国是一个法治国家，福耀完全可以通过诉讼赢得官司。

在处理与美国工厂员工的关系方面，他理解员工的利益诉求，并尽量在合理的范围内满足美国工人的要求，如提高时薪、增加福利、增加假期和举行团建活动。

第四，做企业家，不做富豪。

曹德旺有一句名言，要做企业家，不做富豪。

曹德旺认为，成为一名企业家，一要有信仰，二要有专业经验，三要有多学科的知识，四要有胸怀、境界、高度，不唯利是图。

曹德旺还说过，"品牌就是钱，海外市场认品牌，而品牌是人品、产品、品质的凝结，没有品牌，去海外投资很难"。

曹德旺的成功就是其人品的成功。作为中国曾经的首善，他个人捐款就超过 160 亿元，现在又向福建大学投资 100 亿元。无论在国内还是在世界上，这种公益形象也提升了福耀的美誉度，从另一个角度帮助福耀推进在 11 个国家的国际化经营。

从企业市场竞争的规律看，福耀认为美国资源价格低、税费低、市场需求大而强劲，到美国办厂符合市场规律和福耀的长期利益。

　　曹德旺领导的福耀是全球化条件下中国企业全球配置资源的一个例子，相比中国其他企业，它不仅先行了一步，还取得了成功。

　　福耀不仅在国际化经营方面有许多可圈可点之处，而且作为国家叙事中的一个故事，对美国政府和美国人民讲述中国人勤劳、厚道、仁爱的和平文化，很有说服力和感染力。

　　由于做公益，我关注曹德旺先生有许多年了，也曾有机会与他当面交流过。我认为，如果我们在美国的中国企业家中有更多的曹德旺，有第二个、第三个像福耀这样的企业，美国社会对中国的和平崛起就会有更多善意、包容和理解。

　　然而，最近美国媒体披露一家为在美国的福耀公司提供生产线工人的劳务公司，因其非法雇佣劳工而受到美方调查。这件事让我浮想联翩，虽然这不是福耀公司所为，我也希望这不是真的，因为美国的劳工法非常严格，即便工人是第三方劳务公司提供的，用人单位也是需要负法律责任的。从这个意义上讲，作为国家叙事的重要组成部分，中国企业在海外的任何经营活动都与中国在海外的形象有关，它们在海外美誉度和影响力的提升，最终对我们讲好中国故事是有极大的帮助的。

第五章
城市在国家叙事中的特殊作用

- ● 城市对国家叙事的作用
- ● 世界相关城市助力国家叙事的故事
- ● 中国城市对国家叙事的作用

第一节　城市对国家叙事的作用

与企业一样，城市对国家形象同样具有一种非常特殊的作用，如一些城市在国际上的特殊地位提升了国家的国际地位。

同样，如果城市有不好的名声，也会导致国家形象受损。

在欧洲国家漫长的形成过程中，城市的兴起甚至远早于国家的形成，一些城市如雅典、威尼斯、阿姆斯特丹等甚至要比它们所在国家的名字更有国际影响力，成为人们向往的地方。

环顾今天的世界，一些城市在国际语境中就是一个国家在相应领域美誉度的代名词，如万国会议之城日内瓦、宜居之城温哥华、电影之城戛纳、音乐之城萨尔茨堡、葡萄酒之城波尔多、啤酒之城慕尼黑、时尚之城巴黎和米兰、世界高科技之都加州硅谷、世界金融之城纽约和伦敦等，这些闪闪发光的城市名字，使它们所在国家的国家叙事变得更加动人，使它们的国家在国际上变得更加可爱。

当然，我们也可根据不同禀赋及其为国家在国际上所塑造的正负形象来划分城市，如美国拉斯维加斯普遍被人们视作赌城，从而使其闻名世界的会展业美誉度受到一定的影响。还有美国的迈阿密，由于贩毒、走私等行为猖獗，被人们视作"罪恶之城"，而其城市及其周边的美丽环境被忽视。

因此，在国家叙事的庞大系统工程中，城市的作用不可或缺。如同企业一样，城市好，国家就好；城市形象受损，国家形象就受损。

在欧美商学院，有关城市的形象营销（place branding）是一门非常专业的课程，它涉及社会学、政治学、文化人类学、传播学、市场营销学和国际地缘政治学等不同领域，对此本书就不展开讨论了。

城市的人格化体现

当年我在上海参与筹备 2010 年世博会时，世博会的主题"城市，让生活更美好"这个经历也使我加深了对城市作用的认知。

古希腊哲学家亚里士多德说过人们来到城市，是为了追求美好的生活。

在世博会主题展示过程中，我们专门请西班牙的策展专家布如诺女士设计了一个城市馆，将城市视作像一个人一样的生命有机体，通过从其呼吸到内循环的各个环节再现了城市生命体的各种基本特征。

这个城市馆非常受欢迎，也使许多中外参观者懂得了，我们所居住的城市原本与人一样，具备所有生命的体征。

一个有活力的城市，必然是生命力体征十分鲜明的城市，包括蓬勃的经济，也包括便捷的出行和污染物排放等清洁指标。

当然，作为生命体，城市也必须有精神和灵魂。在世博会展馆中，受技术手段所限，这种精神层面的东西很难被展示出来，但"城市最佳实践区"的那些参展城市，如汉堡、马德里、伦敦、蒙特利尔，它们所展示的环保宜居城市面貌却可以让我们对城市精神有所了解。

在中国的国家叙事系统工程中，我们看到几乎所有的中国城市都在努力通过自身城市机能的完善，向全世界诉说新时期中国城市的故事，进而诉说一个伟大的中国正在发生的故事。

然而，遗憾的是，由于人们并没有完全意识到城市是一个生命体，以及如同亚里士多德说过的那样，人们来到城市是为了追求美好生活，因此，中国城市在进行国际化品牌塑造时，时常忘记城市的核心要素是为人服务，宜居应该是其最主要的功能。

记得在筹备上海世博会时，我曾与不少国内外著名的公关公司专家讨论过上海的城市精神和上海应该通过本届世博会向世界营销的基本元素。

这些专业界的朋友告诉我，作为中国的经济中心、曾经的亚洲第一大城市和今天中国改革开放的国家名片，上海巨大的国际知名度早已确立，但有关上海的宜居情况，世界并不清楚。世博会既然是展示中国城市化成就的一个窗口，上海就应该通过这样的国际盛会，向世界呈交一份"城市，让生活更美好"的完美答卷。

专家们的忠告让我意识到，一个城市的名片需要结合自身的特点和发展，不断摸索和提炼出来。结合我自己对上海世博会主题的理解和对中国城市国际化实践的观察，我以为，当下不少中国城市并没有这么做，而是存在一种比较严重的为国际化而国际化的倾向。在这些城市看来，城市的品牌营销就是引进一些国际商业品牌和一些时尚元素，如此就可以提升城市的国际化水平。

从上面对城市生命体的分析中我们可以看出，城市是有生命的，人是城市的主人，人来到城市是为了追求美好生活，因此，城市的国际化必须要有城市的人格化体现。

换言之，在城市的国际化品牌塑造中，人是第一位的。当人们脑海里出现一个城市名时，人们会联想到在这个城市生活过的人，如想到当年的上海就会想到鲁迅、张爱玲，想到北京就会想到老舍，想到巴黎就会想到雨果，想到伦敦就会想到莎士比亚。

然而，由于在城市国际化品牌营销中的人格化缺位，中国城市国际化品牌营销在内容上不仅很少能看到人，还存在着严重的同质化问题。如在法国，我所接待或遇见的所有中国城市在法国的推介会，几乎全是在讲招商引资，在推介过程中反反复复介绍城市突出的经济成就、GDP增长速度及其现代化的城市基础建设，却很少看到有关宜居的介绍。

从任何角度看，世界上有美誉度的城市都是让人获得美好生活的城市。一个没有美好生活的城市会给人造成一种没有品位的印象，继而认为这个国家也是乏味的。

讲好城市故事的多样化方法

为衡量城市的国际化影响力，世界上有许多城市排名榜，有的按宜居程度、环保指数排名，也有的根据文化设施和文化影响力排名，还有的根据旅游目的地和产业领导地位排名等，林林总总。国内有许多城市也津津乐道于这种国际排名，希望自己有朝一日能在国际城市的"名人堂"里占有一席之地。

但与这些城市所期望的相反，它们在城市形象营销手段方面几乎都存在着从内容到形式的同质化问题，几乎所有的城市都希望成为历史名城、生态城市、文化创意产业城市或科技创新城市，导致城市之间的同质化竞争。

在运作形式上，它们也几乎选择千篇一律的论坛主题，论坛方式大同小异，或举办千人一面的艺术节，让人感觉参加完一个城市的活动就大致可以猜出另一个城市的活动流程甚至领导的发言内容。

考察国际上那些名城产生的过程，我们会发现世界名城形成的两个基本原因。

一是源于城市的特殊历史。如瑞士的日内瓦，由于当年对遭受天主教会迫害的新教徒采取宽容政策，使欧洲受迫害的新教徒纷至沓来，从而形成了一个多元化的国际社区。

这种多元化与国际化文化氛围也使日内瓦成为国际会议之都，特别是有关停战停火和国际和平的谈判之都。

二是城市的自然禀赋。如纽约之所以成为世界经济中心，与美国战后在世界政治、军事、经济、金融方面的霸主地位有很大的关系。尤其是作为联合国总部，纽约在华尔街所搭建的美国金融帝国及连接全世界的国际航空交通网络，使之非常自然地扮演着独一无二的世界城市角色。

可见，一个城市的国际化或者要在国际上讲述其城市精神的故事，并非相关城市努力一时就能够解决的问题。

讲好城市的故事，既需要城市管理者的强烈意愿，更需要有关部门实事求是，找到适合自己的国际化路径，而非一味照抄别人的经验或做大家都在做的事情，以免在方法和内容上出现同质化，导致差异化的低水平竞争。

我一直认为，讲好中国城市的故事非常重要，但无论是为了打造城市自身的国际化名片，还是在国际舞台上为国家叙事助力，都必须实事求是，也要坚持不懈，不能以运动式的方法打这场旷日持久的国际人心和美誉度争夺战。

人人都能讲好城市故事

在城市为国家叙事助力方面，我们通常看到只有官方努力，民间参与的缺位使这样的城市故事略显单调。

我们也常常看到，政府各个职能部门的工作人员很辛苦，他们刚刚办完一场活动，就要想下一场活动，终年无休。但这种官方搭台、官方唱戏式的城市宣传，让人感觉一切都是官方的，用的全是公共财政，缺乏可持续性和深度。

然而，从国际上一些著名城市的成长轨迹看，城市故事讲述者的多元化既是一种形式需要，也是一种内容供给需要。

从形式角度看，民间参与使项目的组织形式变得异彩纷呈，特别是那些有专业背景和国际影响力人士的参与，提高了城市相关活动的公众关注度。由于这些有专业背景和国际影响力的人士通常又有广泛的国际背景，他们的参与也引入了丰富的国际资源。

另外，民间参与也使引入项目融资多元化，而这种公共部门与民间联手的 PPP（private public partnership）模式，几乎是所有国际城市活动的运作方式。

在欧美城市，几乎没有纯政府支持的城市地标活动，绝大多数活动是由民间推动并运营，政府只是起到一种道义上的背书作用，从而使公众确信活动的正当性。

从内容角度看，由于民间的广泛参与，可以集思广益，使活动内容更加生动和受欢迎。

俗话说"高手在民间"，任何城市的民间社会都藏龙卧虎。通过与民间社会联手，城市的国际化品牌营销活动无论在形式上还是在内容上都更加有效，更符合国际化运作的特点。

最后，与民间社会合作，也是城市在为国家叙事助力过程中一种"去政治化"的做法。

由于政治制度和意识形态不同，西方国家不少人本能地戴着"有色眼镜"来看中国发生的一切，而城市作为国家最重要的组成部分，以民间方式发声，还城市定位之本原，对国家叙事的助益会更加有力且有利。

记得上海世博会刚刚结束时，上海有意利用世博会所产生的国际影响力趁热打铁，营造一个上海 2.0 版的国际新形象，后来成立并挂靠在市政府外事办公室的一个机构就叫"上海公共外交协会"。

有上海朋友问我对此有何看法，我回答："这个想法很好，也非常有必要，但如果以民间形式对外，可能效果会更好。"

"当然，谁都知道这样的机构不可能没有官方背景。虽然城市层面的公共外交在国际上容易被接受，但公共外交的名字在国际上过于直白，如果将它叫上海俱乐部，或白玉兰（上海市花）俱乐部，抑或浦江俱乐部，效果可能会更好些。"我补充道。

我迄今仍认为，上海民间社会人才济济，姚明、靳羽西、金星等人不仅在上海有名，在中国有名，在国际上同样粉丝无数。如果让他们加盟这样的俱乐部，上海的故事会变得更生动、更人性化和更有国际关注度。

此外，上海有近10万外国人，其中有世界500强企业的CEO，还有世界重要金融和投资机构的老板。在上海高校任教、在国际学术界赫赫有名的欧美学者，同样十分关心上海、热爱上海，因为上海的故事与他们有关，他们也乐意为把上海建设成全球知名城市贡献力量。

请这些人在国际上讲上海故事，效果肯定要比上海人自己讲好，而且没有语言障碍。

第二节　世界相关城市助力国家叙事的故事

"巴黎不是一天建成的"

"罗马不是一天建成的"是一句家喻户晓的西方谚语，讲的是岁月对成就罗马这样一个世界永恒城市的重要作用。

如果说"罗马不是一天建成的"，那么同样也可以说巴黎不是一天建成的。

巴黎的历史有2000多年，它最早源于西岱岛（Île de la Cité），6世纪时成为法兰西王国的首都。不管法兰西王朝如何更替，也不管巴黎在历史上曾出现多少次战争与革命，甚至在拿破仑战争、普法战争和二战德国入侵时数度沦陷，在历史上和今天的世界语境中，巴黎一直是法兰西最重要的国家符号和象征。

作为一座历史悠久的名城,巴黎以其风情万种名列世界大都市之首,人们将巴黎称为"爱情之城""光明之城",现在则更有"世界文化之都""世界时尚、创意和美食之都""世界生活艺术之都"等美称。

不知是什么原因,无论在西方世界,还是在东方、在亚洲、在中国,或在世界上任何一地,巴黎都具有一种不可匹敌的美誉度,人们总是喜欢将五大洲最有特色的城市与巴黎媲美,如"中东巴黎贝鲁特""远东巴黎上海""非洲巴黎达卡""拉美巴黎布宜诺斯艾利斯"。

我迄今百思不解,人们为什么喜欢将每个大洲最好的城市与巴黎相提并论,而非伦敦、柏林、华盛顿或东京呢?

从"巴黎不是一天建成的"这句话我们发现,是法兰西文化的历史渊源和巴黎特有的城市禀赋造就了巴黎。

在这座城市里发生了太多太多的故事,这些故事与法国甚至与世界和人类命运相关,如法国大革命将路易十六送上了断头台,革命者们向全世界人民高呼响彻云霄的"自由、平等、博爱"口号。

当 1870 年法国在普法战争中失败,巴黎被普鲁士占领后,英雄的巴黎人成立了"巴黎公社",成为世界上第一个无产阶级政权。

面对普鲁士入侵,雨果说了这样的话:"拯救巴黎,不仅仅是为了拯救法国,更是为了拯救全世界。"

然而,在美国作家海明威看来,巴黎更像是一席流动的盛宴。

在《流动的盛宴》(A Moveable Feast)一书中,海明威详细记录了 20 世纪 20 年代他在巴黎的难忘生活,并发出"假如你有幸年轻时在巴黎生活过,那么你此后一生中不论去到哪里她都与你同在,因为巴黎是一席流动的盛宴"这样的感慨。

相信看过巴黎奥运会独特开幕式的中国观众一定记忆犹新,才华横溢的法国新锐导演托马斯·乔利（Thomas Jolly），通过 11 个章节，顺着塞纳河 6 公里的运动员入场式，将巴黎辉煌的历史一一呈现在世人眼前。

是的，如同 1000 个人眼中会有 1000 个哈姆雷特一样，在不同人的眼里和不同的历史条件下，人们会对巴黎得出不同的印象，但不容置疑的是，巴黎的美名是由历史写就的，同时也是由其独特的文化传统、令人目不暇接的博物馆、艺术节等聚沙成塔慢慢形成的。

在巴黎，仅博物馆就有 206 家，其中 18 家属于国家博物馆，如卢浮宫、奥赛博物馆、蓬皮杜文化中心等蜚声世界的著名博物馆，还有 14 家隶属于巴黎市政府的博物馆，如东京宫、雨果之家、巴尔扎克之家等极具特色和历史沉淀的博物馆。当然，还有许许多多民间博物馆，如上一章提到的 LV 的博物馆。

事实上，巴黎博物馆中数量最多的还是民间博物馆，它们是对整个巴黎博物馆业的重要补充，其中有的私人博物馆非常高端，在行业内具有极高地位，如由雕塑家阿尔贝托·贾科梅蒂（Alberto Giacometti）在巴黎 14 区的创作室改建的博物馆，在圈内非常有影响。

沙朗颂（Pierre-Jean Chalençon）是一位著名的拿破仑专家，他从 15 岁就开始收藏有关拿破仑的纪念品，现在拥有藏品近 1000 件，并办了自己的博物馆，对外开放，在圈内影响很大。他还在 2014 年中法建交 50 周年和 2018 年分别在中国举办其有关拿破仑生平文物收藏的展览，受到中国公众的关注。

在巴黎，你随时能够看到这个城市的文化沉淀，可以是世界最大的博物馆卢浮宫，可以是镌刻在历史年轮里的巴黎圣母院，也可以是伟岸入云的埃菲尔铁塔，还可以是一座极普通的建筑、一个大门口用黄铜做成的解释牌、一条通衢大道，抑或是一条曲径通幽的小巷。

并非一天建成的巴黎，为法兰西民族在国际上带来了难以度量的美誉度和影响力，我们可以归纳出以下几条经验：

第一，包容的城市文化氛围。

巴黎以其在艺术创作和言论表达方面的宽容成为世界艺术之都，这是巴黎难以被别的城市取代的重要原因之一。

在历史上，虽然也曾有过太阳王路易十四、拿破仑皇帝执政和法国大革命时期等个别阶段对个别艺术创作的限制，但总体上创作自由和表达多元化是有保障的，这才会有卢梭从日内瓦来到巴黎传播其启蒙思想，才会有伏尔泰的名言——"我可以不赞成你的观点，但我要誓死捍卫你说话的权利"。

巴黎的宽容氛围接纳过爱尔兰大作家乔伊斯、贝克特，甚至让英国作家王尔德长眠于此。美国著名作家海明威讴歌过巴黎，称其为"流动的盛宴"，罗马尼亚的尤涅斯库、亚美尼亚的阿达莫夫、捷克的昆德拉、瑞士的西蒙和中国的程抱一等作家都成名于法国。巴黎的城市历史还记载着这样的故事：早在100年前，纷至沓来的世界各国的艺术家，使巴黎成为世界艺术中心。

20世纪最伟大的西班牙"艺术三杰"毕加索、米罗和达利来到法国，是巴黎成就了他们。巴黎也成就了莫迪利亚尼（意大利）、夏加尔（白俄罗斯）、恩斯特（德国）、马格利特（比利时）、苏蒂纳（立陶宛）等数不胜数的艺术家。

毕加索、莫迪利亚尼和与他们同一时代抵达巴黎的数千名艺术家在20世纪20年代形成了法兰西绘画史上重要的"巴黎画派"。

就中国画坛而言，巴黎不仅成就了赵无极、朱德群这样的华裔世界级画家，也孕育了徐悲鸿、常玉、吴冠中、刘海粟、潘玉良等享誉世界的中国画界泰斗，更造就了严培明、王衍成、王度等一批蜚声中外的青壮年旅法中国画家。

十多年前，好莱坞著名导演伍迪·艾伦拍摄了一部反映当年巴黎作为世界文化之都盛况的《午夜巴黎》。电影里面主人公穿越时光，带观众回到了100年前的巴黎，见到了美国著名作家菲茨杰拉德、海明威，作曲家科尔·波特，以及正在巴黎"红磨坊"演出的美国当红黑人演员约瑟芬·贝克。

虽然电影讲的是100年前的故事，法国的经济实力和国际影响力也今非昔比，但这种宽松的创作环境并没有变化，外国艺术家喜欢巴黎并纷至沓来的传统并没有变化。

宽容使法国成为世界各种文化流派和潮流的温床，法国人亦乐此不疲，巴黎人更希望巴黎成为法国和世界的文化工厂。

第二，热爱文化的社会风气。

在包容的文化氛围熏陶下，巴黎同样出现宽容的社会氛围和人们普遍爱好文化生活的习惯。

在巴黎，每天都会上演不同的电影、戏剧和文艺晚会。这里的电影院特别多，仿佛这是一个从事电影业的城市。

爱好艺术的社会氛围自然也就培养和造就了一大批专业和非专业的批评家，他们的艺术欣赏水准普遍很高，对艺术创作有要求，有时甚至很挑剔，从而从另一个角度提高了巴黎的艺术层级，使想到巴黎一展风采的各种艺术形式有了一定的入门门槛。

应该看到，宽松的社会环境，加上专业和非专业的批评家队伍与挑剔的观众，不仅确保巴黎丰富艺术生活的供给，也使巴黎的文化生活异彩纷呈而且有质量保障。

当然，巴黎作为文化之都离不开随处可见的各种博物馆、电影院和歌剧院、歌舞厅等，也离不开世界上最好的法餐馆和埃菲尔铁塔、塞纳河等独一无二的迷人景色。

然而，仅仅靠这些老祖宗留下来的物质和自然遗产，巴黎不可能成为一座有魅力的世界文化城市。让人目不暇接的世界一流文化盛会，为巴黎锦上添花，使其成为世界上接待外国人最多的城市。

巴黎人举办文化活动可谓"别出心裁"。

夏天有"巴黎沙滩"，让那些没条件或没时间度假的人在塞纳河畔享受人工沙滩生活；在 10 月，市政厅和市政府下属的一些美丽建筑向巴黎人开放，让他们在那里尽情地交流，过一个"巴黎不眠之夜"；在冬天，有圣诞市场，让巴黎人挑选圣诞小礼物装扮节日。

当然，最有影响的还是各个行业的活动，例如时装行业一年一度的最高级别盛会"巴黎高定时装周"，还有举世闻名的环法自行车大赛颁奖仪式——是日，只见由远及近的自行车流潮流般涌入香榭丽舍大街，景象之壮观，如钱塘江春潮，全球约 10 亿电视观众目睹此盛况，其收视率近年来已逼近世界杯决赛。

第三，多元化主体。

必须指出的是，巴黎的文化繁荣完全受益于多元化的文化创造和消费主体。

从文化市场的产品与服务供给方面看，如上面提到的环法自行车比赛，就是一项民间活动，从 1903 年创办至今，已成为法国在世界上最有影响的活动之一。

类似的举世瞩目的活动还有法国高级定制和时尚联合会举办的"巴黎高定时装周"、由巴黎古董商举办的"巴黎古董双年展"、由巴黎画商举办的"巴黎现代艺术双年展"、由巴黎餐饮业举办的"大皇宫法国美食博览会"等。

至于由如此多的文化供给者所产生的质量甄别问题，也基本上靠民间社会解决。如关于法国美食，有《米其林红色指南》《戈和米约》⑩等餐饮指南；关于法国文学，有素有"法语世界的诺贝尔文学奖"之称的龚古尔文学奖等。

龚古尔奖的奖金特别少，只有 10 欧元，颁奖仪式也很简单。100 多年来，每年 11 月，几个文人墨客聚在巴黎歌剧院边上的一个小餐馆吃午餐，餐后就宣布本年度龚古尔文学奖获奖者名单。由于这个奖名气实在太大，获奖小说顿时会变得洛阳纸贵，作者和出版社也会因此赚得盆满钵满。

在不少情况下，获此奖也为下一步获得诺贝尔文学奖创造了重要条件。

在巴黎的各种文化活动中，最让我感到匪夷所思的是一个叫"白色晚餐"的活动。一帮人以"飞行集会"的形式在巴黎某个公共场所席地而坐，举行集体晚餐。这个很无厘头的"白色晚餐"没有门槛，但要求参与者必须身着白色服装并自带食品，用餐后必须保持场地整洁。

这个活动新颖热闹，每次活动场地事先保密，只提前几小时发布，让参与者既感到神秘又十分兴奋。巴黎的警察见参与者并未搅乱公共秩序，也就睁一只眼闭一只眼。久而久之，这个活动也成了巴黎的一个公共文化事件。

从法律主体上看，文化活动的组织方往往遵循的是法国 1901 年出台的《社团法》。

在法国，约有三分之一的老百姓参加各种协会，其中不乏从事文化

---

⑩ 《戈和米约》是由两位法国记者兼美食评论家亨利•戈（Henri Gault）和克里斯蒂安•米约（Christian Millau）于 1972 年创立的美食指南。和《米其林红色指南》一样，《戈和米约》指南的评论会为餐厅带来实质性的商业影响力。

生产和交流的协会。新冠疫情前，法国各种协会贡献了 GDP 的 3.3%，接近法国农业经济的产出水平。

在如此众多的文化市场主体的推动下，巴黎不仅文化繁荣，巴黎人的文化产品消费占家庭消费支出的比例也比较高，法国的总体水平是 8%，巴黎应该更高。

看电影、听歌剧、买书、享受美食是巴黎人文化消费的标配，也有一些人喜欢收藏。到巴黎人家里做客，你很少会看到他们有奔驰、宝马等名车或高档电器家具，但会发现一些名画或古董。

在这样全民喜爱文化的氛围下，人们也就很容易理解文艺青年马克龙的成长历程，以及他如何跟着他的中学语文老师、今天的法国第一夫人布丽吉特·马克龙（Brigitte Macron）排练莫里哀喜剧，最终成为一对超越年龄观念的伉俪。

从国家的角度看，法国政府不仅对艺术创作宽容，欢迎世界各国艺术家来巴黎，还在税收上鼓励企业和个人支持文化事业。2003 年，法国通过了以时任文化部长阿亚贡名字命名的文化事业赞助法，规定凡进行公益捐助的企业将减免 60% 的公司税或营业税。如私人捐助，金额达到 5 万欧元则减免 75% 的个人巨额财产税。

这些对巴黎和法国全国的文化市场的繁荣和多元化文化市场主体均起到推波助澜的作用。

先贤祠和法兰西学院——让世界爱上法国的"双引擎"

谈到巴黎，我们就必须提到先贤祠（Le Panthéon）和法兰西学院（L'Institut de France），它们不仅是巴黎的文化地标，也是法兰西国家叙事的双引擎或双平台。如果说它们曾经的历史作用是举世无双的，那么在全球化时代的今天，它们在法兰西国家叙事中的作用同样不能取代。

我们先说说先贤祠。

先贤祠位于塞纳河左岸的拉丁区，于 1791 年建成，是永久纪念法国历史名人的圣殿。它原是路易十五时代的一个教堂，法国大革命后被改造成先贤祠用以安葬在法兰西彪炳史册的伟人。

在先贤祠巨大的门楣上写着"伟人们，祖国感恩你们"（Aux grands hommes, la Patrie reconnaissante）。

先贤祠内葬有法国启蒙运动思想家伏尔泰、卢梭，人文主义大作家雨果，为德雷福斯案拍案而起的大作家左拉，以及著名文学家大仲马、音乐家柏辽兹、政治家饶勒斯、数学家拉格朗日、物理学家居里夫妇等。至今，共有 72 位对法兰西作出非凡贡献的人享有这一殊荣，其中仅有 11 位政治家。

至于法兰西学院，它成立于 1795 年，是法国独具一格且享誉世界的学术机构。它下设法兰西学术院、法兰西文学院、法兰西科学院、法兰西美术院和法兰西人文科学院等五个学院。

如同埃赫奈斯特·勒南（Ernest Renan）1867 年说的那样："法兰西学院是法国独具一格的机构，法国是唯一具有将人类精神创造力拧成一股绳式学院的国家。在这座学院里，诗人、哲学家、历史学家、批评家、数学家、物理学家、天文学家、自然学家、经济学家、法学家、雕塑家、画家、音乐家能够互称同僚。"

其中，法兰西学术院具有非常特殊的地位，它设院士 40 人，他们被称为"不朽者"，只有在"不朽者"仙逝后，其他人才能通过补选加入成为新的"不朽者"。雨果、高乃依、拉辛、孟德斯鸠、伏尔泰、夏多布里昂、梅里美、小仲马等法国大文豪都曾是这个伟大学院的院士，是"不朽者"。

如果说先贤祠代表的是法兰西辉煌灿烂的人文思想，法兰西学院就是法兰西民族的学术殿堂和知识丰碑。

在先贤祠里，我们首先看到的是伏尔泰的棺木前面耸立着的全身雕像，他右手捏着鹅毛笔，左手拿着一卷纸，昂首目视前方。棺木上镌刻的金字写道："诗人、历史学家、哲学家，他拓展了人类精神，他使人类懂得，精神应该是自由的。"

与伏尔泰的棺木紧挨着的是卢梭的棺冢，上面写着"自然与真理之人"。卢梭是伟大的启蒙运动旗手，是著名的文学家、哲学家、思想家，他的社会契约和主权在民思想构成了法国大革命的哲学基础和今天法兰西共和国的立国思想，并成为当今世界上大多数国家的立国思想。

还有大文豪雨果的伟大的人文主义思想和不屈不挠的反独裁精神，左拉路见不平、"拔笔相助"的正义感，社会党人饶勒斯致力于建立一个平等社会的政治主张，等等，都成为法兰西民族"自由、平等、博爱"国家叙事的一个个活生生的案例和符号。

同理，法兰西学院就是法国人国家叙事中的知识灯塔。它通过社会科学和自然科学两个轮子，碾压世界上的愚昧和无知，打破人们的思想桎梏，唤起人类社会学习的渴望与好奇，并以各种知识为武器，或以各种知识相互交融叠加所形成的更强大的武装，去战胜无知给人类带来的恐惧，抑或用知识所产生的智慧和勇气帮助人类开创更美好的明天。

因此，我更愿意将这两个位于巴黎塞纳河左右两岸的法兰西国家叙事的"双引擎"比喻为法兰西民族的左右两个"肺"，由于它们的存在，更由于它们的"吐故纳新"，法国在国际舞台上依然能够不断讲述着法国大革命以来的人文理念及其给予世界的法兰西式人文关怀。

巴黎和平论坛——法兰西国家叙事的新标志

与先贤祠和法兰西学院相比，"巴黎和平论坛"（Paris Peace Forum）既不是一个历史建筑，也不是一个历史机构，它甚至连政府编制都没有，它只是一个法国的非政府组织，成立于 2018 年 3 月。

其成立的背景是，2018 年 11 月 11 日是第一次世界大战停战 100 周年纪念日，马克龙总统希望邀请当年参战的 30 多个国家的领袖在 11 月 11 日齐聚巴黎，共同纪念这场人类历史上的残酷战争，以守住今天来之不易的世界和平。

在当时的国际舆论氛围中，人们普遍认为今天的国际形势与 100 年前有惊人的相似之处，因此，为世界和平发声，成为法国外交和马克龙本人凸显影响力的历史契机。

2018 年 11 月 11 日，普京、默克尔、特鲁多、联合国秘书长古特雷斯等 54 位国家元首和政府首脑、国际组织负责人出席第一届巴黎和平论坛。美国总统特朗普出席了同日上午在凯旋门举行的纪念仪式，但没有出席论坛。

在开幕致辞中，马克龙、古特雷斯均将当下的国际政治气氛与第一次世界大战前的气氛相提并论，并呼吁全世界各国政府和人民要警惕民族主义和民粹主义对世界和平带来的新威胁。

由于其强烈的政治色彩，巴黎和平论坛从一开始就是政府意志的体现，其发起人是时任法国外交部政策规划司司长瓦伊斯（Justin Vaïsse），但论坛是按照法国 1901 年《社团法》注册，完全由民间运营并以社会捐赠作为主要财务来源，WTO 前总干事、法国人拉米担任主席。

法国政府想借当下国际政治的新时期，在瑞士达沃斯世界经济论坛和德国慕尼黑安全论坛外打造一个由法国人组织的全球和平论坛。

我有幸从一开始就参与论坛的所有活动并见证了其成长的全过程，目击了论坛组织者如何通过各种方式精心打造这个世界和平领域的"达沃斯"和将巴黎打造成新的世界"和平之都"。

我认为，巴黎和平论坛的实践对我们有以下启示：

第一，定位高、力度大，公众和媒体关注度就高。

作为一个由民间运作的政府外交项目，巴黎和平论坛虽然起步较晚，但由于定位高，马克龙总统亲力亲为，论坛成长非常迅速，在短短几年内，就已成为国际和平领域的标志性活动。

马克龙设立此论坛的初衷是让国际社会总结 100 年前的战争教训，通过动员世界各国政府与民众，使战争不再发生，并希望通过论坛平台，提高法国外交在世界和平中所能发挥的作用及国际影响力。

由于马克龙总统的亲自邀请，每年 11 月 11 日都会有来自世界各国的国家领导人、国际组织负责人、民间社会和私营部门的领导、群众团体、个人等数千人云集巴黎。大家齐聚一堂，共同讨论世界和平所遇到的挑战，并寻找新的集体行动方式。

由于和平事业关乎世界上所有的人，特别是在当下百年未有之大变局时代，巴黎和平论坛应运而生，并试图在内容设计上能够回应国际社会对当下和平问题的一些关切。

论坛在操作上高举高打，非常高调，从而使这个国际和平领域的"后起之秀"一跃成为国际和平领域的风向标。

第二，官民合办，全球智慧。

巴黎和平论坛虽然是由政府主导，但在运作上则实行"开门办论坛"，集中全球智慧。论坛机构由执行委员会、大会和指导委员会三部门组成。

其中，执行委员会负责行政管理，成员单位包括法国外交部及法国国际关系研究所、蒙田研究所等法国著名智库。拉米是巴黎和平论坛首任主席，领导执行委员会，从 2023 年 3 月起，经合组织前秘书长、墨西哥人古里亚（Ángel Gurría）接替拉米担任巴黎和平论坛主席。

大会的成员单位包括法国外交部、德国外交部、西班牙外交部和法国国际关系研究所、蒙田研究所、柯尔柏基金会、开放社会基金会等。

指导委员会由全球治理领域的国际专家组成，其中包括巴西前外长塞尔索·阿莫林（Celso Amorim）、联合国难民署亲善大使马迪妮（Yusra Mardini）、联合国教科文组织社科和人文科学助理总干事加芙列拉·拉莫斯（Gabriela Ramos）和中国全球化智库创始人兼理事长王辉耀。

第三，牢记非政府组织的社会属性。

论坛的高级管理者来自法国外交部，如论坛创始人瓦伊斯担任总干事，外交部参赞马克·勒韦丹（Marc Reverdin）担任秘书长，但秘书处的工作人员主要来自社会招聘。其非政府组织的属性使论坛运作机制非常灵活，无论是内容设计及表达形式，还是筹款和融资方法，民间运作方式不仅使其充满活力，也使其充满吸引力。

在论坛创办初期，他们曾找过我，希望中国的民间社会能深度参与。他们不仅希望能从中国企业中募集善款，更希望中国的微信、微博等社交媒体能够与其一道在中国社会传播和平理念。

巴黎和平论坛在短短的几年里已成为法国国家叙事的重要组成部分。随着后疫情时代法国和欧洲的经济与社会生活全面进入正常化，特别是俄乌冲突对欧洲和平带来的强烈冲击，巴黎和平论坛的作用不断凸显，相信今后该论坛在国际和平领域发挥的作用会越来越大。

"小就是美"——城市国家新加坡的国家叙事

新加坡是我们非常熟悉的国家，其国土面积为 733.1 平方公里，约等于上海市老城区面积（660 平方公里）。其首都新加坡市的面积为 98 平方公里，仅为全岛面积的六分之一，相当于巴黎的核心城区大（100 平方公里）。

新加坡于 1965 年从马来西亚独立后，经过半个世纪的奋斗，从一个破败不堪的海港小城一跃成为一个具有世界影响的"花园城市国家"，国泰民安，治理有序，成为亚洲国家现代化的样板。

2024 年，在瑞士洛桑国际管理发展学院发布的"世界竞争力"排名榜中，新加坡雄踞榜首。在该学院发布的 2024 年"世界人才竞争力"排名中，新加坡从去年的全球第八，跃升到今年的第二，并在根据国际货币基金组织按人均名义 GDP 衡量的全球 10 个最富有的国家中，新加坡的人均 GDP 为 133,733 美元，名列世界第三。

此外，新加坡还是亚洲金融中心、许多世界 500 强企业的亚洲总部所在地、世界排名前三的港口。

作为城市国家，新加坡首都新加坡市同样在国际上享有崇高美誉度，考虑到其城市国家的特点，我们不妨将新加坡市的国际化成功经验一并放在城市故事中分析。

首先，小就是美。

新加坡独立后，李光耀从新加坡城市国家的实际情况出发，将深度开放、廉政和高效的政府、高质量的经济增长、高素质和充满幸福感的国民作为新加坡在国际舞台上的国家品牌内涵。

李光耀希望告诉世界，新加坡"小而美"，"新加坡模式"所创造的国家品牌对亚洲和世界各国政府和人民来说都是一种价值理念的提升，有利于地区和平与人民的福祉。

其次，以小带大，做世界的经纪人。

新加坡国土面积狭小、自然资源贫乏，连淡水供给都存在困难，但它同时又具有得天独厚的地理位置。它既利用其地理位置优势充当亚洲和世界各大洲联系与交流合作的枢纽，也利用其与西方世界较一致的政治制度、价值理念和教育制度充当亚洲各国与世界，特别是与西方世界之间的经纪人。

事实上，新加坡国家叙事的所有努力都是在塑造其世界进入亚洲的必然门户和亚洲走向世界的天然通道，以及为这种门户和通道所服务的世界经纪人形象。

我们看到，经过半个世纪的努力，新加坡已在国际上成功地确立了这种深度融入和服务世界的国际经纪人形象，新加坡市现在也成为亚洲的航空运输中心、国际会议中心、区域金融中心、企业总部中心和港口转运中心，成绩不可谓不大！

最后，小国家、大外交。

新加坡周边大国林立，又身处亚洲这个地缘政治热点频发的地区，但新加坡凭借其外交的充分想象力，在地区和世界大国之间纵横捭阖，发挥着与其人口、国土面积不相称的强大国际影响力。

新加坡的这种国家品牌形象源于其特有的国家软实力。

软实力是美国哈佛大学学者约瑟夫·奈教授提出的，指的是一种有利于军事、人口、经济力量等传统国际竞争力的实力。新加坡在国际上不以"硬实力"说话，不追求"零和游戏"的结果，靠的是智慧和魅力及其国家品牌美誉度的背书。

新加坡在处理地区热点问题，包括面对中美大国博弈时，不选边，也不迎合，方法灵活，身段柔软。有人将新加坡的外交风格比喻为柳树或流水，总是从善如流，最后努力实现各方"共赢"。

新加坡在外交上"四两拨千斤"，其成功基于对国际政治逻辑和当事方利益诉求的深刻理解。一方面，新加坡并没有因为自己是小国而放弃在国际舞台上的外交作为；另一方面，小国的劣势用好了，反而成为新加坡外交的优势。因为新加坡实在太小了，对任何国家都不会构成威胁，因此，亚洲有争议问题的国家都愿意让新加坡扮演调停者或在新加坡进行外交谈判。这一情形就如同小国瑞士，正是由于其小、中立和国家的美誉度，才使其成为世界和平的积极贡献者。

我认为，无论作为国家还是新加坡首都新加坡市的国际化成功经验，都可以给我们带来如下启示。

第一，如同城市一样，国家品牌是可以打造的。

新加坡的成功经验证明了国家品牌顶层设计的重要性。当年李光耀高瞻远瞩，对新加坡城市国家的制度设计及其与亚洲和世界国家的关系定位非常英明，没有欧美的政治制度、文官制度、教育体制和深度融入西方世界的国本，没有亚洲儒家思想的仁爱文化，新加坡就没有后面持续发展的基础。

在文化和地缘政治两个维度，新加坡从来没有忘记自己的亚洲属性，并能充分利用这种地缘属性将新加坡定位为世界在亚洲的经纪人，而要做世界的经纪人，就必须做世界的朋友和亚洲的朋友。

因此，我们看到新加坡在国际上对亚洲及世界和平显露出如此大的兴趣。这从根本上符合新加坡的自身利益，但整个过程又非常自然地凸显了新加坡在亚洲及国际和平事业中的良好形象。

当然，没有经济起飞，没有完备的基础设施和令人羡慕的高福利制度，新加坡也不可能成为世界各国人民尊重和向往的地方。如今新加坡已成为亚洲各国富人移民的首选地，世界 500 强企业的亚洲总部近年来也纷纷迁至新加坡。据统计，超过 7000 家跨国企业在新加坡设有中心，其中就包括一些国际知名的世界 500 强企业。

此外，新加坡不仅国家富裕，护照也含金量极高，在全世界旅行几乎都可以不办签证。这些都是新加坡在国际上的吸引力。

第二，"蹭"全球热度，随时营销国家和平品牌。

新加坡几代领导人对国际局势发展不仅能做到未雨绸缪，也能审时度势作出正确决定。

从国家品牌营销的角度看，新加坡善于"蹭"全球时事热度、打造国际组织总部的实践令人印象深刻。

在 20 世纪 90 年代，法国总统希拉克等欧洲政治家明显感到亚洲在未来新世纪的崛起势不可当，而在当时的国际格局中，欧洲和美国与世界其他地区均建有对话机制，唯独没有与亚洲建立对话机制。

于是，1996 年 3 月，亚欧 25 个国家的领导人在泰国曼谷举行第一届亚欧首脑会议，会议的成果之一就是决定成立一个亚欧基金会，旨在推动与会成员国在文化、教育、治理、经济、可持续发展、公共卫生和媒体方面的合作。李光耀和希拉克是本次峰会的双主席，但李光耀意识到新加坡是亚洲的小国，会议应该在亚洲相对较大的国家泰国举办，以显示新加坡的包容和谦虚。然而，在实质问题上，李光耀态度非常明确，亚欧基金会的秘书处必须放在新加坡，基金会秘书长必须由新加坡人担任。

由于新加坡在亚欧首脑会议上所发挥的独特作用，以及新加坡在亚洲国家中首屈一指的国际化程度，更由于新加坡是个蕞尔小国，法国、德国、英国等欧洲国家根本不介意，亚洲的日本、韩国无异议，亚欧基金会作为本次峰会的唯一成果和亚欧间的唯一政府间国际机构，就这样顺利地落户在新加坡首都新加坡市。

同样的例子还有亚太经济合作组织（APEC）。

它最早是一个亚太国家间推动贸易自由化的外贸部长对话平台，后将这种对话会议机制化，并成立一个亚太国家政府间组织，每年举办一次领导人非正式会议，在国际上影响力非常大。

这个组织的成立会议是在泰国举行的，但秘书处则毫无悬念地设在新加坡市，这不得不让人佩服新加坡领导人在国际舞台上长袖善舞的能力。

顺便提一下，一个城市如何成为国际组织总部所在地，这是国内城市管理者非常关心的问题，我也经常会被问及这个问题。

对此，新加坡的方法给了我们宝贵的启示：一要学会"做局"，二要城市国际化程度高，三是让别人对你放心。要将这三个条件集于一身是很不容易的，但新加坡做到了。

我还想提一下新加坡善于利用国际社会普遍关心的问题"做局"的最新例子——香格里拉对话。全球类似国安内容的会议其实并不少，如欧洲的慕尼黑安全会议从 20 世纪 60 年代起就是国际安全领域的风向标，但成立不到 20 年的香格里拉对话的影响力并不亚于前者。

新加坡通过组织这样的论坛，年复一年向世界营销其和平经纪人的形象，收获了美誉度，这就是国家叙事的本质。

第三，重新定义国家叙事。

新加坡独立半个多世纪，通过其智慧、法治、教育和广泛的国际开放度，向世界讲述了一个国家如何从落后走向现代化的故事。

从新加坡的奇迹中，我们看不到国际竞争中经常出现的紧张甚至暴力或刀光剑影，而是李光耀所开创的新加坡"小国大外交"思想，在复杂的亚洲地缘政治中左右逢源，寻求国家利益的最大化。

在一定意义上，新加坡所进行的是一种非传统意义上的软实力竞争，它是国家智慧、现代文明和国家领导力的竞争。事实上，在重新定义国际竞争的内涵时，新加坡的成功也为我们重新定义了国家叙事的内涵。

从各个角度看，特别是在全球化的今天，衡量一个国家的国际竞争力，不再只是看军事和经济实力，还要看国家的创新能力和对世界的服务能力，以及对世界的吸引力。

也就是说，人们为什么和你在一起而不和别人在一起？

国家是否与人一样令人有好感和有信誉？

国家的美誉度是否还应该建立在高教育水平、高社会文明程度和公民的幸福感之上，而不只是经济增速和武器的尖端化？

我认为，新加坡对我们的启迪是多方面的。

迪拜的国际化营销——一个并不完全靠钱创造的童话

迪拜的面积是新加坡的 6 倍（4000 多平方公里），人口为 300 多万。由于在地理上具有连接欧、亚、非三大洲的特殊战略性枢纽地位，迪拜成为与新加坡齐名的世界地标城市。

这个 1971 年才从英国独立出来的中东小渔村，在时任酋长拉希德的领导下，经过半个世纪艰苦卓绝的现代化历程，成为与新加坡一样的世界上最富裕和最具经济活力的城市。

新冠疫情前，迪拜的人均 GDP 已达 7.5 万美元。如今随着生活慢慢回到正轨，迪拜又恢复了昔日的繁荣景象。

与新加坡一样，我们可以从迪拜的国际化轨迹中看到城市影响力营销的重要性。

第一，迪拜以自己的方式讲述了一个不同的城市故事。

如果我们要将这个故事做一个概括，那就是在今天的迪拜，一切皆有可能。

这是一个有关人的梦想及其实现过程的动人故事。

这里有众多的世界第一：世界最高的建筑、世界上第一家七星级酒店、世界最大的人工岛、世界最梦幻的晚会……它是富豪的天堂，是全球名人荟萃的高地。这里有香车美女，有跨国公司大老板最喜欢去享用商业午餐的米其林餐厅，有世界金融财团一诺千金的投资机会，有世界职业经理人最高薪酬……总之，这里诠释了人们对成功人生的想象和定义。

第二，共同的发展需要，差异化的城市营销策略。

迪拜除了石油储备，与新加坡一样，资源匮乏，缺乏淡水，缺乏人才。拉希德酋长明白，一夜暴富靠的是石油，但石油总有一天会枯竭，必须找到新的发展模式和国际叙事定位。

在营销迪拜时，迪拜当局虽然也像新加坡一样将发展视作第一要务，但走的却是一条与新加坡迥然不同的道路。

如果新加坡营造的是独一无二的世界经纪人形象，那么迪拜营造的是独一无二的世界美好生活提供者形象。

为此，迪拜需要通过现代营销手段，以一种全新的讲故事方式，告诉世界公众迪拜是他们实现人生梦想的天堂，在这里，他们可以过上那种只有在民间传说、电影和迪士尼乐园中才能体验到的梦幻生活。

从城市营销的角度看，仅是被称为"帆船酒店（即阿拉伯塔酒店）"的七星级酒店就赚足了全世界的眼球。

根据一项名为"全球最受旅游者欢迎的景点"的网上评选活动，迪拜帆船酒店仅次于悉尼歌剧院和巴黎埃菲尔铁塔，位列世界第三，远排在长城、金字塔和雅典卫城等世界著名景点之前。

帆船酒店造型别致，内部设施极其豪华，仅内装修就用了 26 吨黄金。但更引人注目的还是其轰动全球的开业仪式，当年酒店方面特意请来世界当红高尔夫球手泰格·伍兹，让他在酒店的顶层挥杆，将高尔夫球击入阿拉伯海湾。

翌年同一时间，酒店又将直升机停机坪临时改成一个网球场，让网球巨星费德勒与阿加西在这里进行表演赛，并通过电视向全世界转播。

迪拜城市品牌塑造成功的原因就是依靠国际专业化团队策划，利用世界名人、世界地标，集中力量进行包装和营销，使迪拜迅速成为全世界媒体和公众关注的焦点。

据有关方面调查，世界公众正是通过上述营销了解迪拜帆船酒店，而非通过网站或由迪拜当局对外散发的旅游材料。

第三，以国际盛会打造城市品牌。

迪拜的城市国际品牌营销也有不少是通过举办国际盛会的方式，如迪拜国际航空展和 2020 年世博会。

迪拜航展始于 1989 年，它比巴黎 - 布尔歇航展整整晚了 80 年，比英国范堡罗航展晚了 40 年，但迪拜航展作为后起之秀，利用其联系亚欧非三大洲的空中交通枢纽地位和中东特殊的地缘政治因素，迅速成为业内与后两个航展齐名的世界级大型航展。

2021 年 10 月 1 日至 2022 年 3 月 31 日，迪拜举办因新冠疫情推迟的 2020 年世界博览会。这届世博会的主题是"沟通思想，创造未来"，192 个国家和国际组织参展。

迪拜是 1851 年以来首个主办世博会的中东城市。世博会的举办大大提升了迪拜在国际舞台上的知名度、美誉度，尤其为疫情后国际社会如何加强沟通、创造未来提供了富有想象力的解决方案。

迪拜通过积极争取举办各种国际性盛会，不仅促进其会展业的发展，并由此带来大量经济收益，也使其国际形象进一步得到提升。

迪拜的国际化城市品牌营销带给我们如下启示。

一是城市品牌建设并不完全靠钱。

在许多人看来，迪拜城市国际品牌营销的成功是其石油美元的成功，用的是重金打造，只要有钱，什么奇迹都可以创造。然而，上述情况却说明，迪拜的城市营销并不完全靠钱，而是靠新颖的策划和敢为天下先的胆量。

迪拜的城市地标让人看后会眼前一亮，其活动的组织方式让人拍案叫奇，这种要么不做、要么就做世界第一的冠军思想和追求卓越的精神，符合公众喜欢高大上和唯一性、排他性的审美要求。至于那种明显带有奢侈、浮夸色彩的氛围，也正好是一般公众对美好生活的一种感性直觉。

二是城市品牌要服务于城市发展战略。

如同新加坡一样，迪拜的城市品牌营销不是为了国际化而国际化，而是有其明确的战略目标，那就是要为迪拜后石油经济时期的经济和社会发展营造良好的品牌形象，从而对接最好的国际资源和国际市场。

迪拜的发展主打的是多元化经营，贸易、航空与海上运输、技术和金融交易多轨并行，使迪拜一跃成为全球商业中心，其中石油经济的贡献已从最初占 GDP 的 90% 降至今天不到 2%，创造了城市经济发展的奇迹。

迪拜当局行政高效、友善、开放，自贸区遍地开花，加上特殊的招商政策，使其在国际竞争中脱颖而出。迪拜非常珍惜国际人才，向他们免除个人所得税并提供超一流的高品质生活，这使迪拜不仅成为全球商业精英向往的从商理想国，也成为众多跨国企业的中东区域总部。

迪拜的特色主题旅游、便利的空中交通、优惠的购物免税政策及一流的酒店设施，使其成为旅游、购物和举办国际会议的理想之地。

如果说新加坡营销的是精湛的服务能力，迪拜向世界展示的就是提供美好生活的能力。

三是审时度势，用好感打动世界。

如果说新加坡身处亚洲地缘政治的重重矛盾之中，迪拜则面临着中东的地缘政治旋涡。如何身处世界最混乱的中东地区又不与矛盾各方交恶，这每天都在考验迪拜当局的智慧。

迪拜审时度势，半个世纪以来，扮演了中东地区阿拉伯国家的一块"和平绿洲"和中东国家"财富的保险箱"与"人才储存库"的角色。

1975 年，黎巴嫩爆发内战，大量难民来到迪拜，这些逃难的人中包含大量律师、医生、工程师等高端人才，从而有效填补了迪拜的人才缺口。

1991 年，海湾战争爆发，科威特陷入战火，大量在科威特的欧美企业将其业务迁至迪拜。

2003 年，伊拉克战争爆发，迪拜再次成为阿拉伯国家的财富和人才的"保险箱"及临时"储存库"。

2011 年，阿拉伯国家爆发"颜色革命"，政局动荡，迪拜成为这些国家领导人和富人的"避风港"，他们再一次给迪拜经济输血，从而推动了迪拜的发展。

可见，历史上每次中东发生动乱，迪拜总是能够由于中立、开放、友善的环境成为赢家。因此，我们也可以说是中东特殊的地缘政治、当下的全球化经济和迪拜当局的城市品牌营销策略，使迪拜成为中东国家金融、投资、贸易甚至购物、旅游的最佳选择。

第三节　中国城市对国家叙事的作用

国际大都市上海的城市故事

作为国际经济中心之一和中国 40 多年改革开放的缩影，上海无疑是中国的国家名片，也是中国现代化城市管理、优质生活以及市民高受教育水平和高文明素质的象征。

由于历史上在中西方交流中发挥的巨大作用，上海在欧美国家中一直有较好的知名度和美誉度。上海的城市故事随着时代的变迁而变化，但其核心思想依然是将上海定位为世界进入中国和亚洲的重要门户，以及中国和亚洲通向世界的重要窗口。

事实上，这种城市功能定位在 1843 年上海开埠时就已成为上海的城市基因。没有对世界的开放，没有在世界与中国、世界与亚洲之间扮演一种桥梁角色，上海就不可能成为今天的上海，更不可能从一个小渔村成为当今屈指可数的具有世界意义的"全球城市"。

上海的城市品牌在国际上闻名遐迩，也使聪明的上海人意识到"海派文化"对这座传奇城市的国际影响力与自然禀赋产生的深刻影响。

对上海人而言，喝咖啡和讲几句英语是他们的生活方式，谈上海在国际上的影响力会让他们心花怒放。

反之，一个法国人或欧洲其他国家的人，即使没来过中国，他也会说出上海的名字，甚至津津乐道一些有关上海的故事。在这里面，有法国和欧洲其他国家的文学作品、电影里所反映的上海故事，也有 1843 年以来这些国家甚至家庭与上海的特殊联系所形成的历史故事。

上海的城市地理位置决定了上海的城市定位。

20 多年前，为在新千年寻找上海的新定位时，上海市领导提出了"海纳百川、追求卓越"的上海城市精神。

2007年，时任上海市委书记习近平在此基础上又增加了"开明睿智、大气谦和"八个字，从而使上海城市精神更加包容，更具时代感。

上海经济总量占中国GDP的4%，财政收入占中央政府财政收入的1/8，对外贸易是全国的10%。当下，上海已初步成为国际经济、金融、贸易、航运、科技创新中心，其迈向世界顶尖"全球城市"的目标也指日可待。

作为中国的城市名片，讲好上海的故事对中国国家叙事的意义是不言而喻的。讲好上海的故事，也就讲好了中国的故事；世界读懂了上海，也就读懂了中国。

要讲好上海故事，首先要了解世界的期待，了解在当今的国际语境下，我们究竟要向世界讲一个什么样的上海故事。

对照世界上"全球城市"的基本要素，我觉得上海仍需要在文化繁荣、城市治理、创新创业生态、城市宜居、营商环境、国际影响力和国际沟通能力等方面下功夫，前面提到的新加坡和迪拜的相关经验，对上海很有借鉴意义。

假如历史能再现——对上海世博会城市名片打造的再思考

从任何角度看，2010年上海世博会，不仅是中华民族参与世界文明对话的一次伟大实践，也是上海从1843年开埠以来最大的一次国际事件。当全世界190个国家和56个国际组织的办博人员来到上海，5.28平方公里的世博园就成为一块"世博飞地"，一个临时的国际大"社区"。

在这个国际社区里，成千上万的外方办博人员和每天难以计数的国际参观者（世博会期间总共接待外国参观者350万，平均每天近2万），使上海全市范围各种世博志愿者（计100万人次，其中最主要的是上海高校学生）直接体验了中国与世界的"无缝"对接。

为此，我将这种中国与世界的文明对话的实践形容为上海世博园内
"一座无形展馆"，虽然世博会终将曲终人散，绝大多数的外国场馆会被
拆掉，但这座植根于人民心中的文化对话的"无形展馆"是怎么也拆不
掉的。

然而，轰轰烈烈的上海世博会毕竟已经过去，作为曾经参与了从申办、
筹备到运营的唯一职业外交官，假如我们今天重办上海世博会，也许我
会对利用世博会打造上海城市名片有更深刻的思考，也许我会在坚持自
己的观点上更加义无反顾。

因为我是从巴黎回到上海办世博会，巴黎人如何在历史上利用其举
办七届世博会打造城市名片的经验是我挥之不去的一种记忆或启迪。我
一直觉得一届"成功、精彩、难忘"的世博会必然是对城市品牌有巨大提
升的国际公关活动，对于这种提升的衡量指标，它可以是一些别具一格
的建筑群或单体，也可以是一种精神遗产，留下来可以让人追忆这届难
忘的盛会，更重要的是传承这届世博会的理念，从而打造一个永不落幕
的世博会。

对于这种精神遗产的传承方式，我在上海世博会进入 100 天时专门
给上海世博局的领导书面报告了如下想法：

建议马上利用上海世博会在国际社会业已产生的强大的美誉度、上
海世博会"城市，让生活更美好"主题的时代性和普世意义，以及人类实
现如此伟大目标所需要的前仆后继努力的需要，在世博会结束前向所有
参加上海世博会的 190 个国家和 56 个国家组织的总代表们发出成立一个
"城市，让生活更美好"后世博会基金会，英语名字叫"Better City, Better
Life Foundation"，简称 BCBLF，它可以在中华人民共和国境内注册，也
可以在巴黎注册，并根据法国 1901 年《社团法》管理，从而成为一个真
正意义的国际基金会。

　　为此，我曾专门征求过上海世博会联合国展区总代表贝楠、加拿大展区总代表大山、日本展区总代表冢本弘、法国展区总代表弗雷什等几十位欧美及非洲国家总代表，我希望他们能够成为这个基金会的理事，并每年与我们重新相聚上海世博园，就世界城市化问题继续展开新的讨论。

　　我的想法得到上述所有总代表的一致支持，他们所有的人都非常愿意通过这样的形式将上海世博会办成一届永不落幕的世博会，并期待我的这一愿景能够美梦成真。

　　就此基金会的想法，我也专门请教过吴建民大使和中国前驻欧共体大使丁源洪。

　　吴大使和丁大使都是我的老领导，在外交部内非常受人尊重，他们一辈子与西方国家打交道，懂得这样的基金会对上海和中国在国际舞台上塑造中国良好国际形象的价值。

　　我也就此问题请教过中国政府首任非洲事务特使、前驻南非大使刘贵今和外交部的其他几位老大使、老领导，他们都对我说，这个项目很有意义，如此就可以将世博会精神遗产留在上海了。

　　他们还对我说，"徐波，只要你们能坚持做几届，上海世博会基金会就可能成为世界城市领域的达沃斯论坛，这无论对城市化方兴未艾的中国还是世界总体意义上的城市化都有意义"。

　　一些热心朋友听说我在张罗此事，还主动联系我，告诉我他们有哈佛大学的联系渠道，凭着他们的直觉，哈佛也会有合作的兴趣，并建议我考虑安排哈佛大学与上海世博会基金会合作办学，专门对中国和亚洲国家的市长们进行城市化问题的培训。

　　除了基金会的注册地，我甚至也已考虑好了基金会的主席人选。

　　首先是吴建民，他外语好，情况熟悉，又是国际展览局的现任主席，我和吴大使是无话不谈的好朋友，彼此在理念上高度认同。再说，我找他，他肯定会很乐意的；

其次是徐匡迪，他是上海的老市长，当年是他代表上海向国际展览局提出申请。徐市长不仅在上海的口碑非常好，在国际上同样享有很高的威望，他英语流利，懂得与世界的沟通；

最后，我想到了大名鼎鼎的"浦东赵"——赵启正，他是中国首任国家新闻办主任，是中国立场、国际表达的第一人，了解世界，在国际上人缘好，又与我相识，相信今后合作会非常愉快。

然而，我的报告在当时并没有引起世博局领导的注意，客观原因是办博期间大家都非常繁忙，领导们每天都有处理不完的事情，只有一位世博局的时任主管副局长赞扬我考虑问题很远并向我表示敬意，但在他当时的层级上，显然他也不可能作出什么决定。

我以为，有了世博基金会及其丰富的主题活动，上海世博园内保留的意、法、西、俄和卢森堡五个欧洲国家馆和中国国家馆就会相得益彰，世博会的人气就可能会被长久留住。

遗憾的是，这些"一厢情愿"的设想大都没能如愿，包括日本议员木俣佳丈提出的建议：在世博园建一个亚洲版"哈佛肯尼迪政府学院"。值得一提的是，虽然上海世博园没有建"政府学院"，但 2016 年 4 月，南南合作与发展学院在北京大学正式成立，学院旨在为广大发展中国家培养高端人才，搭建发展中国家沟通交流平台，推动南南合作为世界共同发展贡献更大力量。这与我们当初的设想是相近的。

作为过来之人，我想留下这些文字，也许有朝一日国内别的城市再举办世博会的话，我的这些经验和思考可能对这些城市的管理者有帮助。

从渔村到国际知名城市——寻找深圳的城市名片

我特别喜欢深圳。

深圳让人感受到一种城市的朝气和强烈的改革开放时代气息。"来了就是深圳人"的都市格言和高素质的城市人口，来自五湖四海的无数中国年轻人在此实现了他们的"中国梦"。

深圳从 40 年前的一个小渔村变身为中国和世界的著名城市，其GDP 占全国的 2.7%，人均 GDP 是全国平均水平的 2.3 倍，是中国改革开放的样板和响当当的国家名片。

深圳以拥有华为、腾讯、华大基因、大疆、比亚迪等著名企业而成为世界新晋创新之都，其强大的经济活力和敢于拼搏的企业家精神使它成为中国最适合创业的城市。与此同时，深圳人对社会公益十分热爱，其人均志愿服务时间和慈善捐款数额，使它成为中国的慈善之城。

深圳在城市禀赋和城市品牌打造方面的成绩可圈可点，委实骄人，它给人一种现代、开放、与世界离得很近的感觉。

然而，除了上述城市特点，深圳又让人感觉还缺点什么。

疫情前，世界著名的评级机构科尔尼全球城市指数将深圳仅列为全球第 79 位。且不说与纽约、伦敦、巴黎和东京等世界一流城市的差距，深圳与中国自己的城市相比也排名不佳，如北京（第 9 位）、上海（第 19位）、台北（第 44 位）、广州（第 71 位）。

在其他国际机构的排名榜上，如全球化与世界城市（GaWC）研究网络、日本森纪念财团的全球城市实力指数（GPCI），深圳的排名也不尽如人意。

从城市软实力和综合影响力看，如国际高端的文化、教育、服务业和人才聚集等方面，或城市的人文、自然环境与旅游魅力，深圳无法与欧美发达城市相提并论。即便与亚洲的迪拜（第 7 位）、曼谷（第 26 位）、孟买（第 13 位）、吉隆坡（第 20 位）等城市相比，深圳也有很大差距，仅排在第 46 位。

为什么在我们自己的眼中技压群芳、是中国最现代化城市的深圳，给世界的却是这样一种国际化"小学生"的感觉呢？

深圳的一手好牌究竟哪里没打好？我们不妨从前面提到的城市禀赋和城市精神两个层面试做分析。

深圳的城市禀赋有如下几方面。

一是科技创新资源。

无疑，深圳是中国最好的科创城市，拥有华为、腾讯、比亚迪、大疆、华大基因等中国最好的科技公司，但遗憾的是自身基础研究还相对比较薄弱，其中最致命的是缺乏在国内外有影响力的高校。

无论纽约、伦敦，还是巴黎、东京，所有的"全球城市"都是科创城和知识城，都是拥有全世界顶尖的大学、研究机构、诺贝尔奖获得者、著名科技刊物等的科学城。相比之下，深圳的高校不仅在世界上排名靠后，在国内也处于非常尴尬的地位。

深圳的教育资源落后可能与城市太年轻有关，毕竟 40 年是很难造就一所或数所世界著名大学的，但这一问题不解决，深圳作为科创之城就会后继乏力。

二是文创资源。

疫情前几年，深圳文创产业产值一度超过 3000 亿元，占深圳 GDP 的 11%。在深圳文创产业中，女装、珠宝、工业设计等优势产业占全国半数以上市场份额。深圳是联合国教科文组织世界文化创意城市中的"设计之都"，每年还会举办国家级的深圳文博会。

然而，深圳虽然一直在努力打造世界"设计之都""文创之都"和"时尚之都"，但与欧美国家的"全球城市"相比，无论国际知名度、相关职业教育和产业生态均存在着较大的差距。我们不妨以教育、活动和国际奖项三项为例说明。

在时尚教育方面，纽约有帕森斯设计学院、普瑞特艺术学院、纽约大学和纽约时装学院等引领全球文艺的大学，伦敦有伦敦艺术大学、伦敦时装学院、切尔西艺术与设计学院和中央圣马丁，米兰有米兰理工大学，巴黎有法兰西时尚学院，日本有东京艺术大学。

在活动方面，纽约、伦敦、巴黎、米兰等四大城市均有国际著名时装周以及米兰国际家具展、伦敦设计节、法国巴黎高定时装周、东京设计周等世界时尚领域的盛会，深圳却一个都没有。

在奖项方面，世界设计界最认可的国际奖项中，没有深圳的奖项，唯一的中国红星奖也是中国工业设计协会与北京工业设计促进协会等联合打造的。至于被称为"全球华人市场最顶尖设计奖项"的"金点设计奖"（Golden Pin Design Award），则是由台湾创意设计中心举办的。

深圳既没有自己冠名的奖项，也没有举行颁奖仪式的固定地点，无法提升深圳在世界文创领域的地位。

三是金融资源。

深圳金融业与深圳的改革开放同时起步。从 1981 年引进国内第一家外资银行南洋商业银行开始，深圳金融业从无到有，从小到大，发展迅速，金融业增加值从当年的 0.16 亿元到 2020 年的 4189.6 亿元，增长了 2.6 万倍。2020 年，深圳金融业增加值占同期 GDP 的 15.1% 和全市总税收的 24.2%。40 余年来，中国平安、招商银行、微众银行、博时基金等深圳金融机构已成为中国金融细分领域的标杆。

在深圳建立国际金融城市的历程中，2012 年 7 月国务院在深圳前海建立中国金融改革创新试点的决定意义特别重大，使前海成为中国金融对外开放的示范窗口，并在以人民币跨境业务为核心的金融创新方面创下诸多全国第一。

2020 年 5 月，央行等四部门还就深圳在粤港澳大湾区金融地位问题专门发文，支持深圳尽快打造成全球金融科技中心和全球可持续金融中心。

2021 年 3 月，英国智库 Z/Yen 集团将深圳金融科技专项在全球金融中心指数（GFCI）中的排名提升至全球第四。

无论从深圳金融业 40 多年来取得的翻天覆地的变化，还是中央政府在金融改革方面给深圳的政策支持来看，深圳成为中国继上海后的另一个金融之都指日可待。

然而，虽然今天的深圳已在科技金融、数字金融、绿色金融等方面名列中国城市前茅，但在金融市场体系、金融总部机构、金融资源聚集等方面却还是远远落后于北京、上海，更不要说与香港和世界其他重点城市相比。

深圳要成为国际金融城市，要注意两个层面的问题。

首先，在国内，它必须找到与北京、上海这两个重要城市的差异化发展空间。前者是中国的首都，聚集着从央行到各种中外金融机构、商业银行，还包括金融平台，是中国金融的核心；后者是国家力推的国际金融中心城市，并在历史上曾经是中国和亚洲最重要的金融中心。

与北京、上海一样，香港同样是深圳强劲的对手。香港特别行政区是中国外资的主要来源地以及中国金融与世界金融对接的平台，确保香港的亚洲金融中心地位，既是中国引进外资的需要，也是中国政府在国际舞台上体现香港回归祖国后保持繁荣的政治需要。

其次，从国际层面看，亚太地区国际金融中心竞争非常激烈，东京、新加坡、首尔等城市均把金融业作为主导产业大力扶持。

四是海洋资源。

深圳拥有 260.5 公里的海岸线，51 个无居民岛屿，海域面积达 1145 平方公里。

截至 2020 年底，深圳拥有涉海企业近 20000 家，海洋经济占 GDP 的 10%，达到 2596.4 亿元。预计 2025 年将突破 4000 亿元。此外，2021 年深圳港口集装箱吞吐量达 2877 万标箱，位居世界第四。

海洋在今天的人类经济生活中发挥着越来越大的作用，联合国也把 21 世纪称为"海洋世纪"，但海洋经济在深圳城市品牌的定位中并没有突出的位置，只是到了 2018 年，海洋经济才被列为深圳七大战略性新兴产业之一。在此前一年，中央首次将深圳与上海并列，赋予其"建设全球海洋中心城市"的使命。

在现实经济发展需要和中央政府赋予的政治使命下，深圳的海洋经济建设走上了快车道，并在其"十四五"规划中明确提出了建设成"全球海洋中心城市"的一系列竞争力、创新力、影响力方面的目标和量化指标。

据南财智库、21 世纪经济报道联合中国（深圳）综合开发研究院发表的《现代海洋城市研究报告（2021）》，伦敦、新加坡、东京、纽约、上海、香港等为全球现代海洋城市第一梯队，深圳、洛杉矶、汉堡、广州、休斯敦、奥斯陆、鹿特丹、青岛、悉尼、釜山为第二梯队。该报告认为，深圳虽然不在第一梯队，但是是第二梯队的领头羊，在深海经济方面有明显的比较优势。

但报告同样认为，在海事资源配置和开放门户枢纽方面，深圳明显不足,甚至只能属于第三梯队。就是在海洋产业方面,深圳也严重缺乏像挪威奥斯陆或新加坡那样享誉全球的龙头企业。

深圳如今高调提出海洋城市名片,说明深圳已充分认识到海洋对深圳未来发展的重要作用,也反映了深圳作为海洋城市的自然禀赋。但深圳要在短时间内从第二梯队进入第一梯队,并成为全球海洋的中心城市,需要做的工作量大面广,还需持续付出艰苦的努力。

为什么创新是深圳最好的城市名片?

分析完深圳的城市禀赋后,我们再从城市精神角度入手,看看深圳究竟应该如何打造其城市名片?

上海世博会结束后,我加入联合国教科文组织,我与中国民间社会合作的第一个项目就在深圳。我对深圳有很深的感情,在那里也有很多朋友。在我参与推动深圳与教科文组织在创意城市网络、读书、遗产保护等项目合作的过程中,我对深圳的城市精神有了初步了解。

后来,我又以深圳市国际化顾问的身份,与深圳各界有了广泛交流,与朋友们接触多了,对深圳的城市精神就有了更深刻的认识。

我认为深圳充满活力,各界对国际化也有很好的认识和期待,但就城市精神而言,"创新"应该是深圳最具代表性,最具比较优势,也最能概括全体城市管理者和市民气质、特质的写照。

我去过中国许多城市,但像深圳这样如此充满创新激情的城市并不多见,因此,从城市精神出发,我们就可从深圳打造"全球金融中心城市、全球海洋中心城市、国际时尚之都和国际科创之都"四大目标中,分别按优先级、实践路径和国际视角下的可行性进行深入研究。

我们都知道,一个城市只能有一个特质,特质多了,就不可能成为特质。而没有特质的城市名片很难让一个城市在国际上建立起差异化的竞争优势，从而会被复制甚至被淘汰。

然而，城市特质是一种将城市禀赋和城市精神二者有机结合的产物，它必须是在国内外广大公众中业已建立起的一种好感，这种好感又源于城市的特殊历史，或在国际竞争中自然形成的优势产业，或进行城市名片营销的必然结果。

就深圳城市定位的四大宏伟目标而言，所有的设想都是非常好的，也反映出深圳的特点，但从城市禀赋和城市精神的角度出发，我们必须对上述四个目标进行遴选和甄别，从而根据优先顺序配备资源，以便在我们期待的时间内实现上述目标。

从各个角度看，在四大目标中，无疑"国际科创之都"可能更符合深圳的定位。

深圳科创在国际上的地位由其城市历史、相关产业及品牌在国际上的影响力和美誉度所形成。在国内外公众的心目中，深圳就是中国和亚洲的硅谷，深圳代表着中国科技创新，华为、腾讯、华大基因、大疆等是世界所熟悉的城市名片。世界各国的媒体对深圳的科创速度均表达了羡慕之情，这种美誉度是城市的名片，更是国家改革开放和现代化的体现。

从差异化竞争看，定位为科创之都，深圳在国内几乎没有强劲的对手，即使北京拥有众多中国一流的科创企业，也不可能成为人们心目中默认的科创城市。

在国际上，由于中国政府对科创产业的支持力度及中国庞大的工程师队伍和完整的科创企业产业链，深圳无论在创新能力、用工成本还是政策支持方面均可与硅谷、特拉维夫比肩，从而在国际创新城市中拥有一席之地。

由此我们可以发现，深圳在打造"全球金融中心城市""全球海洋中心城市""国际时尚之都"方面均没有在"国际科创之都"方面所拥有的唯一性、排他性和差异性等特质。

要成为"全球金融中心城市"，且不说国际上强手如林，在国内，深圳也将面临上海甚至北京的激烈竞争，更不用说亚洲金融中心香港。

要成为"全球海洋中心城市"，深圳虽然有一定优势，但与上海、香港、青岛相比，短板明显，特别是在国际联系方面，一个没有任何相关知名度的城市不可能在短期内进入一个封闭且相互竞争与排斥的世界海洋城市群。

要成为"国际时尚之都"也一样，尽管深圳在时尚方面的进步是举世瞩目的，但缺乏世界品牌，缺乏世界性平台，不可能后来居上，击败实力强劲的对手城市。

总之，通过引入城市禀赋和城市精神的分析推演，我们就可以冷静和科学化地用好现在的各种资源，并在较短的时间内为深圳打造出世界一流城市的名片。

深圳打造"国际科创之都"路径之我见

在我看来，深圳要成为"国际科创之都"，有以下几条路径。

第一，通过加盟国际品牌，提升城市国际影响力。

深圳通过加入联合国教科文组织世界创意城市网络，提升了在世界创意城市中的影响力，这种借助国际组织影响力打造自身国际影响力的方法非常简单，并已取得了很好的效果。

事实上，这种借助国际品牌提升自己的方法还可以体现在争取中央部委支持，承办一些国家重大主场外交活动，如杭州由于举办 G20 峰会在国际上的知名度得到进一步提升。

同理，还可与国际重要组织联合举办活动，如邀请世界知识产权组织来深圳举办全球创新产业大会。

第二，用自己的平台营销自己。

深圳虽然在利用国际品牌"借船出海"方面取得很好成绩，但由于这些品牌都不属于自己，无论从长远还是现实需要看，打造真正属于深圳的国际平台才是深圳的根本利益所在。

深圳目前还没有自己的国际品牌或平台，现有的各项活动也还没能形成地区或国际影响力，如一年一度的深圳高交会、文博会、国际人才大会、IT 峰会、BT 峰会等会展品牌，虽然都是中国最好的会展，但在地区和国际上知名度还不够。

打造深圳自己的城市活动品牌，需要知己知彼，首先要对城市禀赋、城市名片定位有明确的认识，然后要对世界的期待了如指掌，这样活动推出后才会得到响应，才可持续。

结合深圳科创之都建设，我认为深圳完全可以打造一个世界范围的城市科创平台，每年邀请世界科创城市相聚深圳，就世界科创领域的话题交换意见。久而久之，这个平台就会成为世界科创领域的"达沃斯"，并会强化深圳在世界科创领域的领导地位。

这一由深圳发起的世界科创活动可以叫"深圳世界科创论坛"，也可以叫"科创节"，活动一定要有世界格局和世界影响，因此，要邀请科创领域的风向标人物，如诺贝尔奖、图灵奖、菲尔兹奖等奖项得主参加，还有世界著名高校校长、科技研究机构、学术刊物和专业媒体必须与会。

更重要的是，由于科创已经在乔布斯、马斯克等伟大企业家的努力下引起了世界广大公众的强烈兴趣并建立起了美誉度，因此，这样的盛会一定需要有这样的科技达人与会。

从影响力营销角度看，一定要有广大青年科创爱好者的支持，而吸引他们参与的最好办法就是设立一个 35 岁以下的青年科创奖。

考虑到电竞业已在世界上被普遍接受并有可能成为奥运会的比赛项目，以及腾讯在国际电竞领域资源配置的特殊地位，打造"深圳国际电竞节"也是深圳城市名片营销一个不错的做法。

以此类推，深圳可以通过举办"海洋文化节"来提升深圳在海洋领域的国际影响力，也可以通过举办世界餐饮艺术节来提升深圳在旅游、艺术和文化领域的影响力。

中国有一句名言，叫"吃在广东"，中国餐饮具有世界美名，广东餐饮独具特色，而饮食文化具有世界性意义。世界上所有国家的人民都对其祖国的餐饮文化非常自豪，但目前为止还没有世界餐饮盛会，法国里昂每两年有一项世界法餐比赛，但没有中餐和其他菜系的参与。深圳如能打造世界餐饮艺术节，对城市品牌的国际影响力是一大提升，对以餐饮为特质的文化旅游产业也是一大促进。

此类节庆活动和颁奖活动，也会让人联想到打造属于深圳自己的各种奖项的必要性，如深圳在设计、时尚等世界文创的许多领域具有行业领导地位，但深圳没有一项属于自己的奖项，这是非常可惜的。

第三，打造属于深圳的国际组织和机构。

根据我们前面介绍的新加坡经验，国际机构的产生必须是国际社会对一个时期国际紧迫问题的一种集体应答，而由于解决这种问题需要一定的时间，更需要国际社会紧密的配合，因此，国际社会就要有一个秘书处来处理这些问题，而这个秘书处就是相关国际组织的雏形。

根据新加坡谁做局谁负责的成功经验，如果深圳在世界某个领域，如在科创领域具有世界领先水平，加上深圳的国际化水平和对相关国际组织落户提供足够的优质后勤保障，国际社会就会非常乐意将"世界创新城市合作组织"的总部放在深圳。

考虑到城市科技创新的普遍意义和科技创新的主体是城市而非国家，建立这个"世界创新城市合作组织"的成功概率应该是比较高的，它一则是世界所有城市的共同需要，二则很少涉及传统国际组织选址时所遇到的地缘政治博弈，有关城市的中央政府一般会尊重城市的意见。

换言之，作为地方城市，争取这样的国际组织相对于中央政府出面争取政府间合作组织要更简单，更容易成功。

这样的国际组织可以对标巴塞罗那的"世界城市和地方政府联合组织"[11]。

在世界上，还有许多民间城市组织，如世界港口城市联盟、世界科技城市联盟等。位于瑞士洛桑的国际奥委会和位于苏黎世的国际足联均是体育界最著名的民间国际组织，类似的民间组织还体现在文化、教育以及扶贫、环保、人道救助等慈善领域。一旦我们将思路打开，并不拘一格，国际组织进驻深圳并非可望不可即。

第四，将深圳打造成中国离世界最近的城市。

深圳要打造全球城市，客观上许多条件都已具备，而各种措施的核心及检验标准最终还是看深圳的国际化水平是否有切实提高。

这种国际化水平可以是国际组织的数量，也可以是外侨人数、外国跨国公司总部数量，与世界联系的航线布点。如果这些问题不解决，深圳即使拥有国际组织，也还是很难成为全球城市。

要让深圳融入世界，让世界了解和热爱深圳，就必须让深圳成为中

---

⑪　2004 年 5 月由世界城市协会联合会、地方政府国际联盟和世界大都市协会合并成立，秘书处设在西班牙巴塞罗那，是目前最大的世界城市和地方政府国际组织，会员是来自世界 127 个国家的 1000 多个城市。

国内陆离世界最近的城市，成为中国内陆最开放、最现代化、最宜居、最以人为本、最让外国朋友们流连忘返的城市。

深圳要对标新加坡和迪拜，加大国际化街区建设的力度，实现教育、医疗和公共服务的国际化。

此外，深圳不仅要有方便外国人才就职的签证、居留申请手续，更要提高对他们的服务水平，提高他们的工作待遇，从而使深圳在城市基础设施和宜居、生活水平方面成为与新加坡和迪拜一样对外国人才具有强大吸引力的国际城市。

案例

南京与联合国教科文组织打造"和平之都"

与深圳一样，我也是在加入联合国教科文组织工作后才与南京有那么多的交往。此前，幼年的我对南京的印象就是奶奶的一口南京六合话，以及过年时爷爷要专门为全家露一手，做他拿手的南京"十样菜"。

由南京对外友好交流协会秘书长于京会牵线，我有幸结识时任南京市委常委、宣传部部长徐宁女士，并在徐部长的帮助下，用我自己的方式去解读这个城市的特质，尝试将南京的特殊城市历史打造成中国在世界上的一张"和平文化"国家名片。

在我提出打造这样的国家"和平名片"时，我们内部有过长时间且非常有趣的讨论，因为南京的城市禀赋太丰富，以至于大家都想保留。

一是南京的历史文化名城地位。

刚与徐部长等南京市有关领导接触时，我强烈地感觉到他们对家乡的那种由衷热爱，并希望尽快将南京打造成中国和世界的城市名片。他们认为南京是六朝古都，城市历史文化在中国和世界上都非常独特，特别希望南京的品牌营销要突出其历史文化名城的地位。

为此，南京特意打造了两年一度的"南京历史文化名城古城博览会"，希望通过这样的国际盛会来打造南京在此领域的国际影响力和美誉度。

二是南京的地理位置得天独厚，有虎踞龙盘的紫金山、奔腾不息的扬子江、美丽如镜的玄武湖，这种城中有江、湖中有山的自然景色在中国城市中绝无仅有。

为此，南京又提出了"打造中国和世界宜居城市"的响亮口号，而绿色环保、生态文明和宜居城市又是现代城市重要的标志。如果将南京列为宜居城市，将对南京的国际知名度包括招商引资带来直接的帮助。

三是在精神气质上，南京人民富有同情心，这是一座博爱之城。

在一定意义上，将南京定位为博爱之城，会让世人更好地理解南京人的情怀和格局，这对城市的美誉度无疑也有直接帮助。

然而，我在听完介绍后，本能地感觉这些都不是南京城市禀赋中最重要的特质。

我认为，上述南京城市禀赋非常好，也非常特殊，在中国其他城市中不多见，可以构成南京与中国其他城市在国际影响力营销方面的差异化竞争优势。但遗憾的是，这些城市特质只有南京人才知道，并没有被外部世界认知。

由于历史的原因，特别是在国际上，人们一提到南京，第一反应并不是悠久的历史、迤逦的湖光山色和人民的博爱思想，而是震惊世界的"南京大屠杀"。南京是一座世界闻名的悲情之城，这是牢牢地刻在世人脑海里的东西，没有任何力量能够改变。

显然，将一座有独特文化底蕴生机勃勃的城市，永远定位为"悲情之城"，不仅南京的领导，就是900万普通的南京市民也是不能接受的。

为了改变这种印象，南京市政府在城市品牌方面先后制定了"世界历史文化名城"、有江有湖有山的生态"宜居之城"、有人文情怀的"博爱之城"，甚至依据大学生人口比例全国第一，制定了中国"大学之城"的城市名片定位战略。

但遗憾的是，南京将如此多的元素集中在城市名片的营销中，传递给外界和国际社会的信息仍然是不清晰的，一个城市不能有多种名片，必须找到城市最核心的价值理念。

换言之，我们要知道究竟什么是南京的城市精神的本质？

为什么"和平之都"是南京最好的城市名片？

将南京定位为"和平之都"，许多问题就可以得到解决。我的理由是：

第一，南京有其特殊历史，特别是"屠城"的符号不是我们能够人为改变的，为什么不利用这种国际上已经形成的概念来让"坏事变好事"，积极营销中华民族的和平文化？

如此，在打造"和平之都"的过程中，南京是在为中华民族的和平崛起提供历史、文明和文化的证据，是城市对国家叙事的助力。

第二，"和平之都"非常独特，在中国城市中是唯一，在世界城市中罕见。

在当今世界，只有耶路撒冷等极少数城市才能被称为"和平之城"。"和平"是人类最崇高的目标，是当今时代人类面临的最紧迫的挑战，"和平事业"是人类所有事业中最高级的，用"和平之都"来定位南京，其城市名片内涵的重要性和深刻性将超过"历史文化名城""宜居之城""博爱之城""大学之城"的总和。

第三，在中国城市的国际化过程中，所有城市均将城市名片视作与国际社会打交道的"通行证"，这种中国城市间的竞争必须通过差异化才能取胜。"和平之都"的定位可以让南京在激烈的城市名片竞争中"另辟蹊径"，实现"弯道超车"。

此外，"和平之都"不仅能与耶路撒冷这样世界文明史上最有影响的圣城相提并论，又能集中且深刻形象地反映出南京的前世今生和南京人民的精神世界，即对生活、对未来、对世界的情怀，对人类和平的担当，对美好事物和生活的热切向往，这既是对南京市民的一种鼓舞，也是对中国和平崛起的国家叙事的民意背书。

南京与联合国教科文组织打造"和平之都"的实践路径

2014 年 8 月 16—28 日，南京举办第二届青年夏季奥运会，这是首次在中国举办的青奥会，来自 201 个国家和地区的 3700 余名青年运动员参加了本届青奥会。

与传统奥运会不同，青奥会旨在通过体育竞技来培养青年人的奥林匹克精神，其重点并不在竞技，而在对年轻运动员"体育精神"的提升，通过体育促进不同文明之间的对话来维护世界和平。

从青奥会的特质和教科文组织的和平使命，我预感到推动奥委会和联合国教科文组织在南京就世界和平事务上的合作完全有可能。

我建议南京青奥会组委会致函联合国教科文组织，希望双方就青年、体育和文化促进交流，为维护世界和平事宜加强合作。

至于在青年、文化、和平方面的国际使命，联合国教科文组织的社科部就负有此项专门责任。通过《反对在体育运动中使用兴奋剂国际公约》，联合国教科文组织成为世界上有关体育事务的唯一政府间合作国际组织[12]。

---

[12]　国际奥委会（IOC）、国际足联（FIFA）、国际田联（IAAF）等体育组织均是由个人参加的国际非政府间体育组织，它们的运作与各国政府没有直接关联。

此外，联合国教科文组织也是世界唯一的有关青年事务的政府间组织，其两年一度的青年论坛（Youth Forum，也称为"青年领袖峰会"），与成员国全体大会法律地位一致，所作出的决定对教科文组织秘书处具有法律约束力。

作为六个国际文化公约的缔造机构和明确将"在人之思想中筑起保卫和平之屏障"列为宗旨的组织，联合国教科文组织是当今世界在青年、文化、和平领域不折不扣的责任组织。

我将这些信息和分析与南京市的领导共享后提出，我们应该大胆地利用千载难逢的青奥会打造一个南京的名片，并利用国际奥委会和联合国教科文组织的国际影响力，实现将南京打造成"和平之都"的目标。

我设想中的项目是通过南京青奥会期间与上述两大机构联合举办一个"世界青年体育、文化与和平"论坛，正式启动南京与联合国教科文组织在青年、文化、体育、和平事务方面的全面合作，并据此为南京青奥会打造一份精神遗产。

也就是说，在青奥会结束后，每两年在南京举办一届"南京世界青年、文化、体育和平节"（Nanjing International Biennial Youth Festival）。

南京市主要领导在听取我的汇报后，对此想法给予充分肯定并积极支持，并向我表示这是南京人民热切期待的，如能在联合国教科文组织的支持下，举办一届永不落幕的青奥会，岂不是件大好事！

回到巴黎的联合国教科文组织总部，我的想法也得到了助理总干事道维勒和社科部两位同事的支持，我们将此项目在教科文组织内部立了项，并得到总干事博科娃的认同。

论坛举办日，联合国教科文组织总干事博科娃亲自给论坛发来了热情洋溢的贺信，强调青年、文化和体育对世界和平的重要意义，强调具有 2500 年历史的南京是举办此类活动最适合的城市。

论坛上，巴勒斯坦国家女子足球队前队长哈尼，向大家讲述她那支一半是穆斯林、一半是基督徒的巴勒斯坦女子球队，讲到足球给她们带来的快乐和她们对和平的强烈愿望。

肯尼亚女子拳击运动员科雷多讲述如何通过拳击运动，帮助肯尼亚姑娘们在提高自我防御技能的同时提高自信心，从而更好地融入社会和生活。

香港游泳运动员欧铠淳则以南京青奥会青年大使的名义向大家分享她眼中的奥运精神，并希望这种精神鼓励所有的青年人去克服生活中的各种困难。

联合国和平大使柯伯格，就是我在前文提到的那个发出"柯伯格之问"的加拿大年轻人，则向大家分享其从 12 岁开始实践国际公益活动的心得，强调青年人的生活目标里必须要有他人、社区、社会和世界。

我还通过自己的朋友圈邀请到了昆曲表演艺术家及联合国教科文组织"和平艺术家"张军、央视著名主持人白岩松等。

白岩松谈到刚刚结束的世界杯足球比赛，并通过冠军得主德国队的队员构成强调，70 多年前，在德国发生过惨绝人寰的种族大屠杀，70 多年后，德国球队里聚集了来自加纳、土耳其、波兰等不同国家、不同肤色、不同种族后裔的现代德国人。体育促进了社会包容，也像橱窗一样展示着德国今天多元文化的包容和伟大。

这一席话，无疑是对体育与和平的作用最好的解读。

论坛的精神遗产，或某种意义上南京青奥会的精神遗产，就是论坛上由南京青年学生发出的《南京倡议》。

为使《南京倡议》更具有合法性，更多地反映青年们的意愿，我专门在论坛召开前来到南京，与青奥会的青年志愿者们座谈。与此同时，为体现《南京倡议》的国际性，我还专门要求南京青奥会组委会尽可能邀请到志愿者中的国际学生参与座谈。

当我与这些学生座谈时，青年人你一言，我一语，认为在青奥会后，将世界青年重新汇聚在南京，继续关于青年、文化、体育、和平的伟大事业，实在有必要。

他们还认为，通过这样的青年节，甚至可以打造亚洲最大的青年节，让亚洲青年们汇聚一堂，相互交流，从而促进亚洲的团结与和平。

一旁的非洲同学唯恐把他们落下，大声强调非洲在当今世界的重要性和中非友谊，认为在这样的活动中，非洲青年的位置是不言而喻的。

美国同学也表示，南京青年节可以成为中美青年交流的项目，并十分肯定地说，如果举办青年节，美国青年会来得非常多。因为美国青年有了解中国的强烈愿望，而南京的前世今生是最好的活教材。

根据同学们的意见，我用联合国教科文组织的专业语言归纳了一下并形成文字，在论坛召开的上午向与会嘉宾散发，请他们提出修改意见，然后在论坛结束时，由南京的两位青年进行宣读。

这两位朝气蓬勃的青年，男孩是大学生，女孩是南京外国语中学的高中生，才16岁。他们一位用中文，一位用英文，交替着大声向所有论坛的参与者们呼吁：

——我们注意到青年已占世界总人口的四分之一；

——我们注意到青年一代在解决当今全球化世界中众多地区依然存在的武力冲突、暴力和敌意方面负有的关键责任；

——建议从2016年开始，每两年由"和平之都"南京，或世界其他城市发起，举办一次围绕体育、文化与和平主题的夏季青年节；

——建议在举办未来夏季青年节前，在青年中开展一系列的讨论和磋商活动，其中包括开展网上交流，从而让青年们充分地分享他们的故事、提出各种好的建议和交流各种好的做法……

就这样，一个以南京青奥会运动员和志愿者为主要参与者的《南京倡议》问世了，参与论坛的国际国内嘉宾们给予了热情支持和肯定，媒体的反响也非常好。

最关键的是，《南京倡议》为南京与联合国教科文组织合作参与世界青年事务留下了一笔无形资产和法律依据，只要南京愿意，这面大旗就可以一直扛下去。

出席论坛的全国青联和国家奥委会的领导也向我表示，南京的这个做法好，将体育赛事与城市今后的国际化品牌定位和宣传结合起来，留下精神遗产，一举两得，为中国地方城市今后举办国际体育活动打开了新的思路。

小结

我觉得南京与联合国教科文组织合作较成功的原因是双方获得对称信息并优势互补。由于双方找到彼此利益的最大公约数，合作就顺理成章。

从南京的角度，它需要通过青奥会这样的国际盛会和与国际奥委会、联合国教科文组织这样国际上最有影响力的组织联手提升其城市品牌，更具体地说就是打造"和平之都"的国际形象。

从联合国教科文组织的角度看，它同样需要利用南京青奥会，向从14岁到35岁之间的4亿中国青少年彰显其在相关领域的国际责任和国际领导作用，然后再通过3700多名青奥会选手和青奥会上庞大的国际传播媒体，将这种国际责任和国际领导作用向亚洲和世界青年进行传播。

就我本人而言，萌发这样的想法源于参与竞选、筹备和运营上海世博会长达十年的经验积累。如同我当年在上海世博会一直在呼唤精神遗产一样，我有责任为南京青奥会难得的城市精神遗产留下伏笔。

为配合南京打造"和平之都"，我还帮助南京大学历史系刘成教授成立"联合国教科文组织和平学教席"。

在我的设想中，刘成教授在南京大学的和平学教学与侵华日军南京大屠杀遇难同胞纪念馆、拉贝纪念馆，以及上海虹口的上海犹太难民纪念馆是这个教席的组成部分。

该教席作为一个进行"和平学"研究的世界学术科研平台，是教科文组织世界和平学网络中的重要组成部分，而上面提到的三大纪念馆收藏的史料则为这样的学术研究提供了必要的支持，从而使和平学教育和研究均具有扎实的基础，使中国和亚洲青年接受这种教育更有说服力。

这个教席成立后，刘成教授非常活跃，为南京成为世界"和平之都"在国际学术交流上发挥了重要作用。

第六章

跨文化对话——
我的后世博心路历程

● 教科文组织给了我讲述中国故事的新舞台

● 成立"吴建民之友"，我在塞纳河边讲中国故事

● "小人物"与"大故事"

● 在历史的足迹中寻找中法人民的共同感动

第一节　教科文组织给了我讲述中国故事的新舞台

举世瞩目的 2010 年上海世博会圆满结束后，我怀着一种继续在世界多边文化舞台上推动人类不同文化对话的激情回到了法国。

我想，上海世博会如此成功，中国经济蒸蒸日上，世界各国期待着中国的和平崛起，世界上每天都发生着许多与中国有关的激动人心的故事，法国人、欧洲人乃至世界各国的人都应该感兴趣，都应该知道，我都应该如实地告诉他们。

我特别憧憬我即将服务的联合国教科文组织，其宗旨就是促进人民之间的交流并在世界人民的思想上筑起保卫世界和平的屏障。

我想，在教科文组织，满眼望去都是故事，世界各国人民都应该通过教科文组织更好地了解今天中国所发生的一切。

CNN 记者吉米说教科文组织没有新闻

回到阔别六年的巴黎，广泛的人脉和对法国文化的高度认同，使我迅速融入法国的生活。老朋友们热烈欢迎我的归来，于是，我每天晚上都有各种各样的活动。我常常参加轩尼诗和英国《金融时报》的专题晚宴，在这里，我隔三岔五就能见到 CNN 驻巴黎的首席记者吉米。久而久之，我们就成了朋友。

有一次，我忍不住问吉米："你什么时候到我们教科文组织来报道一下啊？"我说："我们教科文组织可重要啦，它是联合国专门负责人类的教育、科学和文化合作的组织，每天都有许多重要的会议，每天我们都在研究如何维护世界和平，促进世界不同文化和文明之间的交流。"

吉米斜眼看着我说："你们教科文组织没有新闻。"然后他又补充说："我们 CNN 的电视观众对教科文组织的空洞会议没有任何兴趣。"

吉米的回答让我很惊讶。我说："这怎么可能呢？我们开的会都非常重要。我们做的是世界文化遗产和自然遗产保护，做的是促进女童教育、男女平等，我们在世界各国宣传和平文化，保护文化多元，我们的所有活动都涉及全球各国人民的切身利益，关系到世界的和平与发展！"

吉米听罢还是摇摇头，他怕我误会他的意思，就告诉我说，他们是电视台，需要的是新闻，不是会议，需要的是故事，不是大道理。他说，电视是一种传播方式，必须要有符合电视特点的呈现形式。

那么，什么叫"有故事"呢？

他告诉我，对 CNN 的电视观众来讲，教科文组织的故事就是 20 世纪 60 年代埃及在修建阿斯旺大坝时，它保护了埃及四五千年的历史文物，其中包括法老拉美西斯二世统治时期的阿布辛贝神庙。"那是一个举世瞩目的壮举，在建大坝的整个过程中，世界各国的观众通过电视看到了人类文明古国埃及的辉煌历史，以及来自世界各国的文物专家如何在教科文组织的协调下拯救这些文物。"

吉米的话让我想起在教科文上班不久后一位西班牙同事丹尼娅对我说的话。

我与丹尼娅的缘分源于世博会。我办过 2010 年上海世博会，她则办过 1992 年西班牙塞维利亚世博会，是主题馆的馆长，世博会结束后，她加盟教科文组织，对教科文组织的历史了如指掌。

她告诉我，当年马约尔（Federico Mayor）当总干事时，曾经把巴勒斯坦解放组织领导人阿拉法特和以色列外长佩雷斯请到西班牙的格拉纳达，她是本次历史性会晤的操盘者。让她感到振奋不已的是，她不仅近距离看到了阿拉法特和拉宾这两位著名的政治巨人，还看到了教科文组织如何在总干事马约尔的领导下，成为中东和平的推动者和世界和平问题的领导者。

她说，在过去，人们对教科文组织的认识只停留在它是一个国际间人文和智力合作的机构，是一个坐而论道的部门，然而，在马纽尔总干事的积极斡旋下，教科文组织成了世界和平的创造者。

丹尼娅所说的阿拉法特-佩雷斯格拉纳达会晤发生在 1993 年 9 月 8 日，在教科文组织历史上非常有名。

1993 年 8 月 20 日，巴以达成"奥斯陆协议"。9 月 8 日，马约尔邀请以巴领导人到格拉纳达出席"和平协议后的下一步"（Peace, the day after）以巴和平问题专题研讨会，希望据此使两国的"战争文化"转向新时期的"和平文化"。9 月 13 日，拉宾与阿拉法特在美国总统克林顿见证下，在白宫南草坪签署以巴《临时自治安排原则宣言》。

我理解，这就是吉米对我说的"有故事"和 CNN 电视台一贯奉行或追求的做新闻制造者、新闻领导者，丹尼娅的故事为此做了一个生动的注脚。

我还有一位尼日利亚的同事夏洛特，她告诉我说，当年为纪念二战结束 50 周年，马约尔总干事特意邀请那位在日本广岛投掷原子弹"小男孩"的美军飞行员与当年受害的日本小姑娘相聚在联合国教科文组织，在教科文组织的一号大厅见面，当时有 1000 多名与会者，场面令人动容：一个是原子弹的受害者，一个是执行投弹命令的美军战士，他们今天以爱好世界和平的名义站在一起，共同谴责战争，维护和平。

夏洛特对我说，马约尔让当年的美军飞行员和广岛原子弹的受害者来到教科文组织总部，不仅引起全世界轰动，成为一件全球性新闻事件，也让所有教科文组织的工作人员感到他们工作的重要意义。

虽然夏洛特对我讲的故事我无法求证，她本人也已退休，我为此又专门问了许多教科文的老同事，他们说由于时间久远，对此事记忆不清，但不管怎么说，丹尼娅和夏洛特给我讲的这两个故事让我明白了一个组织如何向成员国公众讲故事的重要意义，终于懂了为什么吉米会说"教科文组织没有新闻"。

其实，以事件而非坐而论道的理念与国际公众沟通，也是我们国家叙事通常会遇到的一个问题，即如何以公众最容易理解的方式向他们传递国家重要的理念和使命。

换言之，国家叙事不是照本宣科，不能自上而下，不是填鸭式教育，而是一种娓娓道来、能让受众共情和产生共鸣的沟通过程。

于是，我在教科文组织工作六年期间，努力学习和不断提高自己的"讲故事"水平，学习讲故事所需要的深度策划，学习用故事来感动人而非用口号来感动和教育人。

凯塔总统给少林寺武僧"点赞"

如果说吉米讲的"有故事"是新闻传播的基础，那么，丹尼娅和夏洛特所提到的"好故事"就是决定传播质量及其影响力的关键因素，而这里的"好故事"必须是内容生动感人且又真实的故事。

我之所以说真实的故事，就是说它不是一种说故事人的主观意愿，一种人为写就的剧本，而是一种已经客观发生和存在的事件。

记得在上海办世博会的那几年，我曾参加过一些文化论坛，也接触过一些知识界的朋友，大家都对 21 世纪的"中国世纪"欢欣鼓舞，有人甚至说，早在 1988 年，法国密特朗总统就在巴黎联合国教科文组织总部召集了全世界 75 位诺贝尔奖得主，开了 4 天会议，讨论 21 世纪人类的未来；在会后的公报里，与会代表一致认为，人类要在 21 世纪生存下去，必须回到 2000 多年前的孔子思想。

对于这个著名的教科文大会，我一直心存疑窦，但它确实在中国社会流传甚广，甚至官媒都有援引，这使我到教科文任职后的第一天就萌发搞清楚其来龙去脉的想法。

果然，在我访遍了当年主管部门的相关官员和查阅了教科文档案、对各种英法媒体新闻进行检索后，对于这个美丽的传说或真诚的"一厢情愿"故事暗暗发笑的同时，我更认识到国家叙事中"创造故事"的重要意义。

还是用吉米的话，要学会制造新闻（making news）。

那么，在教科文平台上的中国国家叙事，究竟应该 making 什么样的 news?

到教科文组织工作后，我喜欢有事没事就到教科文组织内部的宽容广场（Square of Tolerance）瞻仰一下和平墙上的教科文《组织法》（Constitution of UNESCO）。

这个广场由以色列艺术家达尼（Dani Karavan）在 2004 年为纪念为和平而献身的以色列总理拉宾而设计的，这里也成为我接待国内代表团、讲解教科文组织使命的露天课堂。

在和平墙上，用英法中阿俄及希伯来语镌刻着教科文组织"在人之思想上建立保卫和平之屏障"的宗旨（That since wars begin in the minds of men, it is in the minds of men that the defenses of peace must be constructed）。

虽然我对教科文的宗旨怀有无限的敬意，"和平文化"项目也是教科文组织社科部的重中之重，但"和平文化"对我来说很抽象。

于是，我扪心自问，如果我在教科文组织工作多年后依然感到一头雾水，教科文组织又如何让世界人民，特别是青年一代接受其"和平文化"教育呢?

与此同时，我还想到了源远流长的中国和平思想和文化，那么，我又该如何在教科文的和平文化中融入中国人民热爱和平的理念及其实践，在推广教科文和平文化的同时传播中国人的和平文化呢?

于是，我想到了让那些经历战乱国家的青年们参与到教科文的"和平文化"中来。

我想得最多的是非洲大陆国家，那里常年战乱，即便实现暂时的和平，重建与民族和解工作往往也进展缓慢。我脑子里首先闪现的是马里，它是教科文组织在非洲大陆最重要的成员国之一，在教科文组织的过去和现在均发挥着重要作用。然而，尽管战乱已平息，但马里的和平进程一直很慢。如果能找到一种办法，让马里尽快实现真正的和平，这对整个非洲都有借鉴作用。

随后，我又想到少林寺武僧，原因是少林寺威震四海，在马里等非洲国家的影响特别大。如果请武僧们给马里青年宣传教科文组织倡导的"和平文化"，也许会起到不小的作用。

我的想法很简单，那些刚刚经历过战乱的马里青年，内心有一种习惯性的"暴力之火"，这是很难马上熄灭的。向这种内心的暴力倾向说"不"的最好办法，不是教科文组织高大上的和平理念，也不是印制精美的和平白皮书，而是让这些马里青年在少林功夫面前受到震慑，但同时又让他们为少林武僧谦卑、自律、尊重、宽容、慈悲和淡定简朴的生活所感动。

我把我的想法马上告诉了老朋友、中国世界和平基金会主席李若弘，他认为这个想法非常独特，当即允诺提供活动所需资金。

而后，我又马上联系少林寺，详细地告知我的这一想法，并请他们选派武艺高强的武僧来马里。

考虑到少林寺武僧是代表联合国教科文组织赴非洲宣讲"和平文化"，我请少林寺给我们挑选一位能讲解中华和平文化的文僧。

于是，在中国佛学院饱读经书七载的延宗法师就成为一位随团的和平布道者。在代表团出发前，我特意嘱咐延宗法师在武僧们雷霆万钧的表演后一定要向马里青年传授中国的和平文化。

碰巧当时的少林寺有一个非洲班，这样，我决定再邀请两位马里邻国科特迪瓦的少林弟子随团，他们讲法语，懂少林武术，从而成为此次和平文化宣传队的最佳讲解员。

这样的黄金组合构成了少林寺武僧"天团"，从而将不太易懂的"和平文化"用极其通俗的方式向马里青年解读，让那些心中尚存暴力倾向的马里青年为少林寺武僧的彪悍和谦卑精神折服。

2014年11月8日下午4时，马里总统凯塔放下手中所有的公务，来到刚刚落成的由中国政府援建的马里国家体育馆，亲自迎接来自遥远的中国嵩山少林寺的"联合国教科文组织和平文化非洲宣讲团"。

凯塔总统不仅自己来了，还要求内阁总理和所有的部长们携夫人一起迎接少林寺弟子们。

两年多前，也就是2012年3月22日，马里部分军人发动政变，政府被推翻，国家陷入动荡不安，北方图阿雷格族分裂武装分子也趁机起兵，成立所谓的"阿扎瓦德独立国"。"伊斯兰马格里布基地组织"等一些恐怖和极端势力甚至借机在马里北方扩充势力，并控制了北方三大区，马里百姓苦不堪言。

应马里过渡政府要求，法国和一些非洲国家出兵协助马政府军平叛。联合国安理会还通过2085号决议，决定向马派遣一支6000人为期一年的"非洲领导的驻马里国际支持特派团"（AFISMA）。

2013年8月，马里过渡政府解散，全国大选，凯塔当选总统。一年多后，由少林寺武僧组成的和平文化宣讲团来到马里。

凯塔总统从少林寺武僧身上看到的不仅是他们高超的武艺，更是来自远方伟大中国的和平思想和文化。少林寺武僧给马里青年送来的不仅是武术，更是和平理念和融入社会、开启新生活的方式。

来自马里社会各界的青年、武术协会、武术爱好者等2000多人出席了活动,人们像过节一样喜笑颜开。这是马里内乱以来第一次在首都出现如此大规模的集会。马里青年对少林寺武僧的功夫早有耳闻,今天,他们终于能亲眼看到心目中的英雄,怎么能不高兴?

少林寺武僧们一出场,2000多群众就给予热烈掌声。随后,少林寺武僧们每一个精彩的表演,都让全场的气氛达到高潮,掌声、叫好声、口哨声和尖叫声淹没了整个会场。延岑法师的少林小炮拳、达摩杖、七星拳,延德法师的少林双钩、蛇拳,非洲少林弟子延迪的双锤、地龙拳,非洲少林弟子延科的通臂拳,让马里青年们看得瞠目结舌。

武术表演结束后,是文僧延宗法师与观众的互动环节,他大声朗诵经文,在一片"阿弥陀佛"声中,他给2000多位在场的马里朋友传授了佛教的宽容思想和中国人的和平文化。

延宗法师的讲话让凯塔总统甚为感动。

这些彪悍的少林寺武僧,一身绝技,在舞台上威风凛凛,但在平常的生活中又如此低调、谦虚和简朴。他们穿的是最廉价的袈裟,吃的是米饭和素菜。如果没有信念,没有强大的内心,他们是不可能有如此严格的自律精神的,而这种灵与肉的和谐、强大与平和的统一,体现的正是中国文化和少林寺禅修文化里最深刻的东西,那就是淡定、低调、谦虚、自律和尊重,而这些理念正是处在和平和解、国家重建时期的马里和广大马里青年最需要的精神食粮。

凯塔总统情不自禁地走上演练场,与这些少林英雄一一握手,然后非常激动地拿起话筒说,那么多的马里青年来到体育场,说明少林寺的魅力巨大;少林文化中的和平思想,适用于中国,也适用于马里,适用于世界任何国家、任何文化背景下的人民。

凯塔希望马里青年向少林寺武僧学习,学会强身健体,也学会积极奋进，为马里的和平重建及社会和谐稳定与发展贡献力量。讲到兴奋之处，他还做了三个冲拳动作，引来现场无数的叫好声……

在接受中国中央电视台的采访时，凯塔感谢中国政府和教科文组织把这样精彩的文化交流活动带到马里，把和平理念带到马里。他希望通过少林武僧团，向马里年轻人传播中国和平文化中宽容、仁爱、自律的价值观。

凯塔总统给少林武僧团点赞和 2000 名马里各界朋友对少林武僧团和平文化宣讲方式的认可，让我非常高兴，说明我的创意是成功的。

在武僧团取道巴黎回国之际，我安排他们参观教科文组织，与教科文组织非洲事务部、社会科学事务部等部门同事座谈马里"和平文化"宣讲之行的收获与体会。

教科文组织战略事务助理总干事道维勒、非洲事务助理总干事拉拉对活动给予了充分肯定，特别是拉拉本人就来自马里，听完我的介绍并看了央视长达 7 分多钟的专题报道后，她对我说，这个少林寺团太好了，这是她期待多年的和平教育项目。

她说，马里青年、非洲青年，以及亚洲、欧美青年本质上没有区别，他们都向往美好生活，想开大汽车、住大房子，但这一切的前提必须是和平，这就需要一种新的和平文化。她说，少林寺这个项目有新意，接地气，希望代表团明年再来马里。

需要补充的一个插曲是，当武僧团先期访问科特迪瓦获得圆满成功，就要登机飞往马里时，马里发现了首位埃博拉病毒携带者，形势骤然紧张起来，各种电话打到我这里，一时间，去不去马里成了一个大问题。

对我而言，作出决定，让他们去，就要对少林寺武僧团的生命安全负责；不让他们去，我要对中非友谊和教科文组织在非洲的和平形象负责。

尽管作出不去的决定最保险，也不缺法律依据、教科文组织条规的保护，甚至还可以说得极冠冕堂皇，但我会从情感上觉得少了点荣誉感，多了不少内疚和遗憾。

我想到这个国家刚刚进入战乱后的重建，青年们眼巴巴地盼望着他们心目中的少林英雄到来，如果我们突然宣布代表团不来了，他们得多么扫兴，支持本次活动的凯塔总统本人得多么扫兴。

我想得更多的是中非友谊、中马友谊。中国人常讲"患难见真情"，想当年，中国出现"非典"时，不是也有很多朋友坚持来中国出席各种国际会议吗？这对当时的中国人民来说是多大的支持啊！

我们今天来马里是代表教科文组织向马里青年传播中国的和平文化，旗帜举得很高，口号喊得很响，如果在这样的关键时刻，我们撤了，这不是对中国和平形象的负面宣传吗？

我把自己内心深处的想法与少林寺武僧访非团团长、中国世界和平基金会国际部部长肖克俭做了沟通，切实了解武僧团的实际情况，毕竟这些武僧还是孩子，还有两位是科特迪瓦的同学。

与此同时，我与教科文组织驻马里的代表、现在的教科文组织世界遗产中心主任拉扎赫（Lazare Eloundou Assomo）通了电话，我让他告诉我实情，有没有可能让武僧们按照计划继续前往。

拉扎赫非常认同我的想法，认为我们来到马里是一种使命，是给战乱重建的马里青年送和平、送希望、送明天，如果此刻我们掉了链子，对急切期待少林寺武僧到访的马里青年实在不是个好消息。

于是，我把我与拉扎赫商量的意见与李若弘主席等做了沟通，他们与我的想法高度一致，只要风险可控，这个险值得"冒"。

为谨慎起见，我征求了中国驻马里使馆的意见。

使馆告诉我，我们的想法也是使馆的想法，在马里出现困难的时刻，只要风险可控，使馆还是建议武僧团按期访马。也就是说，在这个关键时刻，使馆与我们站在一起。

于是，我们通过教科文组织驻马里办事处与马里政府青体部、卫生部联系，在告诉他们武僧团将按计划访马的同时，也希望马方采取必要的防范措施，保护武僧团的安全。

由于我们的一个"冒险"决定，我们给马里人民带来了希望，而不是失望。我们建了一座中马人民之间的对话之桥，促进了中马友谊和中马人民的心灵交流。

我甚至觉得，除了那气势恢宏的体育馆，我们做的也是一种援助，它虽然不像体育馆那样看得见摸得着，但它让马里人民喜笑颜开．由衷感谢，这是一种和平文化的援助，彰显的是一种教科文组织和中国人民和平文化的软实力。

黄怒波把教科文组织的旗帜插上了珠峰

吉米认为教科文组织没有新闻的话深深地刺激了我，我意识到，在21世纪全球化大沟通时代，任何国家或国际组织是不能以"酒香不怕巷子深"的心态来与公众沟通的。而要使公众对一国的国家形象有正面积极的印象，或接受一个国际组织的宗旨并投身到它的事业中，最好的方法就是讲故事，让公众在听故事的过程中对国家产生好感，对国际组织的宗旨予以认同。

黄怒波是北京中坤集团的总裁，他还有一个名字叫骆英，是个行吟诗人。

说他是企业家，倒不如说他是个行者。他云游天下，踏遍七大洲最高峰，无论是南极北极，还是世界之巅珠穆朗玛峰，都留有他的足迹。他还是中国登山协会副主席、中国网球协会副主席、中国航空运动协会副主席。

我从他的人品、理念和诗歌文采里，发现他爱自然、爱世界文化遗产，看到了教科文组织的崇高理念的某种拟人化体现，看到了一个行动中的教科文组织使者。如果由他在中国和世界公众中宣传教科文事业，其影响力肯定比任何教科文组织的官员和文山会海大。

在中欧国际工商学院教育发展基金会的年度理事会上，我对他直言，说他是教科文国际人文事业最理想的形象大使，希望他能与联合国教科文组织合作。他被我的诚意感动，让集团副总徐红女士与我进一步沟通，找到双方合作的切入点。

时间又过去了半年，徐红女士告诉我，黄总又要攀登珠峰了，我们俩顿时觉得这也许就是一个与教科文组织合作的历史性机会，比如说，让黄总把教科文组织的旗子插上珠峰。

这是一件极富想象力又极其令人振奋的事，我在衷心祝愿黄怒波攀登珠峰成功的同时，也为这样的合作做着必要的准备。我请教科文组织战略事务助理总干事道维勒和对外联络助理总干事埃立克一起拟了一个代表教科文组织的声明，期待着黄怒波在地球之巅向全世界人民发出声音。

2013 年 5 月 17 日，天公作美，机遇向黄怒波再次微笑，他第三次成功登上世界之巅珠穆朗玛峰，并亲手将联合国教科文组织的旗帜插上珠峰，在世界之巅呼吁全世界人民迅速行动起来，保护地球、保护文化遗产，加强人类人文合作，支持教科文组织的国际人文合作！

为了能够响亮地向全世界呼吁支持教科文组织的事业，他甚至摘下了氧气面罩，冒着生命危险，一字一句、气喘吁吁地用已经精疲力尽又略带激动的声音向世界发出呼吁。

两个月后，当教科文组织总干事博科娃在巴黎看到这段视频时，她非常激动地对中国驻教科文组织代表尤少忠说："您应该向教科文组织成员国的那些代表同事好好说一下，黄先生是我们的英雄啊，教科文组织有这样的宣传员，这让我们感到骄傲！"

黄怒波将教科文组织的旗帜插上珠峰的消息在教科文组织总部秘书处也引起了轰动，同事们看着电梯口前滚动播放的新闻视频，谁也没想到居然会有一个中国人在世界之巅向全世界喊话，要世界各国民众关心和支持教科文组织的国际人文事业。

一时间，黄怒波的名字比平日到访的国家元首和政府首脑还要知名，人们发现中国人对教科文组织事业的认同是那么广泛和深刻。

接下来黄怒波代表北京中坤集团参与了联合国教科文组织世界文化遗产与可持续旅游战略的合作项目。根据协议，双方将成立合作基金，在教育、科学、文化等多个领域加强世界文化遗产和旅游可持续发展的合作，尤其是在广大青少年中间大力提倡保护世界文化遗产。

中坤加盟教科文事业，让博科娃总干事非常高兴。她从黄怒波身上看到了中国民间社会的活力；看到了一个既是企业家，又是登山家，还是诗人的新时代中国人；看到了中国社会的进步不仅体现在经济和每个人的生活水平方面，还充分体现在中国人对文化遗产保护的重视方面。

黄怒波对总干事的赞扬表示感谢，他让我告诉总干事，与所有的中国企业家一样，他也是中国改革开放和全球化时代的受益者。作为诗人和登山爱好者，爱好文化遗产和保护大自然是他的神圣职责，能与联合国教科文组织合作，能站在国际人文合作的全球平台上发声，是他最大的荣幸。

后来，他告诉我想举办一个叫作"21世纪人类脸谱行动"的活动，希望在教科文组织的帮助下走遍世界近千个教科文组织确定的文化遗产，并在这个过程中向造访地，特别是中国的广大世界文化遗产爱好者宣传教科文组织的文化遗产保护事业。

黄怒波的想法很快得到教科文组织战略事务助理总干事道维勒和世界遗产中心主任基肖尔·拉奥的联名支持，并为其进入教科文组织在世界各地的文化遗产地提供了便利。

当然，这样的参观过程，也是帮助教科文组织进行宣传和教育，以提升成员国民众特别是中国民众保护世界遗产自觉性的过程。

在教科文组织的支持下，黄怒波首先到德国，然后到南美洲几个国家。我因为自身工作原因没能陪他，但他的日志我每天都看。他在中坤总部还有一个强大的班子给他出简报。当时中国还没有微信，手机也没有今天这么智能，但能实时看到他在往访世界文化遗产地的所见所闻，这让我兴奋了很长时间。

接下来，他提出要看看法国的文化遗产，这让我终于感到"英雄有用武之地"了。法国是教科文组织的文化遗产大国，黄怒波提出不仅要看遗产，还要与法国社会的方方面面接触，包括街头的流浪汉等，从而真正勾勒出"21世纪人类脸谱"。他的这个行动非常宏大，他要见的法国人比我当年在使馆的五年任期内见的人还要庞杂，这让我羡慕不已。

他来法国后，我也动用了我的朋友圈，让这位来自中国的教科文组织国际人文事业形象大使与法国的企业家、运动家、诗人见面，畅谈中法两国在国际人文舞台上的交流与合作。

法国作家、法兰西学术院院士洪多（Daniel Rondeau）见到黄怒波后有一种一见如故之感。

洪多是作家、诗人，当过法国驻教科文组织代表，还是拳击爱好者。他年轻时是左翼激进分子，参加过法国的"五月风暴"，后又携女朋友即现在的妻子诺埃乐来到法国东部洛林地区的矿区，与矿工一起生活了好几年，并完成了他的处女作《洛林的悲伤》。

洪多对我说，从黄怒波的身上他看到了自己的影子，同时也看到了中国在经济崛起后在国际舞台上人文影响力的崛起。他说，作为民营企业家，黄怒波没有投资回报更高的商业地产，而是花钱拯救了一个有八百年历史的古村落，并使之成为联合国教科文组织认定的人类文化遗产，这种在法国和世界上任何其他国家都不会发生的事情在中国发生了，说明中国人的遗产保护意识强，也说明了黄怒波的诗人情怀和格局。

黄怒波是我在教科文组织服务六年期间遇到的许许多多中国杰出人士中的一员，他与教科文组织的合作，不仅让教科文组织更"有故事"，也提升了中国在教科文组织和国际人文事业的影响力。

洪多的话不假，在国际舞台上，人们其实对中国是不了解的，除了知道中国生产的东西"价廉物美"和中国经济体量为世界第二，对中国文化有限的了解也只停留在中餐、中医、武术、春节等文化符号上。

鉴于此，从一定意义上讲，黄怒波将教科文组织的旗帜插上珠穆朗玛峰及其"21世纪人类脸谱行动"，改变了人们对中国人的文化情怀与格局的看法。

让教科文组织的事业插上凤凰的翅膀

当年受聘于教科文组织时，我有一个很纯朴的想法，就是用好我在上海世博会期间建立的国际朋友圈，在献身新时期国际人文合作的同时，在国际多边组织的平台上讲好中国的故事，而讲中国故事的最好方式就是动员中国的公益人士、民营部门、知识界、艺术家、地方政府、高校等与教科文组织对接，并在此过程中提升中国在国际舞台上的软实力和美誉度。

在教科文组织的六年中，我一直在想方设法把中国社会最有人文精神和活力的资源与教科文组织的教育、科学、文化及广泛的和平使命相结合。除了黄怒波，令我印象深刻的还有深圳红钻足球俱乐部支持非物质文化遗产保护项目。

我们通过红钻提供的基金，邀请刘远长、李文跃、葛军等中国陶瓷工艺大师赴摩洛哥、突尼斯和塞内加尔，手把手地给这些国家的陶瓷工艺从业者和职业学校的学生传授中国流传千年的陶瓷技艺。然后，邀请这些非洲国家陶瓷学院的师生到中国瓷都景德镇学习，与中国的老师和同学们一起上课、创作，一起在炉窑里烧制作品。

这种教科文组织平台上的"南南合作"，既提升了教科文组织在中非成员国公众中的知名度，也从另一个角度弘扬了中国悠久的陶瓷文化，特别是在联合国平台上表达了中国社会各界对保护世界非物质文化遗产事业的坚定支持。

类似的项目还有上海熙可公司支持的教科文组织"人与生物圈保护计划"与中国重庆的"城乡互动"项目、大连万达支持的教科文组织文化创意产业项目、南京市人民政府支持的"世界青年体育、文化与和平论坛"，以及中国世界和平基金会支持的少林寺武僧在非洲的"和平文化"宣传活动等。

所有这些活动均因其特色鲜明，不仅深受教科文组织相关部门同事的欢迎，也得到了成员国合作方与参与者的好评。

当然，在教科文组织的多边平台上讲中国故事，首先要符合教科文组织的要求，在教科文组织的各个项目中传递出中国的声音，不能"反客为主"。其次，传递中国的声音不仅仅由中国人出资，还必须有中国人的深度参与。

这就引出了一个有趣的话题，即如何在教科文组织这样一个政府间合作组织中发挥中国民间社会的作用？与此同时，如何在这种参与中扩大中国合作方的国际美誉度和影响力？

其实，这也是我始终在问自己的问题。

中国的和平崛起，同样是中国社会的崛起。中国的和平崛起，更是中国社会的人文崛起，而人文崛起的标志就是在国际舞台上涌现出一批批能让世界看到，具有强烈公益善心、人文情怀与人文格局的中国人。

要让这样一些中国人在国际舞台上崛起，我们需要更多获得教科文组织认可的中国杰出人士与教科文组织一起来做这样一项激动人心的工作。

同理，对教科文组织事业的宣传，光靠某一个人也是不够的。为此，我参与推动了中国著名青年昆曲艺术家张军、著名音乐指挥家谭盾分别成为教科文组织"和平艺术家"和"亲善大使"这两件让我备感骄傲的事。

我认为，需要有更多的中国人在世界上为教科文事业奔走，而这个过程也是中国人的国际人文精神在中国和世界舞台上奔走的过程。

要实现这样宏伟的目标，我自然就想到了凤凰卫视，其电视节目风格、受众群体，特别是对人文和国际事务的特殊关注，让我感觉到如果有凤凰卫视加盟，会让教科文组织的事业插上一对凤凰金翅膀，在全球中文世界任意翱翔，同时这样的合作也可以在世界舞台上更好地彰显中国人的人文精神。

2012 年 5 月，在尼山世界文明对话论坛上，我向与会的凤凰卫视董事局主席刘长乐先生明确地表达了我的想法。他非常耐心地听完了我的话，然后乐呵呵地把我介绍给他的副手王纪言副总裁，并对我说："徐先生，这是件大好事，我们支持，详细要做什么，你与王院长对接吧。"

在凤凰卫视圈内被称为"王院长"的王纪言，加盟凤凰卫视前曾担任北京广播学院（现中国传媒大学）的副院长，足智多谋且见多识广。我们马上进行头脑风暴，提出了许多很有意思的项目，其中就包括一年一度的凤凰电视论坛。

2013 年 10 月 17 日是教科文组织《保护非物质文化遗产公约》通过

10周年纪念日，凤凰卫视与教科文组织携手合办了第一次电视论坛。

第一位非洲诺贝尔文学奖得主、尼日利亚作家沃莱·索因卡，哈佛大学著名文化学者霍米·巴巴、法国前文化部部长雷诺、尼山世界文明论坛主席许嘉璐、凤凰卫视董事局主席刘长乐和教科文组织总干事博科娃是这个主题为"文化保护与当今世界"的电视论坛的嘉宾，凤凰卫视气场十足的年轻主持人姜声扬是电视论坛主持人。

六位世界各国文化界人物从自己的专业领域和人生经历出发，对可持续发展和非物质文化遗产保护之间的关系，以及非遗保护对促进男女平等、社会和谐及世界和平的贡献各抒己见，电视论坛的气氛非常好。

是晚7时，凤凰卫视专门邀请的50位来自陕西渭南地区的农民艺术家，在教科文组织最大的1号会议厅举行了一场别开生面的演出。这些演员是清一色的农民，他们农闲时演出，农忙时耕耘，而这些祖祖辈辈流传下来的民间艺术则成为他们生活中不可缺少的组成部分，就如同空气与阳光一样。

他们首先表演的是华阴老腔，声音刚直高亢、磅礴豪迈，又有几分古朴悲壮、沉稳浑厚的泥土芳香之感。

接下来是提线木偶戏、迷糊戏、皮影戏、滑稽戏，异彩纷呈，让1300余名来自各国常驻教科文组织的代表和法国社会各界观众如醉如痴。

由于消防安全原因，原定的社火节目不能表演，但这丝毫不影响渭南农民艺术家在世界文化最高殿堂酣畅淋漓的演出。

对于这些中国农民来说，那天是他们毕生难忘的日子。他们从村里到省城，再从省城到北京，再坐飞机来到巴黎，一路风尘仆仆奔波近万公里，为的是向教科文组织致敬，感谢10年前这一伟大公约的问世，让他们祖祖辈辈流传下来的民间艺术得到国际法层面上的保障，维护了一种世代相传的生活方式。

作为中国非物质文化遗产的传承人，这些极为普通的中国农民能够代表伟大的中国文化来到世界文化名城巴黎和世界上最大的政府间文化组织，并以他们最熟悉的方式给人类非物质文化遗产大花园带来了中国非遗花朵的种种芬芳，这让他们每个人都兴奋不已。凤凰卫视的朋友告诉我，这些农民艺术家几天前还在地里劳作，接到任务后，赶紧排练了两天就上路了。

与教科文组织往日的艺术表演不同的是，渭南农民的表演非常"土气"，但就是这种带着泥土芬芳的土气，真实地反映出了中国农民的无限真诚、质朴和对保护世界非物质文化遗产事业的坚定认同与支持，从而让教科文组织1号大厅雷鸣般的掌声此起彼伏。

教科文组织许多工作人员对我说，很久没有看到如此接地气的演出了，征服他们和广大观众的是这种民间艺术，更是渭南的泥土芳香。

负责管理《保护非物质文化遗产公约》的秘书长、法国人杜维勒对我说，中国是非遗大国，渭南农民的表演让人窥豹一斑，看到了非遗在中国民间的广泛影响力。

中国驻教科文组织代表尤少忠对我说，凤凰卫视组织这样的好演出，是在为国家的文化外交作贡献，也是为习近平主席即将到访教科文组织热场，体现了中国民间对教科文组织《保护非物质文化遗产公约》的广泛支持。

教科文组织同事、观众的掌声和尤少忠代表的肯定让我备感温暖，因为是否让中国农民来演出，在国内是有不同看法的，一些人认为农民艺术水平太低，不能登教科文组织的大雅之堂。殊不知，公约的精神就是保护这些难登大雅之堂的民间艺术。凤凰卫视与教科文组织的合作不仅向世界弘扬了公约精神，也为渭南农民的乡村艺术提供了进入高雅殿堂的契机，更为非遗保护事业找到了中国民间的源头活水，从而让教科文组织的人文事业与中国民间的活力对接起来。

与凤凰卫视合作的另一个可圈可点的电视论坛是"同一个地球、同一个海洋"电视论坛，在这个论坛上，我有幸结识了海上奇侠翁以煊。

他曾是硅谷的一位工程师，对海洋的酷爱使他决定用全部积蓄 10 万美元购买了一艘长 12 米、宽 4 米的二手单桅帆船，根据自己的姓，叫它"信天翁"，开始了他的海上人生。他驾驶着"信天翁"，用三年多的时间环绕世界一周，航程两万多海里。

但他更出彩的事迹还是为纪念郑和下西洋 500 周年与凤凰卫视合作，一个人驾驶"凤凰号"，重新踏上郑和下西洋的道路，历经各种艰难险阻，同时也收获了许多人间温暖。有一次在印度洋的一个小岛上，有人向他挥手，他虽不知什么原因，但对于他来说，经过漫长的海上漂流，终于看到了小岛，还有人生存，这种突然发现生命和文明的情形让他喜出望外。

于是他向小岛慢慢划去，当他的船抵达小岛边时，他发现有一个父亲和一个孩子，他们像等待远方的亲人一样等待他的到来。上岸后他明白了，因为岛上没有其他人，也很少有人来，他的到来给这对父子带来了与人沟通的机会，让他们非常喜悦。

为此，他大声发问：为什么不能让海洋成为人与人之间、国与国之间沟通的新的桥梁？

翁以煊的故事让教科文组织突然意识到，在中国民间同样有一股热爱海洋的力量，一直将海洋视作与世界人民友好交流的纽带和平台。

作为电脑工程师的翁以煊，在论坛上以流利的英语滔滔不绝。他说中国人热爱海洋，不仅是因为海洋给了人类无穷无尽的经济宝藏，也因为它给了人类赖以生存的生物资源。地球只有一个，海洋也只有一个，但我们对青少年的海洋教育还是太少，在每年 6 月 8 日的"世界海洋日"，我们没有尽可能地向青少年宣传海洋……

论坛一如既往地"高朋满座"，如全球海洋委员会委员、WTO 前总干事拉米，联合国秘书长潘基文的科学顾问团成员、海洋专家苏珊·埃弗里，法国海洋 NGO 组织塔拉探险基金会（Tara Expéditions）执行主席罗曼·特鲁布雷，以及教科文组织总干事博科娃等重量级嘉宾。航海家翁以煊的出现，让所有与会者发现，中国不仅拥有像黄怒波那样充满人文情怀的登山家，还有翁以煊这样的航海家，中国的人文崛起几乎涉及教科文组织事业的所有领域。

多少年过去了，每当与凤凰卫视巴黎站的严明、徐林平、金亮等好朋友谈及当年的合作时，我都会援引博科娃对尤少忠代表所说的那句话："教科文组织做了那么多事，成员国公众却不了解，这不能怨人家啊，是我们自己的沟通工作没做好。如今有了凤凰卫视，至少可以让两三亿中文世界的电视观众了解我们是干什么的了！"

事实证明，教科文组织自从插上凤凰的翅膀后，其影响力至少在中国社会和全球华人社会得到很大的提升。

我想，有一个好的故事，有一个好的宣传员，再加上一个好的宣传平台，这样的原理适用于教科文组织，同样也适用于中国在世界上的国家叙事。

第二节　成立"吴建民之友"，我在塞纳河边讲中国故事

2016 年 6 月 18 日，中国前驻法大使吴建民因车祸在武汉不幸离世，噩耗传到巴黎，我悲痛万分。

我与吴大使认识至少有 20 年，一起工作也有 16 载，他于我而言亦

师亦友，我们俩在各自离开驻法使馆后的 13 年漫长岁月里更是成为无话不谈的好朋友。他对我在上海世博会期间工作，以及在联合国教科文组织所从事的文明对话工作，均给予了巨大的支持，每当想起这些往事，我内心总无比激动。

无疑，对今天的中国人或世界上关心中国事务的国际友人来说，吴大使就是中国在国际舞台上和平崛起的一个符号。他几十年来活跃在全球各种会议和论坛上，耐心地向世界介绍真实的中国，又坚持不懈地向中国介绍他眼中的世界。他在中国与世界的互相理解和交流中发挥着非常特殊的桥梁作用。

在吴大使逝世前的两周，也许是天意，我和吴大使在巴黎再次相见。如同每次来巴黎出差一样，吴大使总是会提前告诉我见面的时间和地点。那天，我和我夫人一起到他下榻的旅馆里看他，他见到我们夫妇俩特别高兴，话匣子打开便滔滔不绝。我们谈了许多，不知为什么，他对我还谈了不少中国的未来。

为此，我在无限悲痛和惆怅之际，依稀感觉到一种呼唤，这种呼唤仿佛来自天际的吴大使，更像来自我内心的最深处，我隐约觉得我有一种责任将吴大使的事业继续下去，因为这项事业太美了，以至于我有一种"舍我其谁"的担当冲动。

于是，我扪心自问，如果我不站出来牵头，还会有谁呢？

环顾四周，20 年前驻法使馆的同事们均已告老还乡，我则阴差阳错，留在塞纳河边，继续推动着中国与世界的文明对话，做吴大使未竟的事业。如果此时挺身而出，这与我的人生定位一脉相承，也是我与吴大使的多年情谊使然，更让我在这样的工作中找到人生的意义。

于是，我在何毅、苏小青、蔡明泼等三位吴大使生前好友的支持和鼓励下，在巴黎发起创建了吴建民之友协会，专门将吴大使未竟的事业继续下去。

我们协会的成员是吴大使在法国的朋友圈和我近 20 年来从使馆到上海世博会再到联合国教科文组织所形成的法国朋友圈，这成为我们协会的基本盘。

我决心在巴黎从事公益事业、讲中国故事的另一个原因是法兰西公益文化的土壤，人们对文化交流的热爱、对多元文化和全球化世界中人与人平等自由交往的坚守让我感动。大作家雨果有一句名言："为国家服务是一个人的一半职责，为人类服务则是另一半职责。"这与吴大使的"爱祖国、爱人类"理念高度一致，能在这样的国家和社会环境中讲述中国故事，向法国、欧洲和世界说明中国的和平崛起，应该是我的幸运。

于是，我将协会定位为中法之间的一个"高端价值理念共同体"，协会向中法所有认同吴大使"爱祖国、爱人类"理念的人开放，不管他们是否在吴大使生前与其相识，只要认同吴大使的价值理念，都可以成为"吴建民之友"的成员。

就这样，一个由我们这些吴大使的生前友好发起，由法国前总理拉法兰担任名誉主席、前外长韦德里纳担任名誉副主席，以许多法国前政要、国会议员、前驻华大使、企业家、记者、艺术家为成员的吴建民之友协会在巴黎诞生了。

协会成立以来，我们做了不少工作，在中法人民之间努力架起了一座思想、理念和情感沟通的桥梁，但与所有的公益组织一样，我们内部也曾面临着组织性质和活动定位等问题的不同意见，包括与北京吴建民公益基金会在双方受众确定及合作模式上的不同考量。

当时，内部较有共识的是寻找和培养中法社会的"新一代吴建民"。不少人对我说，吴大使是职业外交官，其人生轨迹就是在中法两边讲故事，要寻找和培养"新一代吴建民"，就必须在法国青年和中国青年中培养"知华派"和"知法派"，通过他们的努力，使中法两国关系不断健康发展。

在我看来，这个想法虽然很好，但我们仍需要从项目的各种角度深思熟虑，如非政治化、可持续性及在法国青年中的受欢迎程度。

如果一开始就将我们的活动定位在培养中法双方的青年外交官方面，我觉得会与现有的中法两国政府交流项目重叠（如对外友协、外交学会与法国政府开展的各种制度化的青年交流活动），从而失去我们的特色。特别从可持续角度看，我们的活动靠的是朋友的慈善款，花一分钱少一分钱，我们需要找到一种造血机制，而这种机制必须与出资人的期待相一致。

我还有一个担心，如果将法国学习国政专业的大学生或已经从事中国研究的青年学者作为优先受众，它会在法国成为一种官方项目，甚至政治化的合作，这显然与协会民间公益的定位不相符。

此外，考虑到近年来中法社会对不少问题的看法有一定分歧，要想让这些青年在访华的短短几天时间里改变他们的想法，可能并不现实。如果双方观点不一致，还极有可能在访华的过程中发生不愉快。如若这样，就与我们推动中法青年相互理解的初衷相悖了。

经过分析，我提出加强中法青年的创新、创业合作。要知道，创新、创业是我们这个时代的潮流，中法青年都特别关注。尤其重要的是，在这两个领域，中国的比较优势明显，法国青年对此非常认同并热切向往。

法国青年对马云的创业故事、马化腾的腾讯和微信，以及许许多多中国互联网经济中所涌现的青年创业家的故事耳熟能详，并将这些中国的创业者视作榜样。让他们亲自到中国去看看，可以改变他们心中法国媒体所营造的那种中国政府控制一切、民间社会缺乏生机的印象。

我们这个以吴建民名字命名的"中法青年创新创业交流吴建民奖学金计划"受到了法国青年的热烈欢迎。我们每年都会收到40—50份申请资料，最终遴选出 10 名优秀青年访问中国北京、上海、深圳等创新创业城市。

为使遴选工作公平公正，我们邀请法国前驻华大使蓝峰担任评委会主席，由巴黎工商会主席盖伊、巴黎高等商学院副校长拉松、巴黎政治大学副校长维里约、巴黎萨克雷大学创始校长维尔兹、巴黎科学艺术人文大学副校长德尼雷米等担任评委。

考虑到奖学金活动组织者需要保持相对中立，我与拉法兰先生领导的"展望与创新基金会"副主席卡兹纳夫仅作为观察员，协助蓝峰主席的评选工作。

从 2016 年至 2020 年 1 月新冠疫情在全球暴发前，我们每年要安排 10 名优秀青年访华。在访华前，拉法兰总理还会与同学们做深入交流。他告诉同学们，50 年前他到中国去的时候，与同学们今天的年龄差不多。今天的中国发生了翻天覆地的变化，法国青年要有所了解。如果说在 20 世纪法国青年必须了解美国的话，今天的法国青年应该要认真了解中国，这不仅关系到中法关系的发展，也关系到法国在 21 世纪发展的根本利益。

实践证明，这个项目的定位非常好。首先，目前的中法青年交流活动还没有如此主题明确的项目；其次，创新创业是中国社会的强项，我们有故事可说；最后，法国青年广泛认同。每次发布奖学金活动通知后，我们都会接到许多法国青年的电话、邮件咨询，在活动推出前，他们都会关注本年度的访问城市。

法国青年的热情使我们的招生工作变得非常容易，一些落选的同学还会锲而不舍、年复一年报名，让我非常感动。

2017 年 6 月 18 日，为纪念吴大使逝世一周年，我们在巴黎政治大学举办研讨会，参加奖学金计划的同学全体出席，现身说法介绍他们在中国看到的青年创新热潮。他们批评法国媒体不能客观介绍中国社会所发生的一切，呼吁有关部门要加强中法青年在各领域的合作。

更有意思的是，同学们人人都有微信号，人人都有一个中文名字，他们是真正的中法友好使者，无论是他们对法国媒体的批评还是对中法两国政府的呼吁，都是我在组织活动前没料到的。

韦德里纳外长、拉法兰总理的特别代表德加莱大使，法国参议院前法中友好小组主席贝松、医学教授阿兰·蓬皮杜（法国前总统蓬皮杜之子）、奖学金评委会主席蓝峰大使、戴高乐基金会秘书长福寿、法国著名企业 ENGIE 集团监事会主席梅斯塔莱、法国《回声报》主编巴雷，以及吴建民大使的女儿吴捷和"吴建民奖学金"获得者等中法各界代表 200 多人出席了研讨会。

人们在吴大使逝世一周年之际自发地从法国四面八方聚到一起，让人感受到吴大使的思想超越了国界、民族、文化，吴建民奖学金优胜者现场说法，更是本次研讨会的亮点。

专门从布鲁塞尔赶来的伊丽沙白对我说，吴大使的逝世让她哭了一整天，今天的研讨会让她感觉吴大使回来了。

她表示，这样情真意切的聚会不仅在巴黎看不到，在她的一生中也很少见，尤其涉及两个不同的国家和文化。

她的话让我意识到，公益组织必须顺应民意，做社会各界特别是青年们所期待的事，找到大家兴趣和利益的最大公约数，从而使活动不仅受欢迎，而且有可持续的生命力。

第三节　"小人物"与"大故事"

由于文化传统的巨大差异，我们在与西方国家公众沟通时会自觉或不自觉地用一种宏大叙事的方法，喜欢讲我们社会主义建设的新成就，或滔滔不绝地提到中国的举国体制和中国制度特有的领导力和执行力。

在与西方人的交流中，我们尤其擅长举出类似北京 2008 年夏季奥运会和 2010 年上海世博会这样的例子，从而在西方人的赞扬声中得到对中国集中力量办大事的举国体制的认同感。

然而，在现实生活中，事情并没有如此简单，西方公众一般对这样的宏大叙事兴趣不大，相反，他们更关注中国普通人的生活，关注他们的幸福感、成就感和权益保障感。如我在第二章提到的上海世博会百万人入园，对我们组织者和官方媒体来说，它无疑彰显了中国人的伟大，是又一项世界纪录的诞生，但以瑞士馆长为代表的国际参展方关注的是普通参观者的权益，以及中国政府确保世博会顺利进行的法律承诺。

因此，以小窥大、讲小人物的故事应该成为我们在国际舞台上讲中国故事的一个重要方式。

法国代表提醒我，世博会要多讲小人物的故事

记得 2004 年我回到上海筹备 2010 年世博会时，为了加强广大上海市民对世博会的了解，让国际社会更好地了解中国政府和人民对世博会的支持，我们特意办了一个关于中国与世博会的展览，并在国际展览局代表团到达上海时邀请他们参观。

法国驻国际展览局代表戴斯迪看完展览后对我说，展览确实很精美，但总感觉少一点东西。

我问他："少了什么？"

他回答："人。"

我说："展览里不是到处都是人吗？不是到处都有从中央到上海的领导吗？"

"是的，"他看着一脸惊讶的我，慢慢地说道，"展览中的人确实不少，但我们有关人的定义与你们定义是不同的，我所说的人是普通的人，不是政治家，也不是决策者，而是那些普普通通的上海市民。"

然后，他特意停顿了一会，又对我说道："在目前的展览中，还看不出上海世博会与上海普通人之间存在什么互动关系。"

后来，国际展览局秘书长洛塞泰斯和来上海了解世博会的各国代表也向我提出了类似的问题，看得出他们特别关注上海世博会的举办会给上海普通民众的生活带来什么样的改变。

于是，我们在世博局大楼的一楼展示厅里专门开辟了一个空间，在介绍园区规划时详细向国际参展方回答了上海世博会与上海市民的关系问题。

我每次在接待外宾时都会对他们说，由于我们选择在上海市中心的工业区内办世博会，江南造船厂、上海钢铁三厂等272家大大小小的工厂将搬迁到市郊，这种旧城改造办世博会的方法不仅大大改善了市中心百姓的生活环境，也使这些工厂获得第二次生命。

更重要的是，通过对272家工厂的动迁，约18000户世世代代住在这里的工人家庭的居住水平将大大改善，人均居住面积从原来的3平方米提高到20平方米。讲到此，我还会把这些普通家庭目前极其简陋的居住条件和未来在浦江镇的世博新村规划做对比。

听完我的讲解，我所接待的外国代表团没有一个不给上海点赞，纷纷夸赞上海世博会是一个"以人为本"的世博会。

在筹办世博会的6年里，在我与世界各国朋友的日常交往中，我明显感觉到他们对小人物的关注远远超出我们的想象，如除了关心世博会对动迁居民民生带来的巨大改善，他们还特别关注同济大学建筑城市规划学院的同学从参与世博会中获得的职业水平提升，关注上海世博会志愿者"小白菜"对园区志愿工作的感受，关注这一届世博会对他们的人生的影响。

这些中西方理念上的差异使我懂得，要讲好中国故事，最好是让广大上海市民、志愿者、大学生和园区动迁居民来讲，他们是真正的世博主人。这些"小人物"的故事角度不一，加起来就是在讲述国家的"大故事"，他们以小见大，更容易打动人，能够更好地在国际社会塑造上海乃至中国的开放、现代与人文的美好形象。

一战中的华工雕像背后的故事

2018 年 11 月 11 日，是一战停战 100 周年纪念日。

作为一战的胜利国、著名的凡尔赛和会的东道国及《凡尔赛和约》签字文本的保存国，法国决定邀请当时参战的所有国家的元首汇聚巴黎，共同总结一战的惨痛教训，以守住今天的世界和平。

对于一战时中国北洋政府的态度，我曾经做过一些研究，并知道当初段祺瑞政府决定派遣中国民工参战的深层考虑。

当时北洋政府的外交官们已敏锐地看到，德国在山东半岛的利益很可能被正在国际舞台上崛起的新列强日本掠夺，而阻止日本人这一阴谋的最好方法就是介入欧洲的战争，明确支持协约国，这样战争一旦结束，中国作为战胜国就可以收回德国在山东半岛的利益，包括在青岛的租界。

在当时积弱积贫的中国，段祺瑞政府这一决定无疑在中国外交史上具有特别重要的意义。然而，为避免刺激德国，段祺瑞只同意派遣 14 万华工作为非战斗人员做后勤工作，并将此合作定为"民间"的"劳务输出"，每人每天可获得英法军方 1 法郎的补助。

但这些华工的贡献非常重要，原因是当时英法军队在战场上均损兵折将，华工的参与对扭转战场形势具有重要意义。

我记得当年希拉克总统在纪念一战结束 80 周年时曾说，是华工们的"灵与肉"保护了法兰西的领土完整和文化及法国人"自由、平等、博爱"的价值理念与生活方式。

2018 年初，刚刚当选总统不久的马克龙访问中国，他在西安发表演讲，论述了中法友好交往的历史，还特意提到华工的贡献。他说，在法兰西民族的腥风血雨中，14 万华工来到法国，与法国人民并肩战斗，这些华工"是我们的亲兄弟"！

当年我曾陪同吴建民大使去法国西部索姆省的华工墓祭扫，当看到 800 多华工长眠在此时，心情非常沉重。

然而，在当时由于各种原因，旅法华工史在中国曾一度是个比较禁忌的话题，他们的历史作用没有得到应有的评价。但我认为这件事非常重要。

首先，这是涉及中法友好的一段特殊历史，讲出这段历史，会让法国社会感恩，从而为当下的中法关系注入新的情感元素。

其次，马克龙总统和希拉克总统均对华工的历史地位给予高度肯定，特别是年轻的马克龙刚刚上任，就对华工表示感谢，我们需要接过这样的善意。

最后，这是一段封存 100 年的历史，有必要恢复其历史的原貌，让中法社会特别是广大中法青年了解此事，从而在新的百年团结起来，防止新的战争出现。

我不仅曾亲临华工墓地，也认识一些华工的后代，还时不时应邀参加纪念华工的活动，这更让我觉得讲好华工的故事对中法友好意义重大，我们协会责无旁贷。

但如何向法国社会讲华工的故事？

我觉得现有的活动已经很多了，与其在现有活动中增加一项一般性活动，不如策划一个对法国社会有一定震撼意义的事情，那就是在巴黎的市中心竖立一尊纪念华工的雕像。

我的想法很快在协会内部得到认同，但能否在巴黎市中心竖立华工雕像，谁也没有把握。

于是，我通过巴黎市政府外事办公室的朋友找到主管副市长克米黛丝，她非常热情地接待了我，对我的想法也给予充分肯定。但她告诉我，从经验出发，竖立这样的雕像需要巴黎市政会议批准，至少需要两三年。

由于巴黎市政会议由各个不同党派组成，这件事不被许可的可能性很大，原因是各党派会从自身利益和意识形态出发作出不同的决定。她告诉我，对中国不太友好的绿党极有可能会否决这个申请，而市政会议需要一致通过，因此，项目的可行性存在不确定性。

经过朋友的指点，我联系到了法国国家铁路公司（以下简称"法铁"），我觉得巴黎市中心最好的位置就是巴黎里昂火车站的广场，由于绝大多数来法华工是从青岛、上海等地坐轮船，漂洋过海到达马赛港，然后从马赛坐火车到巴黎的，里昂火车站就是他们抵达巴黎的第一站。

还有一个让我选择里昂火车站的原因是，一战结束后，大部分华工都回到中国，但有 3000 人选择留下来，他们最初的屯居点就是巴黎里昂火车站附近。他们在那里给法国人当脚夫或开小饭店、五金铺、理发馆、修脚店等，里昂火车站因此成为中国侨民在巴黎最早聚居且最大的社区。

于是，我马上拜访了法铁的高管，接待我的是好朋友贝利。他对我说，华工故事令人感动，如能将雕像安放在里昂火车站，是他们公司的骄傲，也是里昂火车站的骄傲。法铁是国企，这件事需要层层审批，国企属性也让它特别希望多做社会公益，里昂火车站的广场具备这种功能。因此，他希望我与里昂火车站站长一起找到一种双赢的合作模式。

到了里昂火车站，迈克尔副站长对我们的提议表示热烈欢迎。我看着眼前开阔大气的广场和南来北往的行人，感觉非常好。

回到法铁总部，我把现场情况与贝利先生做了沟通，我告诉他我对场地非常满意，可以马上合作。但贝利同样遇到内部程序问题。

虽然我们面临的问题很多，但皇天不负有心人，我们的合作进展顺利。

接下来，是以谁的名义送雕像的问题。

吴建民之友协会虽然有促进中法友好这样的宗旨，但与华工故事的相关性还是稍显不足。我觉得最好的赠送人是山东省人民政府，原因是在当年 14 万华工中有近 10 万是山东人，山东的家乡亲人送雕像比我们协会送应该更有故事、更感人。

于是，在山东省委宣传部朋友的帮助下，我给时任山东省省长龚正写了信，希望雕像能以山东省人民政府的名义向法国人民赠送。

相比之下，最让我纠结的还是人物形象的呈现。

我想到好朋友、中国著名雕塑家李小超，我认为只有他才能完成我心目中的华工形象。

我与小超相识是因为他曾给联合国教科文组织赠送了一尊陕西农民的青铜雕像。我被这尊栩栩如生的农民雕像震撼，从面部表情到动作，他将这个中国农村的庄稼汉形象塑造活了。

小超来自陕西省一个农民家庭，在几十年的艺术生涯中一直在表现中国农民的形象，他们当中有乡村教师、手艺人、流动小商贩。他对农民兄弟所倾注的感情使我确信，他未来的作品肯定充满着浓郁的乡土味。

我告诉小超，我希望雕像能呈现出山东农民的那种淳朴和憨厚，希望通过一些细节处理，让法国人看到来自孔孟之乡的中国农民的善意和乐善好施的侠义精神，但在慷慨和热心肠中又有几分土气、木讷和不机灵。

我对小超解释说，我们要充分想象一下，一个山东农民经过一两个月的海上漂泊，从马赛港登陆，再坐一天一夜的火车到达巴黎刚刚下火车时的那种神情。长时间的舟车劳顿让他腰酸背痛，直不起身来，但他对自己踏上法兰西土地是高兴的，他脸上应该有一种快乐、好奇和阳光，这是一种中华民族性格的体现。

我说这个农民憨厚些、土一些也没关系，重要的是他所代表的中国人的和平精神，要让法国人通过这个雕像看到中国人灵魂深处的和平理念和融于血液中的和平基因。

2018 年 9 月 20 日，在"世界和平日"的前夕，随着我"一二三"的口令声，中国驻法大使翟隽、山东省人民政府副秘书长孙建功、全国政协外委会副主任韩方明、中国人民对外友好协会副会长户思社、法国国民议会法中友好小组主席陈文雄、法铁领导罗贝尔、里昂火车站站长索菲、巴黎第 12 区区长埃尔巴兹、展望与创新基金会副主席卡斯纳夫、法国一战停战委员会外交顾问迪迪艾、法国外交部亚澳司中国处主管亚历山大等中法朋友一起拉开了雕像上覆盖的红绸布，一尊高 2.67 米、重 650 公斤的庞然大物呈现出来。

在场的中法朋友不约而同鼓起掌来，华工后代菲利普•孙看着雕像，一行热泪流了出来，他拉着我的手激动地说："雕像太形象了，这就是我爷爷。"

巴黎山东饭店的老板老薛与我拥抱，并对我说，这座雕像栩栩如生，太像他们山东人了，也非常像他自己，国字脸，宽额头，气宇轩昂。

一战华工纪录片导演傅瓦德看了雕像后对我说，他太激动了，直想哭。他说让他深深感动的是中国农民那种善良和谦逊精神。"华工是来帮助我们法国人的，做了那么多的好事，还有 2 万多人死亡，但雕像上的这个庄稼汉，没有任何居功自傲的神情，反而有一种惊人的谦逊，这是我们法国人不具备的高贵品质。"

青铜雕像展示的这位山东庄稼汉,高大的身躯略微前倾,背上有个小布口袋,脑袋上戴着胶东人的布帽子,他脸上的那种憨厚、阳光和开心的微笑,让在场的所有人感动。

小超为来宾介绍了他的创作构想。他说,他对华工的故事倾注了全部感情,并亲自到山东莱芜采风,参阅了大量文献。他说这尊雕像只是他眼中的 14 万华工中的一个,但也是最真实的一个。

他说,他所塑造的这个山东农民之前从未离开过自己的村庄,当他看到火车站前巴黎车水马龙的街道、闪烁的霓虹灯广告牌,望着这个崭新的世界,他顾不上旅途疲劳,神色中充满了兴奋。他远渡重洋来帮助法国人民,虽然很疲倦,但神情中显露出山东农民的憨厚和仁义,他是热情和乐施好善的中国农民的象征。

雕像落成后,中法媒体做了很多报道。但我也听说一些在巴黎的同胞认为这座雕像不够气派,没有反映出中国人的气质,过于谦卑,甚至有点矮化中国人。

我在微信群里与这些朋友互动,谈了艺术家的构思及创作全过程。

我强调,任何艺术作品必须反映当时的现实,100 年前中国贫穷落后,山东农村还闹饥荒,华工来法是为了每天挣上一两法郎,他们毕竟是劳工,我们不能用今天的眼光来看百年前的中国。如果用今天行走在香榭丽舍大道上的中国人的神情来表达华工,就违背了事实,效果会很不好。

我说,做这个雕像,是为了让法国社会百年后能依然牢记华工的贡献,同时通过这样的雕像刻画一个一路舟车劳顿,但又阳光、大度、乐善好施的中国人形象。

我告诉大家,法国社会有不少人对中国发展太快很不适应,担心中国的崛起将使法国更加落后,甚至迫使法国退出历史舞台。而雕像要表达的是中国人的善良和谦逊，以及融入中国人血液中的和平思想。我们是要告诉法国人，中国人善良、热爱和平，这是中国文化所决定的，中国的崛起不会对法国构成威胁。

大家听了我的解释，纷纷表示赞同认为确实不能用今天的眼光来看当年的华工。

与法国人打交道那么多年，特别是在上海世博会的 6 年，我感到法国人对中国进步的赞叹是由衷的，但这种赞叹的后面也多多少少流露出他们的忧虑。

有法国人对我说："北京奥运会办得那么好，上海世博会办得那么漂亮，你们中国人做什么都能做到极致。以后我们法国该怎么办？这样发展下去，我们早晚会被你们吃掉的……"

是的，最近三四十年中国迅速崛起，欧美国家对此存在着各种不同的观点和看法，但归纳起来不外乎就两种。一种是美国占主导的"中国崩溃论"，另一种观点是以法国为代表的欧洲国家，它们比较务实，并不像美国那样对中国的制度和发展模式有天然的抵触，但它们国家小、实力弱，面对中国人的吃苦耐劳精神和强大的国家体制，感觉到他们的好日子就要结束了，我们姑且将这种观点称为"礼貌的中国威胁论"。

这又让我想起雕像落成前，当这个庞然大物通过集装箱运到火车站时的情形。

为尽量减少对火车站旅客出行的打搅，里昂火车站方面要求我们在早晨 8 点前用大吊车将雕像从集装箱里取出后安放好。

在黎明的阳光照耀下，不少火车站前的早行人停下了脚步，有人还问我："这个人是谁？"

我说："你们猜猜吧。"

于是，他们七嘴八舌说了起来，有人说是毛泽东，也有人说是孔子。

我说都不对，这是来自中国山东的一个农民，他 100 年前来到法国帮助你们抗击德军，和他一起来的还有许多其他地方的农民，一共 14 万人，死了 2 万……

当我讲到这里时，大家都停止了议论，纷纷对我说，这样大的事情，他们怎么都不知道啊！作为法国人，太羞愧了！他们说要感谢这些农民，是这些中国农民救了法国。当然，他们也说要谢谢我让他们知道这样一个美丽的故事。

小超在创作过程中反复对我说，他塑造的是一个山东庄稼汉、一个他眼中的小人物。但许多小人物的故事比大人物更感人，在这个世界上，许多事情是小人物做的，是小人物创造了历史。

我对他说，讲好华工的故事就需要小人物。这些来法的华工有 14 万人，但他们之中没有一个大人物。他塑造的华工小人物栩栩如生，充分折射出当年这场战争的残酷和中法友谊的深厚，法国人特别喜欢。

值得一提的是，这是法国第一座纪念一战华工的雕像，也是巴黎第一座有关中国人的雕像。每当我路过里昂火车站，都会情不自禁地走过去看一眼，在那个腥风血雨年代的中法友谊就会浮现在我的眼前……

法国朋友羡慕我有一个了不起的妈妈

2020 年 1 月 23 日，世界遭遇了一场始料未及的新冠疫情。

2022 年 2 月 24 日，世界见证了一场突如其来的俄乌冲突。

如果说这两件事使世界形势和格局发生了翻天覆地的变化的话，这一判断同样也反映在中国与西方国家的关系方面。

看到欧美国家，包括法国舆论对中国的误解越来越多，关心中法关系健康发展的法国朋友和中国朋友都很着急，他们让我做点事，改变一下舆论导向。

　　说实话，我也很想有所作为，但又觉得找不到好的切入点。在这个过程中，焦虑和孝道让我疫情期间保持每天与我 90 岁的老母亲至少 15 分钟的电话交流。

　　起先，这个电话的目的是要告诉妈妈，我在法国生活得很好，我们全家都采取了防疫措施，让她老人家放心。

　　后来，我们聊天的内容越来越广，既聊到我小时候的情况，聊到以前"文革"中我们全家所遭受的苦难，也聊到中国与世界，聊到对生活的态度，甚至聊到人生的意义。

　　在与妈妈的交流中，我突然意识到，妈妈的故事非常感人，妈妈的人生态度对生活在疫情下的所有人都有宝贵的借鉴意义。我为什么不把妈妈的故事和人生经验与法国读者们分享，从而让法国读者通过妈妈的小故事来了解上海近半个世纪的变迁，进而向法国和世界解读上海从一个小渔村发展到国际大都市的奇迹和上海的城市精神呢？

　　于是，我根据与妈妈的对话每天写几页，日积月累，写了一本书，叫《一切始于上海》。书稿成形后我让身边的法国朋友先看，让他们给我提意见。

　　朋友们看后一致说好，故事真实、独特，描写了一个中国妇女强烈的爱心、乐观精神和不屈不挠的人生态度。书里没有任何说教，而是通过我妈妈的故事讲述了中国人的韧性和求真务实精神。

　　妈妈出生在苏北农村，她没有什么文化，幼年时因日本侵略逃过难，淮海战役时她 16 岁，又目睹了战争的血与火，懂得战争的残酷与生命的脆弱。

　　由于我姥爷是乡里的教书匠，祖上又留下了几亩薄田，作为读书人，他唯一懂的事理就是要省吃俭用保住地产。但姥爷嗜田如命的结果就是在"土改"时成为地主，母亲则成为地主的女儿，这影响了她一生的发展。

　　她非但不能跟上队伍干一番革命事业，还得逃离家乡到无锡投奔她的伯伯，成为新中国第一批城市务工人员。

　　妈妈不仅属于社会最底层，还要设法努力掩盖其"地主女儿"的身份。但幸运的是，她遇到了我父亲，一位刚刚参加革命的无锡青年。

　　爸爸话不多，人很老实、诚恳，妈妈成了他的贤内助和主心骨。

　　在书中我讲述了两个有关妈妈与爸爸的故事。

　　在三年困难时期，我们全家饿得奄奄一息。有一天，爸爸突然对妈妈说："我们响应国家号召，回农村种地吧，国家还会发一笔钱给我们，就可以买到粮食。"

　　妈妈问爸爸："去了农村，一旦国家形势好了，我们还有没有可能重新返回城市？"

　　"不能，这笔钱是一次性的，拿了钱，就不能再回城了。"爸爸答道。

　　妈妈听后，冷静地对爸爸说："你的心情我非常理解，我们大家都在挨饿，但问题是你不会种地，孩子又太小，一旦到了农村，钱用完了，我们怎么办？"

　　妈妈接着说："国家有困难，我们理解，但也要相信这种困难早晚要过去。你还是国家干部呢，你要有信心，要坚持，我就不相信惠南镇上那么多户人家，就偏偏只饿死我们老徐家！"

　　妈妈的这个决定，改变了我们全家的命运，也改变了我的一生。如果我们当年回了农村，根据政策规定，我就失去城镇户口，我的中小学教育就会受影响，更不会在中学毕业后由国家分配工作，我就不可能参加数次高考而不用担心我的生计问题。

　　另一件事是在"文化大革命"中，爸爸由于不堪造反派对他的身心迫害，想到了自杀。有一天，他把遗书给妈妈看并告诉妈妈，他已经精神崩溃，准备在大桥底下溺水自尽。他告诉妈妈，他死后妈妈要改嫁，找一个更好的男人开始她新的人生。

妈妈听完爸爸的"临终"遗言，看了爸爸的"遗书"，她没有流一滴眼泪，没有一丝懦弱，她有的只是愤怒。她怒斥爸爸："你是个胆小鬼，太自私，只想到你自己。你怎么不想想，你死后，你三个孩子怎么办？他们都将流落街头，成为流浪儿！你怎么对得起你三个可爱的孩子！"

妈妈接着说："我知道你有一肚子苦水，你不看看这个世道上受难的就是你一人吗？你要坚持啊，要咬紧牙关！""只要不被打死，你就不能死！"妈妈要求她的男人学会勇敢。

爸爸没想到他的遗书招致的是妈妈的一番痛骂，他开始失声痛哭，像个被冤枉了的孩子。

他允诺妈妈，为了这个家，为了三个孩子，只要不被打死，他就决不会屈服。

这个故事是后来妈妈告诉我的，我感觉热乎乎的泪水夺眶而出。我为老实巴交的爸爸哭泣，为他要拉扯我们三个孩子长大而如此忍辱负重鸣不平，为他在疯狂的人性摧残面前如此逆来顺受而感到由衷的同情，为我们年幼无知不能分担他的痛苦而愧疚。

当然，我更感到我母亲的伟大，她只是一个农村姑娘，只上了三个月的扫盲课程。她的学历无法与父亲相比，也无法与我大多数同学的家长相比，但她有智慧，明是非，她总是站得高望得远，是她的智慧拯救了我们全家！

书中我关于爸爸着墨不多，但这并不意味着他对我的人生不重要或他的故事平淡，相反，他的故事同样具有传奇色彩。

他生下来三个月时不幸得了天花，江湖医生眼看着他高烧不退，呼吸越来越微弱，就宣布了他的死亡，然后就把他掷到城墙底下。笃信佛教的奶奶看天马上要下雨，心想要最后看一眼她的长子，再给他整整衣服，不要让他被野狗胡乱吃了。当奶奶走到我爸爸跟前时，奇迹发生了，我爸爸突然大哭起来。奶奶见状也哭了起来，抱着儿子就往家猛跑。就这样，我爸爸的命被捡回来了，现在老父亲已快成为百岁人瑞了。

爸爸一生遭遇了我们这代人几辈子都赶不上的历史变化。他是一位离休干部，在上海解放后为保障老百姓的粮食供应作出了重要贡献。他喜欢给我讲他中学毕业后国统区民不聊生的那段历史，感慨是共产党给了他今天的一切。

在我的童年记忆中，是他带我发现气势恢宏的大上海。我在书中写道，我们家住在浦东南汇，每次到浦西的中苏友好大厦看展览，就是一次漫长的旅行，往往要半天的时间。当我们从陆家嘴花6分钱坐轮渡时，我看到的是码头的嘈杂混乱和破败，而那个当年让我惊愕不已的展览馆后来就成为我2004年回上海筹办世博会时的工作总部，在那里我接待了来自世界各地的朋友。

法国读者从我的家庭故事和我的童年回忆中看到了上海半个世纪的变化，他们想不到我们中国人为取得今天的进步所做出的奋斗和付出的牺牲，想不到今天繁华的陆家嘴在过去是如此落后。

当然，他们中的不少人更是被我书中的故事感动。不少法国朋友对我说，你太幸福了，有这样一位伟大的母亲，在人生最困难的时候，她总是通过生活的常识看到希望并启迪儿女。

有一位朋友对我说，看了我的书，让他想起自己离世多年的母亲，一种对母爱的思念之情让我们俩紧紧握住对方的双手。

写母亲是最容易引起共鸣的。世界上无论什么国家、什么文化，对母爱的歌颂是一样的，更有许许多多作家写过歌颂母亲的美文，让母爱成为一把开启跨文化心灵沟通的金钥匙。

当然，我写此书，并非仅仅为了感恩和歌颂母爱，我的最根本的考虑是通过与母亲的对话，向法国读者呈现上海改革开放后所发生的深刻变化，特别是记述 2021 年发生在上海的重大历史事件，让法国读者通过读懂上海来读懂今天的中国。

无疑，2021 年是中国历史上非常重要的一年。这一年，是中国共产党成立 100 周年，是中国重返联合国 50 周年，是基辛格博士秘密访华 50 周年，是中国加入世贸组织 20 周年，是微信诞生 10 周年。

我在书中还用大篇幅描述了上海当下所面临的城市化和数字化这两大时代潮流冲击给上海带来的新发展机遇和挑战。

在此基础上，我让法国读者懂得为什么中央政府要采取如此政策，为什么中国特色社会主义必须走共同富裕的道路。

朋友们对我说，我以城市学、社会学和人类学的角度向法国读者展示的是一个活生生的上海和中国，这是在当下法国社会只从意识形态和地缘政治角度讨论中国的论坛和舆论氛围中看不到的，这样的个人"小故事"叙述更容易被法国人接受。

法兰西学院院士洪多说，我的书是"一个从内部讲述这个世界城市变化的宝贵见证"。

《世界报》记者、专栏作家福拉松（Alain Frachon）在书评中写道："一个出生在 1960 年的中国人谈到了他的城市——上海，一个世界上最具吸引力的大都市。但徐波由于疫情滞留在巴黎，从而与他 90 岁的母亲每天对话的意义远不止于此。在这里，展现的是一个中国人的生活，她一辈子的劳作，她因为一个国家的政治而生活起起落落的传奇，这个'小'故事揭示了一个国家的'大故事'。"

中国法国工商会前主席甘安懿女士向读者表示，读我的书可以更好地了解上海的昨天和今天。

法国前总理拉法兰、前外长韦德里纳及世贸组织前总干事拉米等看完此书后也向我表示，我的这种叙事方式非常独特，所有的人与事均有血有肉，我的母亲勇敢、勤劳、充满智慧，让他们印象深刻。书中的故事情节生动，信息量大，读起来不仅让人兴趣盎然，也了解到今天上海与欧美国家一样在社会转型方面面临诸多挑战，而上海在城市化和数字化方面的经验对法国和其他国家都非常宝贵。

他们不约而同地告诉我，在当今特殊的中西方关系及语境中，这样的故事会让法国读者更多地从历史、文化和社会转型的角度看今天的中国，这是一种非常有价值的叙事尝试。

《世界报》记者福拉松甚至对我说，我这样向法国人讲述中国，就是最好的中国国家叙事。

法国媒体网站 chine-info.com 在书评中也写道："上海是中国红色革命的摇篮，诞生了中国共产党，也诞生了中国的现代工业和市场经济。中国现代化的一切都是从上海开始的，在貌似矛盾和对立的各种事物之间，是上海人的务实、坚守和韧性将这一切有机地组织在一起，并使这个城市的奇迹发生。今天，也许是我们法国人要学习这种'上海精神'的时候了。"

法国展望与创新基金会在其网站的书评中写道，此书"为我们描述了上海城市的包容，无论是大学生还是农民工，都能在那里找到他们发展的位置。尽管这个城市最近又遇到新冠疫情的困扰，但作者告诉我们，这是一座打不垮的英雄城市，她总是会像历史上那样，战胜各种困难并取得最终胜利"。

巴黎工商会、法国亚洲协会、扶轮社、复旦校友会和卢森堡大学孔子学院等机构均邀请我讲述我母亲的故事，我也通过我母亲的故事告诉法国朋友创造上海奇迹的这种城市精神。

我告诉他们，开放、务实、包容、勤劳、明辨事理是上海的城市韧性精神，这种精神决定了上海在遭遇疫情考验后，一定会在不久的将来再创辉煌。

2022 年 7 月的一天，我的好朋友、斯特兰蒂斯（Stellantis）汽车集团中国区总裁兼首席运营官奥立维给我发了一条手机短信，他说："亲爱的波，我刚读完你的《一切始于上海》一书，你写得很精彩，让人爱不释手。感谢你为我们更好地理解上海所作出的巨大贡献，感谢你通过此书描写你的所见所闻，让我们这些法国人更好地了解当代的中国。"

"你妈妈非常有韧性、乐观、不屈不挠，非常爱她的儿子。她一定为你感到骄傲！"奥利维尔又在短信中补充道。他还告诉我，他此时此刻正与 89 岁的母亲一起在海边度假。

我回复他说，天下的母亲都会为自己的儿子而骄傲，天下的母爱都是一样的，是这种无疆的大爱使我们能不断战胜困难并总是对生活充满信心。

说实在的，写《一切始于上海》一书时我曾担心法国读者不会理解我妈妈的故事及我们对话的精神，但书出版后，我得到的反馈意见非常积极，不少法国朋友表示，下次到上海一定要看我妈妈，与她交朋友。

在书中，我谈到了人性，谈到了人的智慧，谈到妈妈对我的反复告诫：要从长远角度看问题，不能欺骗生活，不能违背生活中的常识，如果你违背了一时，最终常识会惩罚你。这些都是中华智慧，也是人类共同的智慧，这对生活在地球村里的我们克服眼前的困难、看到未来的美好是特别有意义的。

法国读者从我妈妈这个"小人物"的故事看到上海半个世纪的巨大变迁，而对中国国家叙事而言，让世界读懂上海，就是让世界读懂今天的中国。

第四节　在历史的足迹中寻找中法人民的共同感动

世界的形势发生了翻天覆地的变化，从今天的所有法国电视新闻中可以感受到，当年上海世博会时我所经历的中法关系已不复存在。

上海世博会期间，我接待了成百上千的法国人，从总统、两院议长到数不清的政府官员，从企业老板到大学生，法国社会各界向我表达的是对上海世博会的赞美和对中国和平崛起的期待，就连苛刻挑剔的法国媒体在采访我或报道上海世博会时也均给出正面评价，鲜有批评指责。

然而，不管我们愿不愿意，历史已翻开了新的一页。在最近连续几年的美国皮尤民调中，法国总是一个不变的选样国，包括法国受调人员的持续不变的对华负面看法，对我一个长期致力于中法友好的人来说是倍感痛苦，甚至是残酷的。

然而，我深知中法关系要想回到北京奥运会和上海世博会那个时期的样子已经不太可能。在此情况下，要减少法国舆论对中国的无端指责，减少法国公众对今天中国发展的各种误解，最好的方法是寻找共同点，加强两国人文交流与对话，而最直接的方法就是在中法友好的历史中寻找我们曾经拥有的"共同感动"。

其实，一部中法交往史，又何尝不是一部中法共同的感情史？

且不说历史上的法国人是多么向往中国，也不表法国太阳王是如何热爱中国文化，更不提启蒙运动思想家伏尔泰是如何推崇中国开明皇帝，就从中国角度看，法国无疑影响了 20 世纪中国的现代化进程，包括中国共产党的诞生。

我们在前文谈到了华工，在中外交往历史上中国从没有为另一个国家的命运兴师动众，并付出 2 万多人生命的代价。

此外，在中国，谁又不知道周恩来、邓小平的留法勤工俭学的经历？

留法勤工俭学与中法人文合作

在 20 世纪 20 年代的短短四五年里，2000 多名中国留学生负笈法兰西，他们当中许多人后来都成为新中国的栋梁，如周恩来、邓小平、陈毅等。

他们在法国创建了中国共产党旅欧支部，他们当中的许多人为中国共产党的建立作出了重大贡献，如蔡和森、赵世炎、向警予等，在中共历史上发挥了非常重要的作用。

此外，中国共产党这个名字也与他们这些人有关。

1920 年 7 月，蔡和森召集法国"新民学会"会员在蒙达尔纪开了一星期的会议，大家辩论的结果是中国的前途必须走俄国"十月革命"的道路，必须建立一个革命政党，而这个党就叫"中国共产党"。

受与会代表的委托，蔡和森给他的湖南同学毛泽东写信，建议马上成立中国共产党。毛泽东在回信中说："我没有一个字不赞成。"

这就是中共历史上著名的蒙达尔纪会议。

对于这段历史，法国人同样非常自豪。是法国大革命"自由、平等、博爱"的思想和巴黎公社的革命实践点燃了这一代中国青年救国图存的激情，并给予他们一种先进思想和理念。

记得 20 年前我还在大使馆工作时，为纪念中法建交 40 周年，我代表吴建民大使到蒙达尔纪参观一个有关勤工俭学的展览，在仪式上我应邀发表讲话。

我说："我今天是以一个革命之子的名义向蒙达尔纪的朋友致意。我是带着一种朝圣般的心情来到蒙达尔纪这个伟大的城市，这不仅是一座美丽的法国城市，更是一座中国人民心中的圣城。是蒙达尔纪的乳汁、法国大革命的思想和光辉灿烂的法兰西文化在这里熏陶和培育出了周恩来、邓小平、陈毅、蔡和森、赵世炎、向警予等一代中国伟人。中国现代化的长征始于蒙达尔纪。"

2019 年 5 月 4 日，蒙达尔纪法中友协主席王培文组织"留法勤工俭学 100 周年"研讨会，我又应邀到了蒙达尔纪，不少蒙达尔纪的老朋友记得我 20 年前的话，对我嘘寒问暖，客气有加。

虽然时间在无情地流逝，但我强烈地感受到中法人民之间曾经的"共同感动"依然存在。

为寻找中法交往史上两国人民的"共同感动"，我对一些特殊的时间节点很敏感，我女儿调侃我成了中法"历史上的今天"专家。

我也确实觉得这是个好方法，在目前看不清楚未来的情况下，从历史中找到我们共同的过去，会有利于两国人民开创共同的未来。

新里昂中法大学——中法人文合作的新起点

2021 年 9 月 21 日，我策划了一个纪念里昂中法大学百年华诞的活动，我们通过与法国新里昂中法大学、法中友协全国联合会、法国欧洲商学院、北京大学法语系、"艺术 8"等中法友好组织和教育机构在云端集会，共同追思和感恩里昂中法大学在中法两国近现代历史上发挥的特殊作用。

在策划论坛时，我特意选择 9 月 21 日，因为这个时间有特殊的历史意义⑬。

---

⑬ 在 1919 年的凡尔赛和会上，中国代表希望协约国退还庚子赔款。蔡元培、吴稚晖等提议用法国退还的庚款在法国办一所中国大学，专门培养中国留学生。此设想得到里昂大学校长儒班、里昂市长赫里欧等的大力支持。由于在法国办大学有严格的资质要求，1921 年 7 月，学校根据法国 1901 年《社团法》注册成立"中法大学协会"。9 月中旬开学，21 日，116 个要求入学的旅法勤工俭学代表与校方发生冲突。从 1921 年创办到 1951 年关闭的 30 年间，学校共培养 470 余位学生，其中不少人后来成为中国科学、教育、文化、艺术界的中坚力量，如敦煌专家常书鸿、诗人戴望舒、翻译家敬隐渔、建筑家林克明、画家潘玉良、心理学家朱锡侯、中国第一位留法女博士张若名等。

另外，除了里昂中法大学百年华诞，这一天还是中国人的中秋佳节。

中秋佳节在中国文化中是家庭团聚的节日，中法两国人民交往的历史源远流长，在这一天让中法两国教育界和民间友好人士欢聚一堂，会给人一种家人的亲近感。

还有一点也非常重要，这一天是"国际和平日"。当年联合国大会通过设立"国际和平日"决议时曾明确要求成员国政府和人民在每年的9月21日以各种方式纪念"国际和平日"。

我觉得三个节日碰在一起，非常难得。中国驻里昂总领事陆清江、法国驻华大使馆教育专员均对本次活动给予很高的评价，更有上百位中法教育界人士及中法友好人士在云上相会，感恩当年中法友好的开拓者，更信心满满地期待着新时期中法教育合作再续新篇。

当然，纪念活动也是我们向中法两国各界有识之士发出呼吁，以加强教育合作的契机。

在疫情前，中国在法中国留学生高达3万多人，法国在华留学生有1万多人，双方互为最大的外国留学生来源国。

然而，与双方的实力和公众的期待不相匹配的是，中法教育合作还有许多发展的空间，如法国在中国的高教国际合作领域排名第八，远落后于英美两国，希望当年中法里昂大学教育家们的创新开拓思想能指引我们取得新的成绩。

活动结束后，许多法国朋友对我说，我的话很有道理，中法两国确实应该在教育合作方面迈出更大的步子。

为什么我要在拿破仑逝世200周年时办中国论坛？

2021年5月5日，是一代枭雄拿破仑逝世200周年纪念日，我借这一历史纪念日，策划了一个"拿破仑与中国"中法思想者研讨会，法国前总理拉法兰、法国前外长韦德里纳、拿破仑后裔查尔斯·波拿巴亲王、国务院新闻办前主任赵启正、察哈尔学会会长韩方明、香港中文大学深圳研究院院长郑永年和近 300 位中法两国学术界人士及中法友好人士参加了本次研讨会。

我们的活动办得不错，许多朋友事后问我，拿破仑是法国人的皇帝，死了 200 年，与我们中国人有什么关系？你怎么想起办这个论坛的？

的确，拿破仑是法国历史人物，但他不仅影响了法国，也影响了整个欧洲，甚至整个世界，拿破仑也因此成为一个世界符号。

拿破仑在被囚禁于大西洋小岛圣赫勒拿时曾预言中国的崛起不可阻挡，并给世界留下了"中国是一头沉睡的雄狮，一旦觉醒，世界将为之颤抖"的警告。

我告诉朋友，就是拿破仑这句话让我与他扯上了关系。

诚然，就拿破仑的这句话有许多解读，别有用心者会将此作为"中国威胁论"的证据，但我做了许多研究，走访了不少拿破仑研究专家，发现拿破仑对中国是有好感的（其中也包括他在流亡的岛上与其华人仆役建立好感和友谊）。他讲这句话是针对英国人对中国人的无礼与傲慢，他是站在中国人的立场批评甚至警告英国人，如果用武力侵略中国，他们虽可一时得逞，但长期肯定失败，因为英国人斗不过 2 亿中国人。

拿破仑讲此话的时候是清嘉庆年间，虽然强盛的中国已显颓势，但它的 GDP 仍占世界的三成以上。拿破仑正是看到了这一点，才预言中国回到世界强国行列是历史必然，我觉得这一点至关重要。

在拿破仑逝世 200 年后的今天，中国对全球经济增长的贡献率超过 30%，2020 年中国的 GDP 超过 100 万亿元，占美国 GDP 的 70% 和全球 GDP 的 18%。

然而，即便是 18%，而非拿破仑时期的 30%，中国的崛起也已让一些西方人担忧。但西方社会同样也有不少人像拿破仑一样，他们始终相信中国崛起是必然的，如戴高乐将军在半个世纪前就看到中国在 21 世纪回到世界舞台中心的必然性。

我的许多法国朋友都向我承认，无论是从人口、历史还是中国人的勤劳来看，法国、欧洲和整个西方都必须接受中国崛起的事实。

我觉得在拿破仑逝世 200 年之际，用他讲的话验证中国崛起的必然性，对今天的法国人、欧洲人和西方人会有一定的启示。

当然，拿破仑是个有争议的人物，为此，我们研讨的仅仅是他 200 年前这句对中国回归世界舞台中心的预言。

此外，通过研讨，我们还可以深入了解拿破仑这句话的真伪。如波拿巴亲王就认为，他作为拿破仑后人既不确认也不否认，并建议中法成立联合专家团队从史学中认真考证。拉法兰认为，拿破仑这句话的象征意义超过实际意义。赵启正认为，从这句话产生的背景和内容看是合情合理的，也较符合拿破仑的智慧，他倾向于相信这句话存在。

放下拿破仑预言的真伪不表，拿破仑这句话里有对中国回归世界舞台中心这个不可阻挡的历史规律的认可，也有对中国崛起后将对世界产生深刻影响的警示，这在当时就是明确告诉英国人，中国人是不好惹的。在今天的语境中，就是与 14 亿中国人民交朋友符合中法、中欧全体人民的利益。

拉法兰说，法国人、欧洲人崇尚力量，力量让他们着迷，也让他们害怕。当年日本的崛起曾让法国人非常害怕，在他所在的城市甚至发生扣押日本人生产的录音机事件。今天法国人对中国的强大既入迷又担心，觉得中国力量太强，要统治世界了。法国人曾经同样害怕战后美国的崛起，但由于语言、文化和价值观接近，法国人对美国的强势崛起做了比较充分的思想准备，而由于中国的语言、文化和价值观念与法国不同，法国社会看起来并没有做好准备。因此，对话就显得非常重要。

韦德里纳表示，从文明、文化和语言的角度来看，拿破仑预言中国总会站到世界舞台的中心，这一点没有错。但由于全球化，当年中国占世界的 GDP 与今天中国占世界的 GDP 给世界各国的感受是不一样的，今天中国的强大更容易让法国人担心。

赵启正认为，拿破仑讲的颤抖可能表达的是害怕或者恐惧，这在拿破仑追求霸权的时代是实情，国强必霸。但拿破仑不了解中华民族爱好和平的传统，当年郑和七次下西洋却没有一块殖民地，没有贩卖一名奴隶，这是中国文化和中华民族的性格所决定的。

用拿破仑 200 年前的话讲述今天的中国和引出对明天中国的展望，是我的另一个考虑，这样中法思想家就可以充分发挥想象力，共同描绘中国崛起对世界和平与发展的作用。

我觉得郑永年老师的话很有代表性，他认为中国要在民族复兴的道路上继续深化改革开放，法国和西方世界要客观认识并接受中国的崛起。大家要爱祖国，也要爱人类，都要首先把自己的事情做好，这样世界就会更加自由、繁荣和进步。

从各个角度看，研讨会均达到了我的预想目标，但策划过程中我也反复有过顾虑，主要是担心拿破仑的话题太敏感，而当下中法、中欧关系微妙，如果这个论坛法国人不认可，中国人又反对，我就吃力不讨好了。是拉法兰、赵启正和郑永年等朋友的鼓励打消了我的顾虑。

拉法兰对我说，越是在这样的情况下越不能袖手旁观。赵启正说世界上没有风险的事是不存在的，但做肯定比不做好。郑永年对我说，中国与世界总归要趋同的，中国离不开世界，利用这个有关拿破仑的事件，讲述强盛中国的回归和即将出现的中国第三次开放浪潮，有什么不好？

作为主持人，我看到了论坛参与者在聊天室里提出的各种问题，事后也收到各种电话、微信、短信、邮件反馈，大家都认为论坛举办的时机好，构思巧，让人很有收获。很多人还对我感慨地说，中法两国每年有成百上千个论坛，但思想论坛并不多，中国要和平崛起，要赢得法国、欧洲和全世界的理解，思想交流非常重要。

作为策划者，我最大的体会是举办论坛的时间节点抓得比较好，套用赵主任的话，"讲中国故事也要学会蹭国际热度"。

在生活中，有许多很有价值的时间节点（这也构成了我"历史上的今天"的中法交流活动的兴奋点），但我也注意到一些人在国际上讲中国故事时对此并不太在意，如他们来法国或在联合国教科文组织讲述中国故事时往往不太善于利用一些已经进入人们思维的国际节点，类似每年5月21日"世界文化多样性促进对话和发展日"、9月21日"世界和平日"、4月22日"世界地球日"和6月8日"海洋日"等。

在这些节点发声，中国故事就成为世界故事的一部分，中国人的事业就成为世界人类共同事业的一部分。这种时间节点有放大作用，可以较顺利地利用媒体和公众的关注度讲中国故事，事半功倍。

相反，在一些非热点时间讲中国故事，人为营造热点，要付出的努力会更多。比如在法国人普遍关注如何到海边度假的夏季你却提出一个冬季滑雪的话题，不是不可以，但它显然不合时宜，效果就不会好。

第七章
让世界爱中国，我们从法国开始

"相逢"——后疫情时代中法友好故事新的开始

2023 年元月疫情结束，我立即回到阔别三年的祖国，见到了年迈的父母，也与许许多多亲朋好友劫后"相逢"。在与亲朋好友的见面中，我强烈感觉到，虽然疫情期间大家的生活变得非常艰难，但大家拥抱世界的心没变，那种要与法国人民"相逢"的心情没变，我真的被他们这种豁达和与法国和世界人民继续友好往来以共创美好未来的韧性和理念所感动。

在与这些朋友的交谈过程中，我脑子里慢慢产生出立即回巴黎组织一个中法两国人民以"相逢"为主题的论坛。

我认为用"相逢"做论坛的主题，不仅会有一种哲人们特有的思想深度，还会产生一种诗人般的激情四射。记得法国一位哲人曾说过"人生只有相逢才有意义"（ on n'existe que par la rencontre ）。华裔作家、法兰西学术院首位华人院士程抱一也说过，人生就是由"一系列相逢所组成"。"相逢"诠释了人的生命意义的全部，也解答了国与国之间关系的最底层逻辑。

我认为，人通过"相逢"而认识他人，并在一次次"相逢"的人生旅途中丰富自我的生命意义，国与国之间的关系则由于人与人的"相逢"会变得紧密起来，变得互信与相爱。因此，这个"相逢"论坛至少对消除由于疫情隔离所造成的误解有帮助。

至于"相逢"论坛的主题，我马上想到用"文化和旅游"来作为切入点，我觉得"文化和旅游"离两国人民的生活最近、最接地气、最容易被中法两国人民接受。

换言之，谈中法文化与旅游，是在今天的法国社会语境中是没有争议的话题，是中法社会话题设计的最大公倍数。

　　我发现，面对法国电视台里走马灯似的那些专家众口一词对中国的批评，那些普普通通的法国人，更关心的是自己的生活，他们对地缘政治、意识形态的东西兴趣其实并不大，相反对中国人的生活艺术、中国的名胜古迹和传统文化依然热爱如初，对中国"不离不弃"，这些人的最大特点是他们都是从骨髓里热爱中国文化的。

　　生活在法国那么多年，我发现在法国，乃至在西方，这些人热爱中国文化又几乎是无条件的。

　　换言之，一些法国人可以不认同中国的政治制度，甚至批评中国的意识形态和在俄乌冲突中所持的外交立场，但他们不可能批评中国5000年博大精深的文化，不可能诋毁中国文化，抑或拒绝吃中餐、品茶、学打太极、看中国电影。

　　当然，论坛举办的另一个有利条件是两个月前马克龙总统对中国的成功访问，在这次访问中，中法两国元首在北京宣布将在2024年联合举办"中法文化旅游年"。从政治与两国外交关系而言，这无疑又为论坛提供了一把"尚方宝剑"。

　　2023年6月19日，中法文化旅游"相逢"论坛在巴黎郊外讷伊市隆重召开，来自法国凡尔赛宫、戴高乐机场、香榭丽舍大街管委会、地中海俱乐部及滴滴出行、蚂蚁金服等中法文化旅游界翘楚企业等各界代表300多人参加。

　　法国前总理拉法兰、讷伊市市长傅芒丹、巴黎旅游局局长梅纳戈、法国国家旅游发展署中国办事处主任奥登、中国驻法国大使馆文化处公使衔参赞严振全等到会并发表了热情洋溢的讲话。

　　法国旅游部长格雷瓜尔女士因出差在外，专门通过视频讲话向论坛表示祝贺。她说，中法两国均已经告别痛苦的新冠疫情时代，两国合作出现新的机遇，"相逢"论坛非常及时，它为2024年中法建交60周年和"中法文化旅游年"拉开了序幕。

法国国民议会法中友好小组主席阿洛泽在视频祝贺中表示，作为国民议会法中友好小组主席，他要感谢吴建民之友协会在疫情刚刚结束就打造连接两国人民的"相逢"论坛，他强调法中是两个伟大的国家，拥有辉煌的历史和丰富的文化，需要"相逢"和交流合作的东西太多太多。

法国著名音乐家让·米歇尔·雅尔表示，"相逢"的理念非常好，无论对艺术家还是运动员、旅游业工作者还是普通百姓，我们都要通过"相逢"，热烈庆祝中法建交 60 周年，加强两国间的文化旅游合作，从而使2024 年不仅仅是奥运之年，更是中法友谊的特殊之年。

此外，中国著名钢琴家郎朗、东西方文化交流使者靳羽西、二胡演奏家果敢、著名主持人朱立安等中法各界文化名人也对"相逢"论坛的召开表示热烈祝贺。

无疑，"相逢"论坛重启了因疫情而严重受阻的中法民间交往，一扫笼罩在两国人民心头的沮丧与忧愁之情，大家兴高采烈，颇有一种"别后重逢"之感，并对未来中法两国人民的交往与合作充满期待。

"相逢"哲学思想的强大穿透力使论坛得以成功举办，但在光鲜论坛的背后，则是我本人对"相逢"理念的一次修行之旅，是一次对本人内心"相逢"信念的磨砺。

中法建交 60 周年埃菲尔铁塔"甲子晚宴"

"相逢"论坛圆满结束，让我不仅看到中法两国人民对"相逢"的渴望，也提醒我促进"相逢"应该是我们协会为当下不确定的中西方关系注入更多确定性的历史契机，而法国人民独立自主的外交和对中国文化的热爱，使这样的努力更容易获得成功。

在我的脑海里，即将到来的 2024 年 1 月 27 日是中法建交 60 周年，这是一个极具风向标意义的日子，原因是在中国文化中，60 年又被称为一个"甲子"，是一个生命周期的继往开来，对于任何一个中国人，不过甲子生日是不可思议的。

作为一个曾经的外交战士，我更明白中法关系在当今中国与欧美国家关系中的重要意义。

与剑拔弩张的中美关系及中国与其他西方大国关系相比，法国政府一直在努力秉承戴高乐将军独立自主的外交政策，对中国的和平崛起和国际作用持一种更为积极、理解和认可的态度。

在法国的民间，虽然媒体的噪声不断，但法国并没有像美国等不少西方国家那样对中国孔子学院等海外文化机构实行"围剿"，也没有对中国的人文交流、留学生赴法上学和专业选择设置各种条件，更没有对中国民间文化团体来法演出设置各种障碍。

从这一角度看，法国应该是当下中国在欧美国家讲中国故事的最好，甚至是唯一的最包容的国家。

在这样的一种指导思想下，我早在 2022 年底就联系了埃菲尔铁塔儒勒·凡尔纳（Le Jules Verne）餐馆并及时预订了百人座位。

接待我的是餐馆销售安托万·奎西尼尔（Antoine Cuisinier），有趣的是，奎西尼尔（Cuisinier）这个姓在法语中就是厨师的意思。小伙子刚来凡尔纳餐馆上班半年，对我这样一个中国人提前一年多就订 100 人的座位感到很不解，他八成是觉得我是一个中国大老板，想在铁塔上搞一个疯狂的派对。

由于活动还在策划阶段，我对他只是笑笑，并打趣道你不仅有一个让世界许多人都羡慕不已的工作，还有一个极有意思的名字，希望我们晚会那天你们的大厨能拿出看家本领，让我那些远道而来的中国贵宾朋友好好开开眼界！

"厨师"一边满脸堆笑回答我的问题，一边对我竭力献殷勤，带我把这个享誉世界的米其林餐厅里里外外看了个够，并指着其中一个位置对我说，这是马克龙总统夫妇宴请特朗普夫妇的座位。

"您知道当年希拉克总统夫妇宴请中国主席胡锦涛夫妇的位置吗？"

小伙子听完我的话，一脸懵圈地看着我，我对他笑笑，话在嘴边就打住了。

小伙子非常礼貌地把我送到了铁塔底下，握着我的手说："您必须提前半年与我们再确认一下，提前三个月交定金啊！"

"厨师"回身又上了电梯回餐厅去了，我从铁塔的底层尽力向上眺望，脑海里顿时浮现出 20 年前胡锦涛主席夫妇与希拉克总统夫妇在凡尔纳餐厅用餐的情形。

是晚，埃菲尔铁塔变成中国红，向伟大的中华民族致意，而在白天，来自北京各区县的 800 名秧歌队员和巴黎大区各侨团 6000 华人华侨，载歌载舞，在欢声笑语中行进在被法国人称为"世界最美丽大街"的香榭丽舍大道上。

据当天巴黎警察局统计，在马路两边看热闹的巴黎人接近百万。希拉克总统向时任中国驻法国大使赵进军感慨，这种盛况几乎可以与当年巴黎解放相媲美。

值得一提的是，10 年前中法建交 50 周年，当年的我还在联合国教科文组织工作，一种责任感所带来的冲动让我与希拉克总统的文化部长雷诺·多内迪厄·德·瓦布雷（Renaud Donnedieu de Vabres）一起策划并成功举办了一个名叫"大皇宫中国之夜"的中法两国建交 50 周年庆典活动。

这个庆祝晚会曾经在法国轰动一时，是晚，法国总理艾罗领衔，文化、司法、交通运输、住房、数字经济、卫生、贸易、法语事务等 9 个部的部长或部长级代表出席。此外，还有拉法兰、希拉克夫人等 14 位法国前总理、前部长和各界名流莅临，用中国人所说的"群英荟萃""群星灿烂"一点都不夸张。

从观众角度看，我们至少邀请了 1.5 万法国各界观众观看晚会，其中包括我们特意邀请的 2000 多名在法国高校读书的中法青年。我们把这场精心打造的晚会献给他们，是希望他们在大皇宫共度中法友好良宵，并能将这种友好精神不断传承。

晚会是由法国著名导演布尚打造的，由法国著名电视女主持人克莱尔·夏扎尔主持，法国著名的马术大师巴塔巴斯执导的法国马术表演，旅法年轻钢琴家吴牧野的肖邦《英雄波兰舞曲》钢琴独奏，中国中央芭蕾舞团的女一号与法国巴黎歌剧院芭蕾舞团的男一号跳了一段法国歌剧《卡门》中的双人舞，河南登封塔沟武术学校的小武术队员风风火火的一段少林拳，最后是上海杂技团的自行车表演和法国著名年轻歌手乔伊斯·乔纳森用中文演唱的中国歌曲《茉莉花》。

整个晚会将奔腾的马术、激荡的钢琴演奏、铿锵的武术、细腻的平衡术及影像、声、光、电融为一体，并冠以"中国之夜"这样一个极富美学意义的名字。习惯于鸡蛋里挑骨头的法国媒体对晚会出奇地给予一致好评，几乎所有法国电视台、电台、报纸均以"闪电般的""壮观无比""美妙绝伦"来形容晚会。

于是，中法建交 40 周年中国人喜气洋洋走在香榭丽舍大街的场景和中法建交 50 周年巴黎大皇宫美轮美奂的中国之夜，总使我对 60 周年的纪念总有一种挥之不去，甚至是坐卧不安的责任感。

当我向法国朋友强调甲子在中国文化中的特殊意义时，我其实也在问自己，作为外交官的我，曾经深度参与中法建交 40 周年纪念活动，作为国际职员的我，成功策划并推动中法建交 50 周年那个美轮美奂大皇宫之夜，而现在作为一个全身心投入中法友好的公益人，一个曾经将推动中法关系健康发展视作职业生命的我，又如何能在甲子华诞到来之际袖手旁观呢？

然而，现实生活发展并不是按每个人的意志所设定的轨迹运行的，尤其是一旦它涉及两个国家的建交日庆典及其对两国未来关系发展的期许时，它本质上与任何个人的良好意愿是没有直接关系的。

从各个角度看，此事已大大超出我作为一个普通中国公民的职责。

从个人的角度看，与我过去所做的公益活动不同，这一次确实是让我一个人站在了两国人民友好的历史高度，而这样历史高度的活动本不应该由一介平民的我来牵头，而是应该由两国政府或政府委托的专门机构来完成的。

于是，我首先要回答自己的问题是"你有官方授权吗？""谁让你来做的？"。但这样的问题对我来说回答起来并不困难。

简单说，这是我本人的一种道义责任，或者说是一种促进中法关系健康发展的公民责任！

作为外交官，我曾深度参与中法建交 40 周年的纪念活动，曾在第一线感受并目睹了中法关系这一高光时刻；在中法建交 50 周年时，作为联合国教科文组织的国际公务员，我和时任希拉克总统的文化部长雷诺一起，我们两个中法老百姓，在奥朗德总统的支持下，举办了迄今让法国人民交口称誉的"大皇宫中国之夜"晚会，并拉开了中法 50 周年活动的序幕。

今天，历史又将重演，中法两国将迎来一个甲子的友好关系纪念日，其深刻的中国文化象征意义不言而喻，特别是在当下复杂的东西方关系中，举办这个节日的庆典的战略意义同样不言而喻，因此，我在问自己，为中法两国友好发声和为激励中法两国更多的青年人投身到中法友好事业，这样的事还需要两国政府批准吗？

我想，也许是命运的安排，20 年前参与中法建交 40 周年活动的使馆同事们早就在国内颐养天年了，唯有我阴差阳错今天还在巴黎。2023 年国庆长假，我在北京特意看望吴大使爱人施燕华大使，原来使馆的二把手刘志明公使和办公室主任张国斌参赞作陪，大家向我深情地讲起当年参与 40 周年活动时的动人情形。

因此，与他们相比，我由衷地为自己在一生中居然有机会深度参与 40 年、50 年和今天 60 年一甲子的中法友好纪念活动而激动不已。换言之，举办甲子晚宴也是我对自己 20 多年来在中法关系上所倾注的时间与感情所表达的一种"始终如一"与"坚贞不渝"。

然而，我同时深知，在今天的特殊时局下，要做成此次晚宴，必须依靠民间的力量，必须以中法两国人民的名义，而两国人民的最杰出代表莫过于中法两国艺术家，无论吴建民之友协会还是我个人，都不具备这样崇高的文化上的感召力，为此，我们需要成立一个专门纪念中法建交 60 周年的名人委员会（Comité des Parrains du 60ème anniversaire），并在此委员会的背书下来组织这个不同寻常的甲子晚宴。

在我的心目中，真正有此感召力，并为中法两国人民熟悉和爱戴且有意愿担任此名人委员会主席的艺术家，莫过于我前面提到的法国音乐家雅尔。

我在 40 年前就知道他的名字，20 年前他在紫禁城为中法建交 40 周年表演激光音乐，给中国人民留下了难以磨灭的印象，他与巩俐的爱情故事更是完美诠释了中法人民之间的友谊。

在"相逢"论坛后，我们友谊不断加深，沟通不断增多，当他收到我的请求，马上很痛快地答应了。

有了雅尔，我又开始找郎朗，他是目前中国文化在法国最大的咖了。还有旅法大画家严培明、法国大导演阿诺（他导的《狼图腾》在中国家喻户晓)、中国著名音乐家刘欢、舞蹈家金星、旅法国乐二胡大师果敢、法国大作家洪多，这些朋友听完我的来意后都欣然同意出任委员会成员。

接下来，我想到阿洛泽，他是国会法中友好小组主席，职业是中医针灸医师，对中国传统文化的认可发自内心。此外，议员在法国地位很重要，通常被叫作人民代表(représentant de la nation)。

我游说阿洛泽与雅尔一起担任名人委员会共同主席，他们都一口答应。有了阿洛泽和雅尔二位共同主席，我就有了法国文化界的旗手和法国人民代表，合法性就有了。自然在委员会构成中，我的老朋友拉法兰和讷伊市市长傅芒丹也是不能少的。

于是，在名人委员会的背书下，我们打造一个"高端、愉悦、唯美、感动"的甲子晚宴就有了可能。

法国世界级影星比诺什、导演阿诺和中国歌唱家刘欢的到场，让晚宴的艺术氛围得到淋漓尽致的展现。其中，比诺什对中国传统文化的赞美、阿诺对中法友谊的颂扬，让晚宴始终充满亲情、友情，把"中法一家亲"全写在每个嘉宾的笑脸上。

在晚宴预热的环节中，由于日程冲突不能前来参加晚宴的雅尔、郎朗、靳羽西、金星、董强、张军等一众法中文化名人的视频贺词，让晚宴"群星灿烂"，堪比一次中法国家级文化盛宴。

在祝贺视频中，希拉克总统之女克洛德·希拉克的祝词尤其感人，她谈到她父亲希拉克生前与吴建民大使的伟大友谊和对吴大使的尊敬，她强调，如果希拉克总统在天之灵知道是一个以吴建民名字命名的中法友谊组织策划并组织了今晚甲子晚宴，他肯定会非常高兴的。

需要补充的是，在百名嘉宾中，我们还有十家中法最大企业的代表，如欧莱雅的总裁安巩，他在晚宴致辞时说，他对中国人民的信任是"绝对"的。

好朋友、前文化部长雷诺对我说："波，你这个活动唯美之处不仅是比诺什等法国影星来了，还有那么多法国大老板都来站台。他们本来可以只给你张支票，给你个面子，但今晚不仅亲自来了，又讲出这么热情的话，这在今天的巴黎社交活动中是非常少见的。"

雷诺提到的企业老板们与电影明星一样，在法国社会非常受尊敬，能请到他们我自然感激不尽。

如果有什么需要总结的话，我觉得我当初大胆放弃一家法国大企业提出的"独家赞助"提议是非常正确的。

如果独家赞助，且不说我得不到现在中法最有影响力的十大企业支持，晚宴也会变味，会成为一场赞助名牌的商业晚会。

此外，还有一家专门做企业服务的机构也表示可帮助找钱，但前提是它们主办，我同样觉得不妥，甲子晚宴是两国人民的节日，应该由两国人民的非商业友好组织来完成。

为凸显晚宴所洋溢的中法人民的友情及其深刻的文化属性，我告诉这些赞助商企业，在晚宴的背景板上，除了按常规放它们企业的名字和LOGO外，我特意隐去晚宴 Sponsor（赞助商）的文字，而将其换成由这些企业"向法中两国人民恭祝甲子华诞快乐"的字样。

我对这些中法企业家朋友说，如此表述就会将你们（十大中法企业）、我们（中法友谊公益组织）和中法艺术家放在一个平台上，都是晚会的主人，是我们"三位一体"在庆祝自己的节日。

在仪式上，我特意安排名人委员会阿洛泽主席和成员刘欢等在中法媒体面前给他们颁发感恩证书。

中法企业家们对此安排非常认可，认为能够受邀见证中法友谊新旧甲子转换的历史时刻就已很荣幸了，对于他们有限的财务支持还换得组委会这样高调的鸣谢，对他们在中法两国社会提升其企业的社会形象、缩短与消费者的距离意义深远。

凤凰卫视巴黎首席记者金亮问我，LV、欧莱雅、安盛、开云、赛博等五大最牛的法国品牌平时相互竞争激烈，根本不会同时出现，我是如何把它们尽数"收入囊中"的?

其实，金亮的话只说对了一半，因为华为、京东、比亚迪、亿航和上海外滩艺术中心等五家中企也不是轻易就会站在一起的，这大概是企业"在商言商"的逻辑，但我们之所以能实现这次中法大企业的"全家福"，完全是由本次晚宴的基调所决定的，是60年一次中法人民友好的甲子晚宴，是"高端、愉悦、唯美、感动"的晚宴特质团结了所有的人。

甲子晚宴以其深刻的文化内涵和唯美的呈现形式让我再次感受到文化外交无坚不摧的力量。

当然，如果还需要总结的话，那就是人脉资源的积累和个人信用。

我感恩命运让我至少在最近的20年里紧紧与中法友好联系在一起，在服务中法两国人民的过程中形成了自己的口碑。

苏菲•玛索的经纪人苏泽尔•皮特里对我说，在接待我以前她还专门打听了我，是中法50周年纪念活动法方组委会总干事马克•毕东（Marc Piton）告诉她："徐波是个好人，他做的事都靠谱，也都是为了两国友好。"

看来，一个人平时做些好事，积累一点口碑，关键时刻还是受用的。

中法作家"相逢"

在筹划纪念中法建交60周年的活动时，我曾想到做一个中法作家之间的"文学相逢"论坛，原因是中法两国都是文化和文学大国，无论是中法一个甲子友谊的开创者戴高乐将军，还是毛泽东主席，都是两国著名的作家和诗人。

在一定意义上，文学也是中法两国的"国家禀赋"，两国人民也因为热爱彼此的文学而相互熟悉。

在中国，很少人不知道雨果、巴尔扎克等法国大作家的名字。疫情期间，相当的国人还重读了诺贝尔文学奖得主、法国作家加缪的《鼠疫》一书，为其"我反抗，我存在"的名言津津乐道。

近年来，莫言、余华、贾平凹等为代表的中国当代作家的作品在法国不断出版，让法国公众对今天的中国有了更全面的了解。十年前莫言获得诺贝尔文学奖，法国还由此掀起了中国文学热。

为此，2024 年 6 月 26 日下午，我们在"法国国家图书中心"举办了中法"文学相逢"论坛。中国作家协会书记处书记、《人民文学杂志》主编、文学评论家施战军，作家韩松、梁鸿、张清华，作协外联部主任张洪斌和处长王婉，一行六人出席文学相逢活动。

因故不能前来参加活动的中国作家毕飞宇、刘震云、贾平凹、刘慈欣和法国作家菲利普•弗雷斯特向论坛发来了视频祝贺。

这个貌似简单的文学对话，在准备过程中也是一波三折。

最初，我想与最著名的法兰西学术院（Académie française）合作，好朋友、大作家洪多积极性很高并做了大量准备工作。我本人还亲自到了法兰西学院所属的尚蒂伊城堡（Château Chantilly）踩点，想把此次活动做成中法文学爱好者的一大盛事。

为此，我还联系了央视《读书》频道，希望与他们联手，但这些美好的愿望都没能实现，一是中方组团周期太长，法国人根本不理解，二是没有企业愿意为中法文学对话买单，资金筹措一筹莫展。

为确保活动按时进行，我最后决定把对话地点改到巴黎，合作伙伴也调整为法国国家图书中心，最后总算在中国作协代表团希望的时间内举办对话。

在对话会上，作协外联部主任张洪斌表示，中法两国文学相逢源远流长，两国作家间交往频繁，中国是出版法国文学作品最多的国家，法国是出版中国作家书籍最多的国家之一，两国读者通过彼此作家的文学作品相互了解，相逢、相知与相爱。

法国国家图书中心总干事帕斯卡·佩罗表示，能在法国国家图书中心举办中法文学相逢论坛，感到非常荣幸和非常有意义。中法都是文化大国、文学大国，写书和读书成为两国人民的共同爱好。

法国文化部文化事务督察员凯瑟琳·鲁丽杰表示，文学相逢论坛是中法建交 60 周年和中法文化旅游年期间的一个独特的文化活动，它以其民间性和文化性为中法两国读者架起了一座新的情感与认知交流的桥梁，有利于两国人民在今天动荡的世界中加强相互理解和相知相爱，弥足珍贵。

巴黎图书节主席蒙塔涅表示，巴黎图书节每年都有大量中国出版社参展，法国翻译了大量中国书籍，中国引进了无数法国的版权，两国文学相逢业界重视，民间期待，方兴未艾。

双方要员讲完话后，中国女作家梁鸿、文学评论家张清华和法国女作家斯蒂芬妮·勒巴耶（Stéphanie Le Bail）参加了第一个圆桌"人的处境与文学表达"讨论，著名汉学家欧培丽（Pascale Elbaz）担任主持人。

中国科幻作家韩松和法国作家尼古拉·易杰（Nicolas Idier）出席了第二个圆桌"新科技时代，文学何为？"的讨论，圆桌由巴黎太平洋通出版社创始人、社长朱人来主持。

中国作家协会书记处书记施战军代表主办方作论坛总结。

施战军表示，法国文学在中国读者中享有一种特别的美誉度，雨果、巴尔扎克等法国作家在中国家喻户晓，任何一个中国人几乎都可以说出 5 本法国小说的名字，他特意强调了法国文学对他本人文学创作的影响，并当场援引了傅雷翻译的《约翰·克里斯托夫》有关对克里斯托夫励志章节的描写。

施战军表示，中法文学相逢有着深厚的民间基础，在中法建交 60 周年，特别是在大变局的今天，两国人民间的文学相逢意义重大。

尼古拉·易杰是法国国民教育部的汉语教育总督导，汉学家，曾在法国驻北京大使馆工作过，他热爱中国文学，自己本人也笔耕不息，是一个多产作家。他对本次文学相逢论坛评价非常高，他认为这种中法作家之间面对面的对话非常珍贵，在今天撕裂的全球化世界中，这种对话不是多了，而是实在太少，他期待中国作家能经常来巴黎，期待明年再举办中法文学对话论坛。

作为策划者，我在做总结时援引了法国著名诗人、作家阿拉贡（Louis Aragon）说过的一句话："文学是一件有关国家的严肃的事情，因为归根结底，它是国家的脸面。"

我从心底里认为，由于历史、文化、政治制度、意识形态的巨大差异，通过在中法建交 60 周年这样的特殊时间节点组织中法两国的文学对话，将使两国人民通过文学这一国家的"脸面"更好地相互了解，这是一件非常有意义的事。

我觉得，在阅读双方的文学作品中，中法两国人民甚至还可以互为镜像，从而达到互知互爱，为中法关系在新的一个甲子的友好发展创造更好的民意和社会氛围。

中法中学校长论坛

"甲子晚宴"后，我同时也一直问自己，如果说甲子晚宴是在感恩戴高乐、毛泽东在 60 年前将中法两国人民联结在一起，那么，60 年后的今天，我是否还应该为这种友好种子的传承做些什么？

记得 2024 年 2 月 10 日，中国龙年正月初一，我陪同清华大学附中曹海翔校长拜会拉法兰总理。会见时，拉法兰总理说，中法 60 年来在几乎所有领域都开展了很好的合作，但相比之下，中学教育合作仍不够密切，仍不能反映中法两国友好的水平和合作的客观需要。

与拉法兰总理见面后，曹校长专门向我表达清华附中加强与法国中学合作交往的强烈愿望。

在法国生活这些年，我交了不少朋友，其中包括一些在法国大学和中学教中文的朋友，他们都对我说，由于疫情期间法国学生来不了大陆，他们后来大都去台湾学中文了。

疫情后，由于法国教学改革，特别是俄乌战争等地缘政治影响，法国中学生学中文的积极性有所下降，在一些中学，特别是非重点中学，中文课老师面临由于学生规模和课时的减少而缩编，甚至调离的尴尬。

6 月初，我在巴黎政治大学中国校友会的一个有关新的甲子中法关系的研讨会上，还听到前法国驻沪总领事、现法国外交部亚澳司长纪博伟（Benoît Guidée）说起，疫情前法国在华留学生有 1 万多人，现在仅数百人了。

纪博伟的话，让我感到重新燃起法国青年对中国文化的兴趣的紧迫感。

7 月 11 日，我们协会与法中亚教育友好协会、法国汉语教学协会、法国展望与创新基金会和中国华文教育基金会一起，在具有近 500 年历史的巴黎路易大帝中学召开首届"中法中学校长论坛"，来自中法众多著名中学的校长及各界教育专家逾百人出席。

在开幕式上，拉法兰总理非常高兴，他说中法中学校长们坐在一起交流是件大事，因为"教育是一个涉及伟大文明的项目，而非是一种技术性和内容狭窄的项目，中法中学老师们正在一起构架一座中法两国人民相互理解的友谊与和平的大厦"。

中国驻法国大使馆教育公参周家贵代表卢沙野大使出席论坛，他强调今年是中法高级别人文交流机制第十年，5 月初习近平主席访法，提出推动未来 3 年法国来华留学生突破 1 万人、欧洲青少年来华交流规模翻一番的重要倡议。他相信未来中法中学教育合作将不断深化。

巴黎大区教育局贝尼耶局长表示，中法关系非常好，法国人民对伟大的中华文明充满敬意，中文教育在巴黎大区中学教育体系中的地位不断提升，表示目前巴黎大区有 14 个中学与中方合作，并开设 11 个中文国际班，巴黎国际大学城的"中国之家"宿舍楼近期竣工揭幕，更预示着法中教育的深化合作。

中法建交 60 周年纪念名人委员会共同主席、原法国国民议会法中友好小组主席阿洛泽表示，在这个充满不信任、日趋分裂、简单化、极端化和漫画化的世界里，没有比教育和文化更能解决这个世界上的问题。他同时还结合道教文化对其人生和职业生涯的影响，强调中文学习的意义。

法国前驻华大使、汉学家白林大使表示，如果她当年不坚持选择学习中文，她就不会有今天这样的职业生涯。她庆幸自己的勇敢，也因此使她有幸见证了中国 40 多年翻天覆地的变化。她强调，没有语言学习，不了解一国文化，是不能认识和真正理解一个国家的。她还特意说了一句，无论如何，中文肯定要比韩语的用途更多。

如同甲子晚宴一样，这个中学校长论坛的组织工作非常复杂，但路易大帝中学校长比安科、法中亚教育友好协会主席、法国阿尔萨斯中学校长德·帕纳菲厄、巴黎教育局外办主任戈伯特、法国国民教育部中文教学总督导伊迪尔、前法国国民教育部汉语总督学白乐桑等许许多多法国教育界朋友给予我诸多帮助，说明论坛不仅及时，也符合中法两国中学校长的共同需要。

北师大附属实验中学原校长王本中、上海格致中学原校长张志明、广州中学原校长吴颖民等中国中学教育泰斗级人物，他们不仅在论坛上发表精彩演讲，表达加强中法中学校长之间交流合作的强烈愿望，还在论坛结束后鼓励我将论坛做下去，争取做成一个中法中学教育合作的特色平台。

就我本人而言，做这个论坛的想法由来已久，原因之一是我一直对拿破仑创建的法国会考（baccalauréat）制度有浓厚的兴趣，这个与中国"高考"异曲同工的"会考"制度，以其哲学题的深刻性、独特性让人不得不"拍案叫奇"，如：

2022年的题目是：1.艺术实践是否能改变世界？ 2.应该由国家来决定什么是"正确"的吗？ 2023年的题目是：1.幸福是理智的吗？ 2.想要和平，就是想要正义吗？ 2024年的题目是：1.科学能满足我们对真理的需求吗？ 2.国家欠我们什么吗？

在拜访中国驻教科文大使杨新育和联合国教科文组织副总干事曲星后，我利用等车的空隙时间又与王本中、张志明、吴颖民围绕着法国中学教育特点再次讨论，大家七嘴八舌，都觉得法国的"会考"了不起，而在这个200多年的考试制度背后就是法国教育的先进理念。

我认为，法国"会考"是法国教育所要培养的人才目标所决定的。

从卢梭开始，法国人一直将培养具有独立思考能力的公民，而不是机器或工具作为教育的最终目标。因此，法国教育中的批判性思维、人文修养、科学与艺术融合比比皆是。

一句话，法国人教了许多没有功利性，甚至根本"没用"的东西，而正是这些"没用"的东西使法国学生学会了独立思考，懂得文理兼修，成为世界创意大国，时尚之国和世界第四大诺贝尔奖获奖国和第一大菲尔兹数学奖获奖国。

路易大帝中学校友、大文豪雨果说过："每教育一个孩子，就每赢得一个人的一生"，我觉得中法中学校长合作非常重要，至少在教育理念方面，让中国校长走出校门，了解到 21 世纪具有国际竞争力的人才究竟是如何造就的。

与此同时，我更觉得这样的交流合作不仅是教育的，也是文化，更是情感，甚至是战略的。

在研讨会的闭幕式上，法国国民教育部中文教学总督导伊迪尔赞扬我为论坛所做的贡献，他说中法关系之所以能够不断向前发展，就是因为有了像我这样辛勤的耕耘者。

作为主持人，我在他发言后感谢他的肯定并指出这样的耕耘者数不胜数，也包括他和白林大使。

我还提到两周前我组织的中法文学"相逢"论坛，他就是作为法国作家与会，他的中文水平，对中国文化的热爱，让我感动。

哲学家维特根斯坦有一句名言"我的语言的界限意味着我的世界的界限"，我觉得语言学习太重要了，没有中文学习的背景，伊迪尔和白林就很可能不参加我们的中学校长论坛，更不要说他们充满激情地不断为中法友好努力工作。

就我本人而言，如果没有当年参加高考，在大学里学习法语，然后进入中国外交部，开始与法国社会和法国人的"相逢"，我是绝对不可能凭着激情，在中法 60 周年之际拼命做一些中法友好的民间文化交流工作的。

站在历史的角度看问题，得益于 100 多年前周恩来、邓小平等伟人的留法勤工俭学，中法两国才相知相爱。

60 年前，戴高乐、毛泽东又从战略高度开创了特殊的中法两国关系。

20 年前，了解并热爱中国文化的希拉克总统让 7000 多中国人在美丽的香榭丽舍大街上"盛装游行"，让举世闻名的巴黎埃菲尔铁塔为伟大中国"变红"。

今天，面临疫情和地缘政治冲击以及法国中学的中文课出现滑坡和在华法国留学生人数下降，我想，如果我们听之任之，不采取一些措施去激发中法中学生对彼此语言、历史、文化学习的兴趣，我们就不可能在法国社会寻找到新一代的佩雷菲特，更不要说为新的甲子中法友好寻找到未来的周恩来、邓小平，抑或戴高乐、希拉克……

法国朋友"甲子"情深，让我感动

2024 年 12 月 19 日，寒冷的天气挡不住我们庆祝一甲子中法友谊的热情，我们在具有近 800 年历史的世界著名学府巴黎索邦大学，举行了中法建交 60 周年纪念活动民间的收官集会。

本次活动我筹备已久，原因是我一直觉得，从埃菲尔铁塔"甲子晚宴"开始的中法建交 60 周年的民间纪念活动，必须是善始善终的，而能与铁塔的定位与气质相媲美的，只能是法兰西知识的灯塔索邦大学，而通过巴黎大区教育局局长贝尼耶和世界电子音乐之父雅尔加盟，我就有了法国知识界和文化界的杰出代表，再加上法国圣日耳曼昂莱国际中学合唱团，一个法国知识界、文化界和青少年学生"三位一体"的黄金组合水到渠成。

本次收官活动与年初埃菲尔铁塔的中法百位名人"甲子晚宴"的异曲同工之处是其强烈象征意义及其索邦大学的人文历史底蕴和现场知性、唯美、真诚、友爱的氛围。

通过此次活动，我又一次从内心深处被法国朋友的"甲子情深"所感动。

首先是嘉宾方面，雅尔是法兰西国宝级艺术家，他在世界电子音乐界的巨大影响力自然不用说，他每天的日程之繁忙也自然不用多说，但他不仅早早告诉我他一定来，让我放心。当天上午，我连续接到他好几个电话，由于我在忙于筹备下午的活动，几次都没接上，当我打回去时，他可能因为忙，也几次没有接，这样一来一往好几回，后来他干脆给我发短信：

"波，我没事，我只是要告诉你，我一会儿来时会有我女儿和我女儿的女儿，这样我们全家的参与就非常强大了！"

我知道雅尔这个名字是在 44 年前，那时我还在大学一年级学法语，当我看到北京长安街王府井和东单交叉口大广告牌上他的大头像和电子音乐会广告时，我有一种看到了一个外星人的感觉。

他是我们那代人的偶像，是他将西方电子音乐带到中国，他也是改革开放后第一个来到中国的西方音乐家。

后来时间又到了 20 年前，为纪念中法建交 40 周年，他在北京劳动人民文化宫的演出让国人再次震撼。

2024 年是中法建交 60 周年，我早早地找到他，希望他担任中法民间 "纪念 60 周年名人委员会" 共同主席，他听完我的话当场毫不犹豫地答应我，并在我今年举办的活动中给予各种支持。

在收官活动仪式上，他深情地谈到中法友谊对他的影响，他说到他来自里昂，古代的丝绸之路是他的生命基因，与巩俐相爱是他的天命。他知道在中国有其无数拥趸，他说他虽然不讲中文，但他懂中国，爱中国。

他还用法国人的一句成语 "独行快，众行远"，强调中法两国人民携手共进的重要性。

法国前文化部长雷诺·多纳迪厄·德·瓦布尔也是我多年的老朋友，我习惯叫他雷诺，他曾是希拉克总统的文化部长，在收官仪式上，他深情地回忆起当年希拉克交给他的任务就是要把中法文化年做出彩来。

我在前面曾提到 10 年前我们俩为庆祝中法建交 50 周年而举办的"巴黎大皇宫中国之夜"，是晚 1.5 万巴黎人云集大皇宫，演出节目之精彩，就连最爱挑剔的法国媒体对美轮美奂的晚会也好评如潮。

说老实话，如果没有雷诺，肯定就没有这台戏，但我现在要说的是，我本来没有邀请他，我邀请的是现任文化部长达蒂夫人（Rachida Dati），但法国政府又一次被解散了，其外事顾问对我说达蒂夫人应该是来不了，原因是她自己都不知道在弗朗索瓦·贝鲁（François Bayrou）上任后她是否继续留任？

于是，我打电话我将我的困难实事求是地告诉雷诺，他说没关系，他来，而这一切仅仅发生在 72 小时前，他是牺牲了他原定的日程，为中法友谊站台，让我好不感动！

更让我感动的是戴高乐基金会前主席戈德夫兰，他曾经也是希拉克总统的内阁部长，后担任戴高乐基金会主席，在他任内，我曾经因深度参与推动基金会与中欧国际工商学院联合开设"戴高乐全球领导力"课程而与戈德夫兰成为至交。

我觉得，虽然这是由中法知识界、文化界和青少年学生"三位一体"来共同开启新的一个甲子中法友谊，但从根上说，这个收官活动就是要在广大公众，特别是青少年中弘扬戴高乐独立自主的外交思想，告诉他们当年戴高乐承认新中国的理由在过去、现在和将来都是指引中法关系健康友好发展的根本。

戈德夫兰老先生 80 开外，身体不太好，当我打电话问他能不能来时，他爽快地说"来"。

果不其然，他真的来了，但他这次是从医院里直接坐车过来的，并是挂着拐杖一拐一拐地上的主席台，此情此景，让我好不感动！

还有拉法兰总理，他因日程安排冲突不能与会，专门让法国展望与创新基金会总干事佩雷斯代表他出席。

一周前在他的办公室，他专门听取了我的汇报，还戏称我是一个"大组织家"，记得在参加 7 月份中法校长论坛时还对我说过，"办过上海世博会的人是没有做不了的事的"。

佩雷斯照例代表拉法兰向现场中法各界来宾表示祝贺，并强调了 60 周年庆祝活动和此前基金会与吴建民之友协会的友好合作，她专门提到吴大使的和平外交思想和我们双方共同组织的"吴建民中法青年创新创业奖学金计划"，希望这个深得法国青年学生欢迎的项目能够在新的甲子再次开启。

还有法国国民教育部汉语教育总督学伊迪耶，他也是个大忙人，当天下午有会，但知道我特别希望他能从汉语教育的角度来鼓励两国青少年通过语言学习来增进相互了解，谱写中法友谊新甲子时，他连连对我说一定会争取，可能晚到一会。

他不仅来了，还带来了与他一起开会的同事们，在发言中他不仅介绍了法国汉语教育的悠久历史，还热情勉励两国青少年"应该相互交流、相互分享，成为中法两国交流的纽带"。

值得一提的是中国驻法国大使馆临时代办陈栋，他是我 40 年前在北京外交学院的校友，虽然我的工作在不断变化，但我们一直保持着友谊。我曾经邀请的是中国驻法国大使卢沙野，活动的前一天他任期结束回国，陈栋刚刚从国内休假回来担任临时代办，他不顾时差就来到我们中间，与法国各界朋友嘘寒问暖。

在仪式致辞结束时，我请他作总结，他笑笑说，他作不了总结，但作为一个中国人，一名驻法国的中国外交官，他深深感谢戴高乐将军，并强调"中法不是两个国家，而是两个文明，是两个代表东方和西方的伟大文明""我们不仅要回顾中法建交 40 周年，50 周年的庆祝活动，也要庆祝 60 周年，更要开启一个新的甲子的中法友好"……

陈栋还说，他从 12 岁时就开始学习法语，热爱法国文化，他的发言与伊迪耶的话一样，再次印证了语言学习对两国人民建立友谊和互信的重要战略意义。

这样的对话也让我想起前面提到的中法中学校友论坛，白林大使以自己学习汉语为例，语重心长地告诫法国学生们学习汉语的重要意义。她说，没有在当时选择学习汉语，就不可能有她今天这样的职业生涯，更不可能亲眼目睹中国 40 年来所发生的巨大变化……

事实上，从筹备甲子晚宴到整个 2024 年我们协会所举办的各种活动，我是一直被法国朋友"甲子"情深所深深感动。

在铁塔上，法国著名演员比诺什对我说，我们举办的"甲子晚宴"对她而言简直是一种"恩赐"，原因是我们将精湛的中国文化直接带到她的面前，而对这种文化，她自幼就非常向往，这种伟大的文化给她一种无限的域外想象。

电影《狼图腾》的导演阿诺对我说，他在拍摄此电影的 7 年里在中国交了许许多多的朋友，这些中国朋友虽然没有来过法国，不会讲一句法语，但对法国文学名著如数家珍，这是他在美国看不到的。他在甲子晚宴的讲话中说，他在中国也有一个家，此时此刻他想回中国的家了。

还有欧莱雅的全球总裁安巩，他说他对中国朋友的信任是"绝对的"。

在筹备 60 年庆的各种活动中，我每天都会遇到这种"感动"。

无论是新老朋友，当我提出要举办这些论坛时，他们总是会抽出时间帮助对接各种资源，如法国文化部文化产业总督导鲁杰里，她总是对我有各种诉求"有求必应"，是她帮助我对接法国国家图书中心，从而确保中法作家文学相逢论坛按时进行。

在组织中法中学校长论坛的过程中，许多过去不认识的人都因为论坛而成为好朋友，如圣日耳曼昂莱国际中学校长博纳维尔，他的一句话迄今让我难忘。他说，如果因为各种各样的原因，您的论坛没有地方或没有对应的组织方，我来办。我们愿意作为您的第二、第三备选方案，我无所谓的。当然，在举办中学校长论坛时，我从参与组织工作的那些中文老师处感受到了一种神圣的责任，原因是她们对我说，由于疫情和俄乌战争，中文教育在法国中学开始出现滑坡，需要有识之士站出来维护法国中小学生学习汉语的积极性。

凤凰卫视驻北京的首席记者金亮在采访我时问我，"您觉得开启中法友谊新甲子，能做到吗？"

我告诉他，"能，一定能"。

首先，我认为由戴高乐和毛泽东所缔造的中法关系是建立在"战略"和"文化"两大支柱之上，是这两大支柱或"轮子"驱动着60年来中法关系滚滚向前。在组织甲子一系列纪念活动中，我深深感到中法在大变局时代的战略借重和民间友好一点都没变。

甲子晚宴时，97岁的法国血液专家雅克·岗，因为日程冲突不能出席，他特意请我到他家里做客，对我的倡议给予高度肯定。他还让其孙子陪见，并希望我能帮助他孙子共同将中法友好事业进行下去。

刚才我谈到索邦收官现场法国朋友"甲子"情深，除了那些发言的嘉宾，在观众席上我看到法国朋友中有我20年来不同时期的朋友们，他们虽然也老了，但对中国人民的友好之情还像当年那样炽烈。当然，岁月蹉跎，原先有几位说好要来的朋友，年龄大了，偶感风寒，来不了。还有一些人今年撒手人寰，让我唏嘘不已。

然而，但不管怎样，由戴高乐和毛泽东开创的中法关系在大变局的今天依然充满活力，你只要看一下圣日耳曼昂莱国际中学的学生们激情四射的演出就知道了，他们是多么的精神饱满，孩子们对我说，他们感谢我的邀请，觉得中国文化特别了不起，以后长大了一定要为中法友谊作贡献。

还有一条非常重要，就是中法关系中的"文化因素"，法国人热爱中国文化是无条件的，这些人是不管地缘政治的，"爱你没商量"，而事实上，热爱中国文化的人是法国人中的主流，除了电视里那些喋喋不休的所谓"中国通"在对我们"说三道四"，大多数法国人对地缘政治、大国博弈是"无感的"，他们只关心自己的购买力水平不要下降，中国的气功、美食和养生。

在此，我又想到大师雅尔全家祖孙三代为我们站台（雅尔在晚上回家后给我发短信：亲爱的朋友，祝贺你今天取得的巨大成功！因为有你，这个 60 周年纪念在法国人和中国人的心中都熠熠生辉！友谊长存，让 - 米歇尔），还有带病来参加收官活动的戈德夫兰，他是要克服多少出行不便，甚至肉体上的痛苦来到我们的现场的，看到这些可爱的法国朋友，我们怎么能不对开启中法友好新甲子充满信心呢？

让"爱"成为中法友好的发动机

甲子晚宴，我特意邀请了巴黎旅游局长梅纳戈女士，她也是我 2023 年 6 月"相逢"论坛的嘉宾。记得在准备"相逢"论坛时，她反复强调在她的头衔下面加上"巴黎我爱你——旅游局长"（Paris je t'aime, office du tourisme）。

她这里所说的"巴黎我爱你"，也是巴黎北部蒙马特高地的一个叫"爱墙"（le mur des je t'aime）的地标。

这个"爱墙"碰巧离我的一位法国摄影师朋友家很近，因此，我每次拜访他时都会看到这堵墙，它很小，只有 40 平方米，上面用 311 种字体和 280 种语言书写着同一句话"我爱你"。

然而，只有区区 20 年历史的"爱墙"，除了疫情期间，一直吸引着许许多多全球各种肤色的人专门到此"打卡"，我寻思，除了人们对旅游手册网红点的打卡本能外，是否也存在着人们对获得"爱"的一种渴望或需要对"爱"进行一次深度的哲学思考？

试想，在人类生活中，如果不是"爱"，怎么会有"千里来相会"的故事？怎么会有由"爱"所产生出的那么多的世界各国文学著作及其各种可歌可泣的故事？

因此，我从内心觉得，在世界上讲述可信、可爱、可敬的中国故事是可行的，让世界"爱"中国作为此书的立意和在现在生活中也都是可行的。

由此，我还想到吴建民大使生前一直告诫中国青年"爱祖国、爱人类"，他的这一思想如今已成为我们协会的口号（motto）。

我觉得吴大使"爱祖国、爱人类"的思想也是他在国际舞台上讲述中国故事如此成功的"秘诀"，更是为什么他离开这个世界近9个年头了，在异国他乡的法兰西却依然有很多人怀念他，感恩他，这不是国与国之间"爱"的力量又是什么？

看着蒙马特高地的"爱墙"，耳边回忆吴大使"爱祖国、爱人类"的嘱咐，我突发奇想，让世界爱中国，我们是否也可让法国人民"先行一步"？

首先，我想到中法关系中与众不同的战略内涵，这种战略内涵在目前中国与西方其他大国的关系中是独有的，这也使得在当下东西方关系中法国对华态度总体更趋包容，更容易理解中国的立场。

从本质上讲，法国与中国一样，希望建立一个多极世界，这种外交战略的趋同性是戴高乐将军的精神遗产，在法国社会是有广泛共识的。

其次，中法两国都是文化大国，法国人民热爱中国文化，这种文化上的相互吸引是中法友好的民间基础。

最后，也许这还是最重要的一个原因，中法建交 60 周年纪念过程中许许多多感人的故事已经说明，在法国仍有相当多的法国朋友"爱你（中国）没商量"。

在这种"爱中国"的故事里固然有中国文化的魅力，也有 100 多年前跋山涉水，不远万里来到法国的 14 万华工，正是他们的各种后勤帮助，甚至牺牲，法国才得以最终打败了德国，赢得了一战的胜利，因此就有了希拉克总统的高度评价，他说是华工们的"灵与肉"保护了法兰西的领土完整和文化及法国人"自由、平等、博爱"的价值理念与生活方式。

至于马克龙总统，在他 2017 年首次访华时，他在西安对中国学生们说，在法兰西民族最黑暗的时刻，14 万华工来到法国，他们是法国人的"亲兄弟"！

同样的道理，我们不能忘记是独臂神父饶家驹在日军占领的上海保护了 30 万中国难民的生命。饶家驹的名字是人类"大爱"与"善良"的同义词，30 万上海难民称他为大爱之人，是他们的"救命恩人"！

站在新旧甲子中法友好的历史角度，我同样懂得，虽然"让世界爱中国"和让法国人民"先做起"的历史基础和当下的客观条件似已具备，但这种对中国的"爱"必须源自法国人民的内心，源自他们对中国人民大爱思想的了解和认同，源于有更多的法国中小学生学习汉语不懈的热情。

习近平主席在 2024 年 5 月访问法国时曾宣布，中方要"推动未来 3 年法国来华留学生突破 1 万人"。我想这一倡议的重要意义就在于此。

中法一个甲子的友谊源于戴高乐将军高屋建瓴的战略思想和他对中国历史文化的深刻理解，没有这种战略眼光和文化和历史认知，戴高乐将军不可能在西方大国中率先承认新中国并预见中国在 21 世纪将回归到世界舞台的中心。

同样的道理，如果没有希拉克总统早年痴迷于吉美亚洲博物馆中的中国青铜器，他就不可能对中国文化产生如此大的兴趣，就不可能通过对中国文化的酷爱来更好地理解中国，就不可能更好地理解中国人的"待人接物"方法，从而使中法关系在他的任内得到高质量的发展。

无论是当年埃菲尔铁塔在中法建交 40 周年时为伟大的中国"变红"，还是近 7000 名中国同胞在巴黎香榭丽舍大街"盛装游行"，这都成为中法关系"高光时刻"的历史写照。

我在前面书中还提到了阿兰•佩雷菲特，在 20 世纪 70 年代，是他的著作《当中国觉醒时》在半个世纪前的法国，甚至整个世界第一个实证描述了中国崛起的必然性。

在大变局的今天，要让法国人率先"爱"中国，就要寻找到新时代的戴高乐、希拉克和佩雷菲特，就要让一批又一批热爱中国文化的法国青年像他们的先辈那样前赴后继到中国来，与中国人民交朋友，从历史、文化和曾经的"共同感动"中认识中法关系的特殊性和重要性。

同理，我们是否在中国社会，特别是青年一代中也要努力寻找和培养今天的翻译家傅雷和外交家吴建民？

简言之，我们必须寻找在中法社会里那些推动两国人民相知相爱的"促进者"，必须像马克龙总统给广州中山大学同学们所希望的那样，在中法两国青年中"重新点燃对彼此国家的兴趣，提升两国对彼此国家青年一代的吸引力"。

在一定意义上讲，中法青年就是新的甲子中法友好的"促进者"，是两国人民"相逢"的架构者、是两国文化与文明交流的"摆渡人"，更是站在世界文明舞台上述说中法友好故事的"故事员"。

在此，我想对那些有志于献身中法新甲子友好的中国青年读者们再说一句话，无论是成为在国际上讲好中国故事的"故事员"，还是争当中法人民相知相爱的"促进者"，还是作为中国人民与世界人民一次次"相逢"的"媒婆"，抑或一次次不同文化间的"摆渡人"，你们需要在自己的心中首先树立的就是一种中华民族的"大爱"思想。

正如法国大作家雨果所说："为国家服务是一个人的一半职责，为人类服务则是另一半职责。"

如此，在你们大家的努力下，在全球化的世界中"爱祖国、爱人类"将不再只是一种口号，"站起来、富起来、强起来"后的中国会让世界很快"爱起来"，我们在国际舞台上所努力塑造的可信、可爱、可敬的中国形象也将不再只是一种概念，一种理想化的精神追求，而是国际社会可闻可见可感知的客观存在。

我确信，有了你们这些可爱的年青一代的继往开来，"让世界爱中国"是完全可以做到的。"让世界爱中国"从法国做起更是指日可待。